Couvertures supérieure et inférieure
manquantes.

LE
PRINCE DE LIGNE
ET
SES CONTEMPORAINS

DU MÊME AUTEUR :

HISTOIRE DE LA MONARCHIE DE JUILLET, 2 vol. in-8, Paris, Dentu (Ouvrage couronné par l'Académie française).

UNE ANCIENNE COLONIE FRANÇAISE : LE CANADA (*Revue des Deux Mondes*, 15 janvier-15 février 1885).

RÉFLEXIONS D'UN CONSERVATEUR SUR LES BUDGETS DE LA RÉPUBLIQUE, brochure in-8, 7e édit., Paris, Oudin.

LES ALIÉNÉS EN FRANCE ET A L'ÉTRANGER (*Revue des Deux Mondes*, 15 octobre-1er novembre 1886).

LES SYNDICATS PROFESSIONNELS ET AGRICOLES, Paris, Guillaumin, in-18, 1888 (Étude parue dans la *Revue des Deux Mondes* du 1er septembre 1887).

LE RÉGIME MUNICIPAL DE PARIS ET DES GRANDES VILLES ÉTRANGÈRES (*Revue des Deux Mondes*, 15 septembre-1er décembre 1888).

LES CAUSEURS DE LA RÉVOLUTION, in-18, avec une préface du duc de Broglie (Ouvrage couronné par l'Académie française), 2e édit., Calmann Lévy.

Sous presse :

L'ESPRIT DES ORATEURS DE LA RÉVOLUTION.

En préparation :

LA SOCIÉTÉ FRANÇAISE AVANT ET APRÈS 1789.
LES SALONS DE L'ÉMIGRATION.

IMPRIMERIE CHAIX, RUE BERGÈRE, 20, PARIS. — 16178-7-9.

VICTOR DU BLED

LE
PRINCE DE LIGNE
ET
SES CONTEMPORAINS

AVEC UNE PRÉFACE DE

CHARLES DE MAZADE

DE L'ACADÉMIE FRANÇAIS

PARIS
CALMANN LÉVY, ÉDITEUR
ANCIENNE MAISON MICHEL LÉVY FRÈRES
3, RUE AUBER, 3
—
1890
Droits de reproduction et de traduction réservés.

A MADAME CHARLES BULOZ

HOMMAGE DE PROFOND RESPECT, D'ÉTERNELLE AMITIÉ

VICTOR DU BLED.

PRÉFACE

Mon cher monsieur du Bled,

Vous vous plaisez à écrire une histoire dont le sujet est inépuisable, l'histoire des gens d'esprit, de la conversation et de la société en France. C'est l'histoire de la France elle-même vue dans sa vérité et son intimité, — non l'histoire des événements, des révolutions, des guerres et des catastrophes, — l'histoire des mœurs polies, des réunions de choix, des raffinements du goût, de l'urbanité mondaine, de tout ce qui a fait la sociabilité française. Vous avez fait passer devant nos yeux toute une galerie de portraits, une série de personnages, grands seigneurs, politiques ou lettrés, qui diffèrent certes par le génie, le caractère ou la position, et ont cependant un certain fonds d'originalité commune : ils représentent tous plus ou moins la fleur de la culture sociale et littéraire.

Vos études variées avec art, en faisant revivre des figures si diverses de tous les mondes, sont aussi attrayantes qu'instructives. Elles ont le mérite de montrer que, quels que soient les événements publics, les révolutions, les changements de régimes, il y a une chose qui, jusqu'ici, n'a jamais péri en France : c'est l'esprit ! Il faut en prendre son parti, dussent de pesants et pédants étrangers nous en faire un crime et prendre en compassion notre éternelle légèreté : c'est le don de la race ! Il a survécu à tout, il a défié les catastrophes. Il a, de plus, cela de rare qu'il n'exclut pas les dons les plus sérieux de l'action, du courage, de la fermeté dans les épreuves, du dévouement.

Sans méconnaître les qualités d'autres grandes nations, on pourrait peut-être dire qu'il n'y a guère que notre pays où l'on ait su passer à travers les crises, aller au feu et à la mort avec l'entrain léger et souriant de cœurs bien trempés. Vous avez vu, au temps de la Révolution, des femmes, la veille encore reines des frivolités dans leurs salons, étonner le lendemain leurs bourreaux eux-mêmes par la vaillance de leur attitude et la fierté piquante de leurs réparties. Vous avez vu, dans un autre genre, pendant la sombre retraite de Russie, des Français de l'ancienne cour donner l'exemple d'une parfaite sérénité et ramasser le matin, autour de leur bivouac, un peu de neige pour se faire la barbe avant de reprendre la marche funèbre. L'esprit français prend toutes les formes : un bon mot a été souvent la spirituelle représaille de l'humanité, de la liberté, du bon sens contre les excès, les oppressions ou la mauvaise fortune.

Qu'est-ce que cet esprit? On ne peut pas, je crois, le définir aisément. Il se compose de promptitude, de souplesse, d'imagination, de grâce hardie, de gaieté, de raison. Vous en montrez l'image dans une variété singulière de personnages, peut-être bien étonnés quelquefois de se trouver ensemble : les Narbonne, les Talleyrand, les Ségur, les Tilly, même les La Fayette, auxquels vous ajoutez d'autres gens d'esprit, — les Beugnot, les Fiévée, les Michaud, les Rœderer, les Suard, les Morellet, les La Harpe. Le défilé est complet, c'est une mêlée. Vous faites entre tous une place d'honneur à celui qui, sous des dehors cosmopolites, fut un des plus Français des

Français d'autrefois, le prince de Ligne. Au moment du congrès de Vienne, le prince de Ligne, qui avait presque quatre-vingts ans, voyant arriver Talleyrand, se hâtait de l'inviter et écrivait aussitôt au prince d'Arenberg : « Jugez de son plaisir d'être reçu par moi, car il n'y a plus de Français au monde que lui, — *et vous et moi qui ne le sommes pas.* » C'était vrai : il n'était pas Français par la naissance, par les dignités ; il l'était par l'esprit, par le caractère, par sa nature légère et hardie. Et remarquez combien il y a souvent sous cette apparence de légèreté, d'éclairs de raison, quelquefois presque de génie. Tout cela est passé, j'en conviens, et n'a pas moins d'intérêt.

On dit que maintenant tout est changé, que nous sommes entrés dans une ère nouvelle, que nous sommes destinés à vivre dans une société démocratique et réaliste, où les mœurs, les rapports mondains, l'esprit, le goût, ne sont plus ce qu'ils ont été jadis. C'est possible. Nous ne demandons pas qu'on nous ramène à l'ancien régime, il faut toujours se plaire avec son temps. Ce n'est pas une raison pour que le monde nouveau renonce à quelques-unes des choses qui ont fait l'éclat et le charme de l'ancienne société.

La démocratie n'exclut pas les mœurs polies et le bon ton. J'espère qu'il y aura toujours des salons ouverts aux plaisirs de l'esprit et de la conversation, que nos spirituelles contemporaines sauront continuer, non pas toutes les traditions, une partie des traditions de leurs mères et de leurs aïeules ; j'espère qu'avec la démocratie les lettres garderont leur prestige, sans avoir besoin de se retremper dans la grossièreté et l'obscénité.

Vos études aideront à démêler ce qu'on peut, ce qu'on doit répudier du vieil héritage, et ce qui a toujours sa place dans une société nouvelle qui n'a point cessé d'être la société française.

Recevez, mon cher monsieur du Bled, l'assurance de mes sentiments affectueux.

CH. DE MAZADE.

Paris, 20 décembre 1889

LE PRINCE DE LIGNE

ET SES CONTEMPORAINS

I

LE PRINCE DE LIGNE [1]

I

La famille du prince de Ligne. — Son éducation, sa première communion. — Ses écrits militaires. — Bel-Œil : ses jardins. — Mariage du prince de Ligne. — Première apparition à la cour de Versailles. — Louis XV et madame de Pompadour. — Visite de Ligne à Ferney. — A quoi pensent les courtisans. — Un nouveau père de l'Église. — Pensées de Ligne sur la religion. — La philosophie du bonheur. — Boutade mélancolique. — La cour de Bruxelles et le prince Charles de Lorraine. — Les deux imprimeries du prince de Ligne. — Vers de Boufflers. — Ligne écrivain.

Le prince de Ligne a tracé, dans ses *Mémoires*, un portrait de ce que l'on appelait en son temps l'homme aimable. L'homme aimable tel qu'il l'entend, c'est

1. Raiffenberg, *Le prince Charles-Joseph de Ligne*, 1 vol. in-4°, 1842. — Peeterman, *Le prince de Ligne*, Liège, 1848, 2ᵉ édit. — Sainte-Beuve, *Causeries du Lundi*, t. VIII. — *Mémoires du comte d'Ongnies*, Mons, 1840, in-18. — Comte Ouvaroff, *Esquisses poli-*

plus que l'honnête homme, c'est l'honnête homme embelli, perfectionné ou achevé par la réunion des dons les plus divers, habile surtout en l'art de causer et de plaire, non moins habile en l'art de se faire valoir, original et un peu précieux, presque aussi rare, si nous l'en voulions croire, qu'un grand général, qu'un grand artiste, ou qu'un grand homme d'État. On a le droit de supposer qu'en traçant ce portrait le prince de Ligne se regardait dans un miroir : et, en tout cas, nul mieux que lui, dans ces années du XVIIIe siècle où l'ancien régime, avant de disparaître, s'étourdissait de l'éclat de ses dernières élégances, n'a réalisé un modèle si séduisant. C'est sans doute aussi ce qui me permettra d'en reparler.

Charles-Joseph, prince de Ligne, naquit à Bruxelles le 23 mai 1735. D'après les généalogistes, ces romanciers de l'histoire, l'origine de sa famille se perdait dans la nuit des temps : les uns la font descendre d'un roi de Bohême, d'autres lui donnent pour premier

---

tiques et littéraires, in-8°, 1848. — Lucien Percy, *Histoire d'une grande dame au XVIIIe siècle*, 2 vol. in-8°, Paris, Calmann Lévy, édit. — Le prince de Ligne, *Mélanges militaires, sentimentaires et littéraires*, 34 vol. in-18. — *Œuvres choisies du prince de Ligne*, avec une introduction par Albert Lacroix, 4 vol. in-18, 1860. — *Lettres du prince de Ligne à la Marquise de Coigny*, avec préface de M. de Lescure. — Le prince de Ligne, *Caractères et Portraits*, Sandoz, 1879, in-18. — *Lettres et pensées du maréchal prince de Ligne*, publiées par madame de Staël, in-8°, 1809. — Comte de la Garde, *Le Congrès de Vienne*, 2 vol. in-8°. — *Mémoires de Ségur*.

ancêtre Thierry d'Enfer, issu de Charlemagne, ou Witiking. La mère de Charles-Joseph, princesse de Salm, avait plus de mérite que de beauté : madame de Genlis prétend *qu'on la comparait à une chandelle qui coule.* Fidèle à la raideur des mœurs antiques, aussi fier au dedans qu'au dehors, son père paraissait avoir plus de souci de se faire craindre que de se faire aimer dans sa famille. « Ma mère avait grand'peur de lui, dit le prince; elle accoucha de moi en grand vertugadin, et mourut de même quelques années après, tant il aimait les cérémonies et l'air de dignité. Ce n'était pas la mode alors dans le grand monde d'être bon père, ni bon mari. » — On songe involontairement à cet autre grand seigneur qui reprochait à son gendre et à sa fille de s'embrasser devant lui : « Monsieur mon gendre et madame ma fille, ne pourriez-vous descendre tout baisés ? » — Quant à l'éducation de notre héros, on ne saurait rien imaginer de plus décousu; six gouverneurs successifs, abbés, jésuites, gens de guerre, écartèlent en tous sens cette jeune âme : le voici moliniste sans le savoir avec les deux jésuites, janséniste avec l'oratorien, et, malgré son bagage ecclésiastique, ne sachant pas un mot de catéchisme à quatorze ans, si bien que, pour faire sa première communion, il doit tout apprendre chez le curé du village de Bel-Œil[1],

---

1. Bel-Œil, ce séjour tout à la fois magnifique et champêtre, appartenait depuis plusieurs siècles à la famille de Ligne, mais il avait

depuis la création jusqu'aux mystères. Malgré tout, il entasse dans sa mémoire une foule de connaissances, qui, à certain moment, lui donneront presque l'air d'un savant : il se pâme sur Polybe, adore l'histoire militaire, devient fou d'héroïsme; Charles XII, Eugène et Condé l'empêchent de dormir : tout jeune encore, il a entendu la canonnade de Fontenoy, vu, pendant le siège de Bruxelles, trois boulets entrer dans la porte cochère de l'hôtel de Ligne, alors qu'il était sur le balcon. Aussi rêve-t-il de s'échapper de la maison paternelle, de s'enrôler sous un nom supposé, et pour tromper son impatience, il écrit sa première œuvre lit-

reçu son cachet élégant et grandiose du prince de Ligne et de son père. A celui-ci les idées nobles, les créations majestueuses et régulières dans le genre de Le Nôtre ; au maréchal le varié, l'imprévu, l'agréable ; il a voulu rompre la monotonie sévère des grandes proportions, fidèle à sa maxime, conséquent avec lui même, préférant une chanson d'Anacréon à l'*Iliade*, et Boufflers à l'*Encyclopédie*. D'ailleurs, rien d'exclusif dans son goût : il a visité, apprécié en législateur les plus beaux parcs de l'Europe, prend le bien partout où il le trouve, et, par ses esquisses, par ses paysages, ses préceptes et ses exemples, caractérise à merveille son époque, nullement exempte d'afféterie, de préciosité, désireuse toujours de ne point séparer la nature de la société, hésitante encore entre le style français et anglais, mais déjà tourmentée par ce sentiment, par ces aspirations novatrices qui éclatent dans les ouvrages de Jean-Jacques, Bernardin de Saint-Pierre et Chateaubriand. Le prince n'admet pas que, pour le plaisir d'être naturel, on se montre pauvre et insuffisant ; il veut que ses jardins (dont il fait un tapis de velours, car il a osé *hasarder du gazon partout*) soient parés, meublés comme un salon ; et si grand demeure son amour de la téraire, un discours sur la profession des armes. — En 1752, âgé de dix-sept ans, il entre enfin comme enseigne dans le régiment de son père, et, du premier coup, se montre ce qu'il sera toute sa vie, brave entre les plus braves, doué du courage le plus sûr, celui du tempérament soutenu par l'honneur, allant au combat comme à une fête, s'y montrant « ardent d'une jolie ardeur, ainsi qu'on l'est à la fin d'un souper », regardant une bataille comme une ode de Pindare, y apportant un enthousiasme qui tient du délire. A Catherine II qui lui disait un jour : « Si j'avais été homme, j'aurais été tué avant d'être capi-

---

société, qu'il aimerait à découvrir de sa résidence champêtre une grande capitale, et qu'il a vendu presque pour rien un *Salvator Rosa*, parce qu'il n'y avait là que des déserts, et qu'un tableau sans figure *ressemble à la fin du monde*. S'il sacrifie trop souvent aux faux dieux, à Dorat, s'il adonise ses paysages et les gâte par des fioritures mythologiques, des concetti douteux, il a de continuelles bonnes fortunes d'idées et d'expressions, quantité d'aperçus ingénieux sur la nature, cette charmante *coquette*, dont il recommande de contempler sans cesse les beautés, afin de tâcher de les rassembler pour le plaisir des yeux et de l'âme. « J'ai bien regardé la campagne, et j'ai trouvé que le rouge des coquelicots, les couleurs d'un champ de pavots, le bleu des bleuets, et le jaune de la navette faisaient la palette la plus heureuse qu'on puisse trouver. Tout cela réuni avec le petit vert du lin, le mêlé, le tacheté du sarrasin, le petit jaune du blé, le gros vert de l'orge, et bien d'autres espèces que je ne connais pas encore, produit un effet charmant; et comme je ne veux point de murailles, et que les canaux et les haies suffisent, ce tableau est un bonheur de plus à la campagne. »

taine, » il ne craint pas de répondre : « Je n'en crois rien, Madame, car je vis encore. » Joignez-y l'élégance du corps et du visage, la noblesse de l'attitude, l'éclair dans l'esprit, l'exercice prompt, raisonné de la pensée et de la volonté, peut-être même ces facultés stratégiques qui sont en quelque sorte la partie divine de l'art de la guerre; ses écrits militaires, appréciés par Washington et Napoléon, témoignent d'études approfondies et font regretter que la fortune ne lui ait pas permis de remplir tout son mérite, de risquer les parties suprêmes et ces terribles enjeux d'où dépend le sort des empires.

Pendant la guerre de Sept ans, il se distingue partout où il se trouve : à Collins, à Breslau, à Leuthen, à Hochkirch ; en 1757, il reçoit de Marie-Thérèse elle-même le brevet de colonel accompagné de ces paroles flatteuses : « Je vous ai fait colonel du régiment de votre père ; j'entends mal mes intérêts. Vous m'avez fait tuer un bataillon la campagne passée, n'allez pas à présent m'en faire tuer deux. L'État et moi, nous voulons vous conserver. » — Le jeune colonel, ayant fait part de sa nomination à son père, obtint cet étrange compliment : « Il était déjà assez malheureux pour moi, monsieur, de vous avoir pour fils, sans subir le malheur de vous avoir encore pour mon colonel. » — « Monseigneur, répliqua celui-ci, l'un et l'autre ne sont pas ma faute, et c'est à l'Empereur que Votre Altesse doit s'en prendre pour le second malheur. »

Entre-temps il a épousé la princesse de Lichtenstein, et la manière dont s'accomplit le mariage ne contribue pas sans doute à lui inculquer le respect d'une institution qui semblait alors délabrée, atteinte de caducité irrémédiable. Le vieux maréchal le conduit à Vienne dans une maison où il y a de jolies figures *épousées* ou *à épouser* : il ne savait si c'était sa belle-mère, une tante, ou les jeunes petites personnes qu'on lui destinait. Huit jours après, âgé de vingt ans, il mène à l'autel sa petite femme âgée de quinze ans : ils ne s'étaient rien dit encore. Ligne, pendant quelques semaines, trouva la chose bouffonne, puis indifférente. Au milieu des fêtes données à cette occasion, un mauvais présage vint alarmer les parents des époux : on avait imaginé, comme emblème, de réunir dans un feu d'artifice deux cœurs enflammés. La coulisse sur laquelle ils devaient glisser manqua : « Le cœur de ma femme partit et le mien resta là, » dit le prince. Le contraire eût été plus prophétique; son cœur allait, avec lui, faire le tour de l'Europe, car il ne se piquait de fidélité, ni envers sa femme, ni envers ses maîtresses, n'aimant de l'amour que les commencements, chercheur éternel de l'éternel féminin, poussé sans cesse, par son génie aimable, vers de nouveaux mirages de bonheur. Du moins rapporte-t-il de temps en temps à sa femme quelques fragments de ce cœur cosmopolite ; et, au rebours de ces hommes d'esprit qui réservent leurs grâces pour le monde, et leur méchante humeur pour la famille, se montre-t-il aussi charmant à Bel-OEil que dans les cours et les boudoirs des grandes dames ; il ne se sent ni assez *moral*, *moraliste* et *moralisateur* pour prêcher, et sa morale consiste à rendre tout le monde heureux autour de lui.

Ses cinq enfants furent élevés avec beaucoup de tendresse, bien qu'il ne pût se défendre d'une vive prédilection pour l'aîné, le mari d'Hélène Massalska, le héros de Sabacz et d'Ismaïl, auquel il éleva un obélisque de marbre de quarante-cinq pieds, avec ces mots gravés en lettres d'or sur les trois côtés : « A mon cher Charles pour Sabacz et Ismaïl, — *nec te juvenis memorande silebo*, — sa gloire fait mon orgueil, son amitié mon bonheur. » — Le prince lui apprit dès l'enfance ce qu'il savait le mieux : « Se battre en gentilhomme. » — « Je fis engager un petit combat d'avant-poste avec les Prussiens, et, m'élançant à cheval avec lui, je pris sa petite main dans la mienne tout en galopant, et, au premier coup de fusil que je fis tirer : « Il serait joli, mon Charles, lui dis-je, que nous eussions ensemble une petite blessure ! » Et il riait, jurait, s'animait et jugeait. — Hélas ! ce fils bien-aimé mourut prématurément en 1792, pendant la campagne de France, emporté par un boulet de canon, ce canon que sa femme infidèle, dans le délire de la passion, déclarait « chargé depuis l'éternité ». — Le prince demeura inconsolable, au point qu'on n'osait jamais prononcer en sa présence le nom de son enfant, et quand il lui arrivait d'en parler lui-même, ses yeux se remplissaient de larmes. Cette terrible douleur l'avait bronzé contre toutes les autres douleurs, et dorénavant il mit sur son visage un masque de sérénité insouciante. «Il y a, disait-il, une manière terrible d'être supérieur aux événements ; cela s'achète par un grand malheur de sensibilité. Si l'âme a été émue par la perte de tout ce qu'elle a de plus cher, je défie tous les chagrins d'arriver ; fortune perdue, ruine totale, persécution, injustice, tout semble insignifiant. » — Ailleurs il affirme que la crainte d'un quart d'heure de réflexion pénible l'a empêché de songer à ses revers de fortune, mais il se pose en fanfaron de frivolité, il se fait de sa légèreté un passe-partout, se dissimule les délicatesses de son cœur. Lui-même l'a dit avec justesse : « Même dans les écarts, il y a des gens à qui tout va, parce qu'ils ont de la grâce et du tact, parce qu'ils ont le désir de plaire et savent que le plus grand art pour plaire est de n'en pas avoir. » En réalité, il a beaucoup de bon sens. Tant pis pour ceux qui n'aperçoivent pas ses qualités solides, parce qu'il les recouvrait de roses.

Après la victoire de Marxen (novembre 1759), Marie-Thérèse le choisit pour en porter la nouvelle à Louis XV. Il réussit à merveille, on admire qu'il sache si bien le français et danse à ravir le menuet, cette danse aristocratique qu'il appelle quelque part : *une grâce stupide* ; mais il ne partage nullement l'enthousiasme qu'il inspire. Le vieux roi lui semble bien ridicule avec ses questions saugrenues. Madame de Pompadour, à laquelle il trouve l'air caillette, le ton bourgeois, lui lâche cent balivernes, développe deux ou trois plans de campagne, l'interroge avec emphase : « Vous voyez, monsieur, ce que nous faisons pour vous ; nous vendons notre vaisselle pour soutenir votre guerre ; n'en êtes-vous pas satisfait ? — Je vous jure, madame, que je n'en sais rien. » — Et puis ne s'avise-t-elle pas d'ajouter : « Je suis mécontente de vos femmes de Prague. — Et moi aussi, répondit-il, je l'ai été très souvent. — Elles sont mal élevées : comment ne font-elles pas mieux leur cour aux sœurs de Madame la dauphine ? » — Le prince se retira, stupéfait d'une telle *bêtise*.

Le maréchal de Belle-Isle lui dit :

« Vous remportez bien tard vos victoires ; l'année passée, c'était au mois d'octobre ; cette année, c'est au mois de novembre. »

Et Ligne de riposter vivement :

« Il vaut mieux battre l'automne, et même l'hiver, qu'être battu en été. » Allusion sanglante aux défaites des Français à Minden et à Crefeld. — Préférant la ville à cette piètre cour, le prince se laissa aller, sous la conduite de Du Barry, à toutes les séductions que Paris lui offrait.

Puis il rejoint son corps d'armée, entre à Potsdam et Berlin avec le maréchal Lascy, obtient le grade de généra-lmajor, et, après la signature de la paix de 1763, va visiter Voltaire à Ferney.

Il y passa huit jours dans un enchantement de toutes les minutes, dans une continuelle ivresse de la pensée, admirant, trouvant tout charmant, neuf, imprévu, jusqu'à ses torts, ses fausses connaissances, ses engouements, son manque de goût pour les beaux-arts, ses caprices, ses prétentions à être homme d'État. Ligne ne lui parle que pour le faire parler, pour mettre de temps en temps un peu de bois dans le feu, mais il note ses boutades, et voilà que, d'un fond d'anecdotes jetées au hasard de la plume, se détache avec un relief saisissant cette figure prestigieuse, voilà Voltaire qui s'agite, se fâche, rit, plaisante, marche, joue et donne la comédie ; le voilà presque en chair et en os, avec sa voix sépulcrale et ses yeux spirituels, « mais qui ont en même temps quelque chose de velouté et une douceur inexprimable. L'âme de Zaïre est tout entière dans ces yeux-là, toutefois son sourire et son rire, extrêmement malicieux, changent tout à fait cette charmante expression. » Il peste contre Frédéric II, qui sûrement sera damné, sinon battu, et cite avec éloges ses vers ; décrète Rousseau de bannissement et dans la même minute veut lui donner l'hospitalité, prend médecine pour éviter les fâcheux, se moque de Tronchin, et, un instant après, se déclare mourant, redevable à celui-ci de la vie et de la santé, raconte ses démêlés avec le Grand-Conseil de Genève, lit à ses hôtes l'acte de tragédie écrit pendant la nuit, improvise des madrigaux, correspond avec l'univers, plante, démolit, reconstruit, met des enfants en nourrice, joue aux échecs et se lamente s'il perd ; tantôt Socrate et tantôt Épicure ; sensible, humain, philanthrope, mais comparant les hommes à des oranges qu'on jette après en avoir exprimé le jus ; prompt aux larmes et à la fureur, aimant à *débaucher la jeunesse* vers l'étude, amoureux de gloire, car son âme est le théâtre de toutes les ambitions, et puis offrant de donner cent ans d'immortalité pour une bonne digestion. Tel aussi le représentent les autres visiteurs de Ferney, Gibbon, Marmontel, Chabanon, Boufflers, madame Suard, madame de Graffigny, madame de Genlis [1], mais personne, aussi bien que le prince de Ligne, n'a donné la sensation de cette nature de vif-argent, peint le grand écrivain en déshabillé moral.

« Il souhaitait de passer pour un homme d'État profond, ou pour un savant, au point de désirer être ennuyeux. Il aimait alors la constitution anglaise. Je

---

1. Lauraguais raconte ainsi un épisode de sa visite à Ferney en 1761 : « Allons à présent, me dit Voltaire, dans le jardin. Je fus fort étonné d'y trouver un âne qui y broutait le gazon. Est-ce que vous ne reconnaissez pas Féron? me demanda-t-il. — Si fait ; il y a bien quelque chose à dire sur le corps, mais la figure est frappante, et je n'en suis que plus surpris de la trouver chez vous. Je ne vous croyais pas si bien avec Fréron. — Sa personne est à merveille avec M. Ramponeau à Paris, mais sa figure est fort bien chez moi. Tel que vous me voyez, je ne suis plus guère tel qu'on me lit : j'ai besoin quelquefois de colère, et cette figure m'en donne quand j'en ai besoin. »

me souviens que je lui dis : — « Monsieur de Voltaire,
» ajoutez-y son soutien, l'Océan, sans lequel elle ne
» durerait pas... — L'Océan, me dit-il, vous allez me
» faire faire bien des réflexions là-dessus. » On lui
annonça un jeune homme de Genève qui l'ennuyait.
— « Vite, vite! dit-il, du Tronchin! » c'est-à-dire
qu'on le fit passer pour malade, et le Genevois s'en
alla. — ... Il était occupé alors à déchirer et à paraphraser l'*Histoire de l'Église*, par l'ennuyeux abbé de
Fleury. « Ce n'est pas une histoire, me dit-il, ce sont
» des histoires. Il n'y a qu'à Bossuet et à Fléchier
» que je permette d'être bons chrétiens. — Ah! mon-
» sieur de Voltaire, et aussi à quelques révérends
» pères dont les enfants vous ont assez joliment
» élevé. » Il me dit beaucoup de bien d'eux. »

Le prince de Ligne lui raconte qu'à Venise, il entendit les gondoliers vénitiens chanter la *Jérusalem*
du Tasse. Tels que jadis Ménalque et Mélibée, ils essayent la voix et la mémoire de leurs camarades, sur
le *Canale-Grande*, pendant les belles nuits d'été. L'un
commence en manière de récitatif, et un autre lui
répond et continue.

— « Je ne crois pas que les fiacres de Paris sachent *la Henriade* par cœur, et ils entonneraient bien
mal ses beaux vers, avec leur ton grossier, leur accent
ignoble et dur, et leur gosier et leurs voix à l'eau-de-
vie. — C'est que les Welches sont des barbares, des
ennemis de l'harmonie, des gens à vous égorger,

monsieur. Voilà le peuple, et les gens d'esprit en ont tant, qu'ils en mettent jusque dans nos titres de leurs ouvrages. Un livre de *l'Esprit* [1], c'est l'esprit follet que celui-là. *L'Esprit des Lois*, c'est l'esprit sur les lois. Je n'ai pas l'honneur de le comprendre. Mais j'entends bien les *Lettres Persanes* : bon ouvrage que celui-là. — Il y a quelques gens de lettres dont vous paraissez faire cas? — Vraiment, il le faut bien : d'Alembert, par exemple, qui, faute d'imagination, se dit géomètre; Diderot qui, pour faire croire qu'il en a, est enflé et déclamateur; et Marmontel dont, entre nous, la poétique est inintelligible. Ces gens-là diront que je suis jaloux. Qu'on s'arrange donc sur mon compte. On me croit frondeur et flatteur à la cour; en ville, trop philosophe; à l'Académie, ennemi des philosophes; l'Antéchrist à Rome, pour quelques plaisanteries sur ses abus, et quelques gaietés sur le style oriental; précepteur de despotisme au Parlement, mauvais Français pour avoir dit du bien des Anglais; voleur et bienfaiteur des libraires; libertin, pour une Jeanne que mes ennemis ont rendue plus coupable; curieux et complimenteur des gens d'esprit, et intolérant parce

---

1. « Croiriez-vous bien, disait madame de Graffigny, qu'une grande partie de l'*Esprit* et toutes les notes ne sont que les balayures de mon appartement? L'auteur a recueilli ce qu'il y a de bon dans mes conversations et il a emprunté à mes gens une douzaine de bons mots. »

que je prêche la tolérance. Avez-vous jamais vu une épigramme ou une chanson de ma façon ? »

Pas une, mais un millier, aurait pu répondre le prince.

« Il riait d'une bêtise imprévue, d'un misérable jeu de mots, et se permettait aussi quelque bêtise. Il était au comble de la joie, en me montrant une lettre du chevalier de l'Isle, qui venait de lui écrire pour lui reprocher d'avoir mal fait une commission de montre. « Il faut que vous soyez bien bête, monsieur... etc. » On aurait dit qu'il avait quelquefois des tracasseries avec les morts, comme on en a avec les vivants : sa mobilité les lui faisait aimer, tantôt un peu plus, tantôt un peu moins. Par exemple, alors, c'était Fénelon, La Fontaine et Molière qui étaient dans la plus grande faveur. « Ma nièce, donnons-lui-en du Molière, » dit-il à madame Denis. « Allons dans le salon, et, sans » façon, les *Femmes savantes*, que nous venons de » jouer. » Il fit Trissotin on ne peut plus mal, mais s'amusa beaucoup de ce rôle. Mademoiselle Dupuis, qui jouait Martine, me plaisait infiniment et me donnait quelquefois des distractions, lorsque ce grand homme parlait. Il n'aimait pas qu'on en eût. Je me souviens qu'un jour que ces belles servantes suisses, nues jusqu'aux épaules à cause de la chaleur, passaient à côté de lui, ou m'apportaient de la crème, il s'interrompit, et, prenant en colère leurs beaux cous à

pleines mains, il s'écria : « Gorge par-ci, gorge par-
» là, allez au diable ! »

» Il en voulait beaucoup à Rousseau, qu'il accusait de l'avoir brouillé avec Genève, pour avoir dit qu'il lui donnait envie de marcher à quatre pattes. Au moment même où il pestait contre ce *monstre*, le déclarant digne du bannissement, quelqu'un l'interrompt : « Je crois que le voilà qui entre dans votre cour. — » Où est-il ? le malheureux, s'écrie Voltaire, qu'il » vienne, voilà mes bras ouverts! Il est chassé peut-» être de Neuchâtel et des environs. Qu'on me le » cherche. Amenez-le-moi ; tout ce que j'ai est à lui. » M. de Constant lui demanda en ma présence son *Histoire de Russie*. « Vous êtes fou, dit-il, si vous » voulez savoir quelque chose, prenez celle de La » Combe. Il n'a reçu ni médailles, ni fourrures, » celui-là. »

» Il était mécontent alors du Parlement, et quand il rencontrait son âne à la porte du jardin : « Passez, » je vous prie, monsieur le président, » disait-il. Ses méprises par vivacité étaient fréquentes et plaisantes. Il prit un accordeur de clavecin de sa nièce pour son cordonnier, et, après quantité de méprises, lorsque cela s'éclaircit : « Ah ! mon Dieu, monsieur, un » homme à talents! Je vous mettais à mes pieds, c'est » moi qui suis aux vôtres. »

» Un marchand de chapeaux et de souliers gris entre tout d'un coup dans le salon. M. de Voltaire (qui se méfie tant des visites qu'il m'avoua, que, de peur que la mienne ne fût ennuyeuse, il avait pris médecine à tout hasard, afin de se dire malade) se sauve dans son cabinet. Ce marchand le suivait en lui disant : « Monsieur, monsieur, je suis le fils d'une femme pour » qui vous avez fait des vers. — Oh ! je le crois ! j'ai » fait tant de vers pour tant de femmes ! Bonjour, » monsieur ! — C'est madame de Fontaine-Martel. — » Ah ! ah ! monsieur, elle était bien belle. Je suis » votre serviteur. *(Et il était prêt à rentrer dans* » *son cabinet.)* — Monsieur, où avez-vous pris ce bon » goût qu'on remarque dans ce salon ? Votre château, » par exemple, est charmant. Est-il bien de vous ? » *(Alors Voltaire revient.)* — Oh ! oui, de moi, mon- » sieur ; j'ai donné tous les dessins. Voyez ce dégage- » ment et cet escalier... — Eh bien, monsieur, ce qui m'a » attiré en Suisse, c'est le plaisir de voir M. de Haller. » *(M. de Voltaire rentrait dans son cabinet.)* — Mon- » sieur, monsieur, cela doit avoir beaucoup coûté. » Quel charmant jardin ! — Oh ! par exemple, disait » M. de Voltaire *(en revenant)*, mon jardinier est une » bête ; c'est moi, monsieur, qui ai tout fait. — Je le » crois. Ce M. de Haller, monsieur, est un grand » homme. *(M. de Voltaire rentrait.)* — Combien de » temps faut-il, monsieur pour bâtir un château à peu » près aussi beau que celui-ci ?» *(M. de Voltaire re-* *venait dans le salon.)* — Sans le faire exprès, ils me jouèrent la plus jolie scène du monde, et M. de Voltaire m'en donna bien d'autres plus comiques encore, par ses vivacités, ses humeurs, ses réparties; tantôt homme de lettres, et puis grand seigneur de la cour de Louis XIV; et puis homme de la meilleure compagnie.

» Il était comique lorsqu'il faisait le seigneur de village. Il parlait à ses manants comme à des ambassadeurs de Rome, ou des princes de la guerre de Troie. Il ennoblissait tout. Voulant demander pourquoi on ne lui donnait jamais de civet à dîner, au lieu de s'en informer tout uniment, il dit à son vieux garde : « Mon » ami, ne se fait-il donc plus d'émigration d'animaux » de ma terre de Tournay à ma terre de Ferney? »

»... Il fit des questions à un officier de mon régiment qu'il trouva sublime dans ses réponses. « De » quelle religion êtes-vous, monsieur? lui demanda- » t-il. — Mes parents m'ont fait élever dans la religion » catholique. — Grande réponse, dit M. de Voltaire, » il ne dit pas qu'il le soit. » Il fallait le voir, animé par sa belle et puissante imagination, distribuant, jetant l'esprit, la saillie à pleines mains, en prêtant à tout le monde; porté à voir et à croire le beau et le bien, abondant dans son sens, y faisant abonder les autres; rapportant tout à ce qu'il écrivait, à ce qu'il pensait; faisant parler et penser ceux qui en étaient capables; donnant des secours à tous les malheureux, bâtissant pour de pauvres familles, et bon homme dans la sienne; bon homme dans son village et bon homme et grand homme tout à la fois, réunion sans laquelle l'on n'est jamais complètement ni l'un ni l'autre ; car le génie donne plus d'étendue à la bonté, et la bonté plus de naturel au génie. »

Le prince de Ligne aime, admire Voltaire, il se montre le courtisan accompli des rois de l'esprit, et des rois des peuples [1], il épuise les formules de la flatterie et il ira un jour jusqu'à vanter le sort des sujets de Catherine II exilés en Sibérie ; mais, par un contraste singulier, au milieu même de ses adulations, il se réserve, conserve une indépendance d'ironie et de

---

1. Voici une esquisse des gens de cour, qui a son prix, sortant de la plume d'un homme qui les a si bien connus : « A la cour, on ne pense qu'à soi. Les uns s'occupent du regard du souverain ; les autres de celui de leurs maîtresses ; quelques-uns de la mine d'un ministre, pour voir s'il est en faveur et diriger là-dessus leur plus ou moins d'attention ; quelques autres, pour avoir l'air d'y être, mènent à une embrasure de fenêtre un ministre étranger ; un de ceux-ci cherche à écouter ce que l'un dit de l'autre ; plusieurs font des révérences à droite et à gauche, rient ou veulent paraître s'amuser ; plusieurs, pour avoir l'air affable, disent quelques mots en l'air, ou cherchent à dire un bon mot qui fasse rire Sa Majesté, ou à parler assez haut pour qu'elle les remarque et paraisse se mêler à la conversation, ce qui arrive effectivement lorsque, embarrassés de leurs personnes les jours de représentation, les souverains demandent ce qu'on dit. Quelques-uns font

jugement qui perce à chaque instant. Personne ne songera à lui, en relisant l'amère réflexion de madame de Lambert : « Qu'il y a de peuple à la cour ! J'appelle peuple tout ce qui pense bas et communément. La cour en est remplie! » Jamais on ne le rangera parmi la superbe canaille des cours : si le compliment est excessif, il le relève par la finesse, et vous sentez fort bien qu'il le regarde comme une monnaie courante à l'usage des rois et des reines; qu'il y a pour ceux-ci des rites, un cérémonial de langage, qu'il faut hausser le diapason pour se mettre au niveau. Tant pis pour eux, s'ils ne distinguent pas l'or pur de l'alliage, s'ils ne font pas le triage de la vérité et de l'enflure,

les sévères, les taciturnes, pour faire croire qu'ils dédaignent tous les genres de courtisanerie et qu'ils pensent. Quelques généraux, assez humbles au coup de fusil, sont fiers et prennent un maintien militaire. Les voyageurs présentés cherchent des yeux la femme qu'ils comptent avoir, persuadés qu'ils sont plus aimables que les gens du pays. Les grandes maîtresses pensent à l'étiquette qui diminue tous les jours, à ce qu'elles disent, Sa Majesté ne les avertissant plus de rien; les petites maîtresses, à se placer de manière qu'un lustre qu'elles évitent ne leur donne pas les yeux battus; les filles d'honneur, à le perdre sans qu'on le sache ; toutes les femmes, à un collier, une chaîne, un schawl turc, un médaillon qu'elles voient à l'une d'entre elles et qu'elles envient, ou à critiquer ce qu'elles n'envient point. Les grands officiers de la cour songent à deviner la porte par laquelle Sa Majesté sortira. Les chevaliers des ordres arrangent leurs rubans ; les jeunes gentilshommes de la chambre font les beaux et les empressés; les vieux chambellans, les importants; les provinciaux, les importuns et des questions ; les pages, des espiègleries.

et, par une opération inverse de l'interlocuteur, ne redescendent point dans sa pensée, jusqu'à la limite où s'arrête la sincérité, s'ils n'ont présent à la mémoire le mot de cet empereur sceptique : « Je sens que je vais devenir Dieu ! »

Ses relations avec Voltaire devaient se prolonger longtemps encore, et c'est chose plaisante que cette correspondance où celui-ci, à force de cajoleries insinuantes, essaie de l'amener au philosophisme, où Ligne fait semblant de le traiter en excellent chrétien, tous deux usant d'une égale politesse, évitant de blesser leurs sentiments respectifs, mais se donnant des conseils en ayant l'air de parler à la cantonade. Comme Voltaire facilite la tâche par son affectation constante à séparer la religion du fanatisme, le prince le prend en quelque sorte dans son propre piège, lui écrit avec un feint enthousiasme qu'il a gagné une grande bataille sur les dévots en leur prouvant que Voltaire l'est plus qu'eux, en le faisant reconnaître *un des pères de l'Église*, seulement un peu plus gai que les autres. Et puis les impies le dégoûtaient de l'impiété et lui donnaient presque envie de se faire capucin ; les athées sont dans les antichambres, les déistes sont dans les salons, et si instruits que le marquis de B*** disait : « Je viens de lire un livre si fort contre l'existence de Dieu que je me suis fait déiste. » Un poète n'est ni l'un ni l'autre. Pindare aurait été aussi bon catholique que David était bon juif. — Ligne n'a garde de rappeler le mot d'une admiratrice de d'Alembert sur Voltaire « Il est bigot, c'est un déiste; » mais il ajoute adroitement : « La religion catholique doit plaire à celui qu'inspire le goût des beaux-arts; nous lui devons le *Stabat* de Pergolèse, le *Miserere* de Lalande, les *Hymnes* de Santeuil, tant de chefs-d'œuvre en musique, en peinture et en sculpture; l'église de Saint-Pierre, la *Descente de croix* d'Anvers, et une autre de ma galerie, par Van Dyck. La mythologie parlait aux passions; le catholicisme, enveloppé de mystères, parle à l'imagination. » Et Voltaire de répliquer fort galamment : « Puis donc que vous me faites apercevoir que je suis prophète, je vous prédis que vous serez ce que vous êtes déjà, un des plus aimables hommes de l'Europe, un des plus respectables... Vous jouissez des plaisirs de Paris et vous les faites. »

En trois mots, Ligne a, trente années avant Chateaubriand, opposé à Voltaire le *Génie du Christianisme*.

A vrai dire, s'il déteste l'irréligion d'État et les bigots d'incrédulité, s'il croit *au gentilhomme d'en haut*, et s'avise un jour de composer un sermon pour apprendre à une *bête d'aumônier* comment on parle de Dieu à des soldats, sa religion, surtout au début, a des assises peu profondes : « Il faut, dira-t-il, avoir la *bonté de croire*, de peur de l'*ennui*, de peur de ces messieurs en *iste*, comme Catherine II appelait les pontifes de l'athéisme. Pourquoi ne pas se contenter de la foi de son trisaïeul, qui croyait à la présence réelle de l'eucharistie? » Plus tard, mieux convaincu de la nécessité d'un culte positif, il rencontrera cette belle pensée au sujet des impiétés fanfaronnes : « Tout cela est très joli, quand on n'entend pas la cloche des agonisants... L'incrédulité est si bien un air, que si on était de bonne foi, je ne sais pas pourquoi on ne se tuerait pas à la première douleur du corps et de l'esprit. On ne sait pas assez ce que serait la vie humaine avec une irréligion positive : les athées vivent à l'ombre de la religion. » — En fait, Ligne, sur ce chapitre, ne vaut ni plus ni moins qu'une partie de ses contemporains, sceptiques par tempérament bien plus que par système, qui, n'ayant point la foi du charbonnier, ne prenaient pas le temps de s'élever jusqu'à la foi de Bossuet, se détournaient de la morale du Christ pour courir à la morale du plaisir, mais estimant que l'impiété n'est point un sentiment aristocratique, se croyaient quittes envers Dieu, s'ils respectaient les décors du culte et mouraient sans fracas de scandale.

Avec un tel laisser aller religieux, Ligne ne pouvait afficher une morale bien austère. Sa philosophie est celle du plaisir combiné avec le bon goût, ou du bonheur, qui est le plaisir fixé. Malheur aux moralistes misanthropes qui ne voient pas le soleil, les fleurs, le sourire de la nature et de la femme!... — Quant à lui, il prend pour devise: « Calme avec soi-même; bien vivre et bien mourir. » Il voudrait tenir toutes les prétentions du genre humain, ce grand enfant, pour l'empêcher de tomber, de se brûler, surtout de pleurer, de crier, d'arracher et de gâter tout. Il voudrait aussi que son livre fût le panier d'osier qui lui apprend à marcher tout seul, et voici la première leçon qu'il adresse à son élève: « La vie me paraît une promenade dans un jardin. Cueillez les roses, les myrtes et les lauriers, si vous pouvez; ne laissez faner aucune fleur, depuis l'humble violette jusqu'à l'orgueilleux héliotrope; mangez de tous les fruits, et ne négligez que ceux dont l'arbre est planté sur le bord d'une fosse, dans laquelle, à force de vous promener, vous devez nécessairement tomber. L'adresse est de marcher au travers des ronces et des épines... Pourquoi n'y a-t-il pas une école de bonheur au lieu des écoles de latin et de droit? Qu'on y apprenne le régime de son âme; qu'on dise, si l'on est heureux : je jouis; si on ne l'est pas: la vie n'est qu'un passage. » — Savoir manier l'espérance, ne mettre de prix presque à rien, tirer parti de tout, n'enchaîner sa liberté que par les chaînes légères des roses de l'amour ou par les lauriers de la gloire, admirer ce qui est beau, faire le bien selon sa puissance et réparer l'espèce de tort qui se montre dans le monde (car c'est usurper la vie que se borner à ne pas nuire); prendre tous les plaisirs de son âge et de sa situation; n'avoir ni méfiance, ni envie, ni méchanceté, ni passion; garder, livrer ou reprendre son cœur suivant l'occasion; et quand il n'est plus présentable, se retirer à la campagne, en se vouant aux lettres, au culte de la nature; et de là dire à la mort : « Je ne vous crains pas »; voilà la science suprême, la meilleure recette du bonheur, philosophie inspirée de Pétrone, de Montaigne et de Candide, morale toute païenne et poétique, aimable sans doute et facile à suivre, mais étroite, fermée aux vastes horizons de l'âme, à ces nobles inquiétudes de l'esprit qui donnent à l'homme, *au roseau pensant* de Pascal, la conscience de sa grandeur et plongent leurs racines dans l'infini.

Parfois cependant, le prince de Ligne a ses heures, ou plutôt ses minutes de misanthropie et d'amertume, heures précieuses qui sont en quelque sorte la rançon des années de gaieté réelle ou factice. Un jour de doute mélancolique, il se prend à l'un des plus nobles sentiments, la générosité, et lui fait son procès, à la façon de La Rochefoucauld, de Chamfort; le morceau est trop curieux, trop rare sous une telle plume pour ne pas trouver place ici : « Homme! qui que vous soyez, dévot, libertin, prodigue, avare, philosophe, insensé, et même *homme juste, s'il en est,* croyez-vous avoir jamais donné par générosité? Vous dévot, vous êtes celui qui avez eu le moins de mérite : vous avez placé votre argent à intérêt; vous vous êtes imaginé qu'il vous vaudrait le pardon de quelque méchanceté: vous

2

avez dit: « Je donnerai à cet homme, non parce
» qu'il est mon frère, mais parce qu'il est dit dans notre
» loi : « Donnez aux pauvres et vous aurez le royaume
» des cieux. » Vous libertin, qui n'y croyez pas, n'était-ce
pas peut-être pour vous débarrasser de ce mendiant?
Vous prodigue, vous lui avez donné ce que vous auriez jeté également à la place où il vous a demandé
l'aumône ; c'était une occasion de plus de vous satisfaire. Vous avare, c'est pour qu'on vous le dise, c'est
parce qu'on vous regardait. Vous philosophe, c'est par
humanité, j'en conviens, mais vous êtes à votre aise,
il est aisé d'être philosophe quand on est riche; un
petit écu ne vous dérange pas. L'auriez-vous assisté au
point de manquer votre superflu?... Et pour vous,
insensé, vous vous êtes porté à cette bonne action,
par l'exemple, par habitude, par éducation ; vous n'y
avez mis que de l'indifférence. Et vous, homme juste,
qui peut-être avez-vu ce malheureux à la guerre se
distinguer sous vos yeux, vous n'avez fait que votre
devoir; je le répète, je cherche un homme vraiment
généreux, et je n'en trouve point. »

Ligne avait-il donc médité l'apologue de cette femme
d'Alexandrie, qui parcourait les rues, tenant d'une
main un seau plein d'eau, de l'autre une torche enflammée, criant qu'elle voulait brûler le ciel et éteindre
l'enfer, afin qu'on fît le bien sans espoir d'obtenir
l'un, et qu'on s'abstînt du mal sans la crainte de
l'autre? Et, si l'on devait prendre cette page pour autre

chose qu'une boutade oubliée peut-être le lendemain, ne pourrait-on lui répondre qu'il s'oubliait lui même, lui qui prodigua toujours son nécessaire et son superflu, comme il oublia Narbonne, Boufflers et Ségur, le jour où, parlant de Talleyrand qui venait d'arriver à Vienne, il écrivit au prince d'Arenberg : « Jugez de son plaisir d'être reçu par moi, car il n'y a plus de Français au monde que lui, et *vous et moi qui ne le sommes pas.* » Le plaisir de lancer un mot piquant met souvent des œillères à l'esprit le plus bienveillant, à cet homme qui éprouve une joie sans mélange à admirer et se sent tout glorieux si un de ses semblables fait une grande chose. Mais n'est-ce pas surtout à l'esprit qu'il faut appliquer cette belle image des fragments d'un miroir brisé, symbole des vérités incomplètes que nous découvrons dans notre ardente et vaine recherche de l'absolu?

A Bruxelles, où le prince de Ligne égale presque en magnificence le vice-roi, il s'efforce d'éveiller ses compatriotes à la vie littéraire. Dans son aimable résidence de Baudour, l'amitié, l'amour, la chasse, la lecture, les manœuvres de son régiment font de chaque journée un mois de bonheur. Il fréquente la cour de Charles de Lorraine; une jolie cour, gaie, sûre, agréable, polissonne, buvante et chassante.

Toutefois, le jour où le duc *tient l'appartement* et invite les dames, on ne dépasse point les bornes de la *gaieté la plus décente*, bien qu'au xviiie siècle l'impertinence fût presque une grâce de plus. Le prince était si bon, que cela paraissait jusque dans ses colères. Un jour, se fâchant contre un groupe de spectateurs qui dérangeaient la chasse dans les allées de la forêt de Bel-OEil, il leur cria : « Allez à tous les diables!... messieurs, s'il vous plaît, » ajouta-t-il en leur ôtant son chapeau. — Aimé de ce prince, de Marie-Christine qui lui succéda, Ligne savait aussi se concilier l'affection des classes moyennes : il est membre de toutes les confréries bourgeoises. Parfois la ville entière, en se réveillant, apprend par des placards qu'elle est conviée aux fêtes qu'il offrait, tantôt dans son hôtel, tantôt au théâtre où il *s'amusait à amuser* le public. Une fois, il se jette au milieu de la foule ameutée et la sauve de ses propres fureurs; une autre fois, il se met à la tête des marchandes de légumes, les conduit au palais et obtient le redressement de leurs griefs. A Bruxelles, à Bel-OEil, il a une imprimerie qui ne chôme pas, car on y imprime ses œuvres, celles de ses amis, le chevalier de l'Isle, de Legros son secrétaire, et sans doute de ce cher aumônier Pagès qui, pour être *plus piquant encore*, disait la messe. — A dire vrai, le prince n'a pas le respect du papier blanc, le démon de l'écritoire le hante sans cesse; improvisateur de comédies médiocres, faiseur de vers plus médiocres encore, il ne mérite nullement le joli compliment de Boufflers :

Je vous ai lu, beau prince et je suis enchanté,
Je ferais après vous des efforts inutiles.
　　Pour répondre à vos vers faciles
　　Il faut votre facilité.

Trop bonnes pour les uns, pour d'autres trop sévères,
Les Muses ne m'ont point gâté.
Elles me vendent cher des vers très ordinaires ;
Tandis que de très bons ne vous ont rien coûté.

Aussi, dans mon dépit, je vais pendre ma lyre
A la place d'un sabre, au fond d'un cabinet,
　　Et cette plume, au lieu d'écrire,
　　Sera mise sur mon bonnet.

De bons vers du prince de Ligne, je n'en connais pas un ; Boufflers renversait les rôles en lui prêtant spirituellement ses propres qualités ; de bonne prose, j'en sais un peu et j'en sais même beaucoup, si on pose en principe que la plus grande de toutes les règles consiste à plaire. Point de méthode, aucun art de composer, peu de mesure, un mépris profond de la grammaire, un chaos d'idées disparates, mais nombre de pages étincelantes de coloris, d'entrain et d'élégance, un jugement souvent juste et prompt, des traits imprévus, hardis, d'amusants contrastes, de la raison sans raideur, de la négligence sans vulgarité, voilà ce qu'on rencontre dans les quarante volumes de cet écrivain polygraphe. Il habite les dehors de son âme, pense et montre qu'il faut avoir l'esprit sérieux pour soi et ne pas le communiquer. Il a beaucoup fréquenté Dorat, Pont de Veyle, Gentil-Bernard, Pezai, Robé; quoi d'étonnant si le jargon, les concetti, le cliquetis de l'antithèse déparent ses meilleurs morceaux ? A ses yeux, Fontenelle tient la première place après Voltaire, « et c'est un beau luxe que le luxe de l'esprit ; mais, depuis leur mort, n'aurait-on pas fait des lois somptuaires pour l'exclure » ? Plus tard même, se sentant dépaysé au milieu d'un monde nouveau qui fait de l'esprit à coups de canon, il se plaignait qu'il n'y eût plus de conversation, qu'on ne sût plus seulement conter une petite méchanceté. Comment, avec de tels modèles, Ligne n'aurait-il pas ramé sur les galères du bel esprit, payé tribut au goût du temps ? C'est au point qu'il ne dédaigne pas les jeux de mots, les calembours, *ces jolis abus qui font rire ;* ses lettres, ses portraits, ses tableaux d'histoire eux-mêmes en sont émaillés : « Grâce pour vous, pleine de grâces... Ce n'est pas une rosière, mais une rose. — Angela ne pouvait être peinte que par Michel-Ange et Raphaël, qui se connaissaient en anges. — Le jeune lord s'en retourne du continent un peu incommodé, parce qu'il n'a pas été continent lui-même. — Catherine II avait plus du Romain que du roman. — J'aime mieux les *barils* que les *tonneaux* (allusion aux Du Barry et à Mirabeau-Tonneau. » — Au duc de Saxe-Teschen, qui, battu à Jemmapes et relevant de maladie, lui demande comment il le trouve : « Ma foi, monseigneur, je vous trouve passablement défait ! » Du moins peut-on classer ce dernier dans la catégorie des jolis abus. Revenons-en toujours à cette observation, qu'il faut considérer les écrits du prince comme des conversations autographiées dans lesquelles sa verve intarissable saute de sujet en sujet, comme un oiseau vole de branche en branche, laissant de côté mille aspects des questions, mais faisant à chaque pas des rencontres heureuses. Madame de Staël a raison ; ce style si gai, qui laisse passer des rayons, est souvent du style parlé. « Il faut se représenter l'expression de sa belle physionomie, la gaieté caractéristique de ses contes, la simplicité avec laquelle il s'abandonne à la plaisanterie, pour aimer jusqu'aux négligences de sa manière d'écrire ; il faut ne pas analyser comme un auteur celui qu'il faut écouter en le lisant, car les défauts même de son style étaient une grâce dans sa conversation. Ce qui n'est pas toujours bien clair grammaticalement, le devient par l'à-propos de la conversation, la finesse du regard, l'inflexion de la voix, tout ce qui donne enfin à l'art de parler mille fois plus de ressources et de charmes qu'à celui d'écrire. » Pour bien éprouver cette sensation, repassez dans l'*Officiel* un beau discours que vous aurez entendu prononcer par quelque grand orateur, ou bien lisez une traduction de Lamartine en allemand. Henri Heine comparait une poésie traduite à un clair de lune empaillé ; même différence entre la parole parlée et la parole écrite.

11

Lettre à Rousseau. — Les servants de madame du Deffand. — Le chevalier de l'Isle. — Succès du prince à Versailles. — Bons mots ; le présent vaut mieux que le futur. — Je parie pour l'esprit. — A déjeuner pour quatre et à souper pour trois. — Son culte pour la reine. — Vertubleu, Vertuchoux et Vertugadin.

En 1776, un heureux hasard ramène Ligne à Versailles. M. le comte d'Artois se trouvant dans une garnison voisine de celle où il inspectait ses troupes, il y va avec une trentaine de ses officiers les mieux tournés ; on boit, on joue, on rit ; libre pour la première fois, le comte d'Artois ne savait comment profiter de cette liberté : il exige que Ligne vienne le voir à Versailles ; séduit par son bon cœur et sa franchise, celui-ci reparaît à la cour, où désormais il passera tous les ans à cinq mois presque de suite.

Auparavant, il avait plusieurs fois revu Paris, et à force de grâce et d'esprit, désarmé les préventions des plus difficiles. — Madame du Deffand, qui le juge d'abord un peu dédaigneusement, l'appelle le *Gilles* de Boufflers, finit par lui rendre pleine justice. Grimm lui cherche noise à propos de sa lettre à Jean-Jacques. Ligne avait fait la connaissance de l'auteur d'*Émile* de la manière la plus piquante : il ne savait pas encore, en montant l'escalier, comment il s'y prendrait pour l'aborder ; mais il se fiait à son instinct. — Il entre et feint de se tromper. « Qu'est-ce que c'est ? demande Jean-Jacques. — Monsieur, pardonnez, je cherchais M. Rousseau, de Toulouse, celui qui fonda le *Journal encyclopédique* de Bouillon. — Je ne suis que Rousseau de Genève. — Ah! oui, ce grand herboriseur ! Je le vois bien. Ah! mon Dieu! que d'herbes et de gros livres ! Ils valent mieux que tout ce qu'on écrit. Est-il vrai que vous soyez si habile à copier la musique ? » — Rousseau sourit presque, lui montre sa pervenche, va chercher des petits livres en long, et dit : « Voyez comme cela est propre ! » Et il se met à parler de la difficulté de ce travail, et de son talent en ce genre, comme Sganarelle de celui de faire des fagots. Le malicieux visiteur demande s'il n'a pas pris ces deux genres d'occupations serviles pour éteindre le feu de sa brûlante imagination. « Hélas ! répond Rousseau, les autres occupations que je me donnais pour m'instruire et instruire les autres ne m'ont fait que trop de mal. » Et le voilà qui quitte sa musique, sa pervenche et ses lunettes, parcourt toutes les nuances de ses idées avec une justesse qu'il perdait quelquefois dans la solitude, et les entremêle de maximes sophistiques lorsque son hôte s'avise de pousser cette objection : « Si cependant M. Hume a été de bonne foi ? »

Cependant sa vilaine femme l'interrompait par des questions saugrenues sur le linge, ou la soupe ; il lui répondait avec douceur et aurait ennobli un morceau de fromage s'il en avait parlé. Enfin, après un silence de vénération, Ligne quitta le galetas, séjour des rats, mais sanctuaire du génie. Rousseau se leva, le reconduisit avec une sorte d'intérêt et ne lui demanda pas son nom.

« Il ne l'aurait jamais su, remarque modestement le grand seigneur, si, dans la société intime du prince de Condé, il n'avait appris qu'on voulait inquiéter Jean-Jacques. Aussitôt il lui écrit cette lettre un peu maniérée sans doute, à propos de laquelle Grimm tira un fâcheux horoscope pour sa réputation ; il lui propose un asile dans sa petite souveraineté qu'il a en Empire, et où il n'y a ni parlement, ni archevêque, mais les meilleurs moutons du monde. « J'ai, ajoutait-il, des mouches à miel à l'autre habitation que je vous offre ; si vous les aimez, je les y laisserai ; si vous ne les aimez pas, je les transporterai ailleurs ; leur république vous traitera mieux que celle de Genève, à qui vous avez fait tant d'honneur et à qui vous auriez fait tant de bien. »

Rousseau crut voir un piège dans cette proposition

généreuse ; mais comme son premier mouvement était bon, il vint remercier le prince ; celui-ci n'en croyait pas ses yeux, et Louis XIV n'éprouva pas un sentiment pareil de vanité en recevant l'ambassade de Siam.

Pendant plusieurs heures, Jean-Jacques lui débita ses paradoxes sur ses prétendus ennemis, la conspiration de toute l'Europe, l'avantage d'écrire sur la liberté quand on est enfermé, de peindre le printemps lorsqu'il neige. « Ses yeux étaient comme deux astres, son génie rayonnait dans ses regards. » Ligne lui prouva, sans en avoir l'air, qu'il savait Julie et Saint-Preux par cœur et finit par lui dire : « Plus vous êtes sauvage, et plus vous devenez un homme public. » Comme Chateaubriand, Rousseau eût habité une cellule, à condition qu'elle fût sur un théâtre.

Parmi les *servants* de madame du Deffand, de madame Geoffrin, le prince de Ligne, sauf Arnault et Voisenon, distingue peu d'hommes de lettres aimables à son gré : il trouve que le président Hénault, pour tout esprit, se contente de manger comme un diable, que Marmontel le seconde à merveille, que Crébillon, le grand garçon du grand homme, vit sur sa réputation de boudoir et de canapé ; Saint-Lambert lui paraît taciturne, madame de Genlis a un tour d'épaules dans l'esprit, Laplace est très lourd lorsqu'il veut être plaisant ; et ainsi des autres. Il est de toutes les lectures de société, tantôt au palais Bourbon, tantôt chez la comtesse de La Marck, la marquise de Coigny ou la maréchale de Luxembourg, succède à Louis XV auprès de la Du Barry, va chez madame Favart, hante presque toutes les actrices célèbres, dîne à l'insu de Voltaire chez Fréron; soupe chez Julie et Sophie Arnould avec Beauvau, Luxembourg, Coigny, Louis de Narbonne [1], Boufflers, le duc d'Orléans et le chevalier de l'Isle [2], son correspondant de prédilection, « le dieu du couplet et du style épistolaire, qui, pour faire croire qu'il dînait avec la reine le dimanche chez les Polignac, y arrivait le premier au sortir de table. Il manquait parfois de tact dans la société, par excès d'humour, de familiarité; » mais il écrivait au prince de Ligne des lettres fort piquantes : dans l'une de celles-ci, il supplie gaiement son ami de ne point *sabrenauder* un couplet qu'il a fait l'autre jour pour la reine, en la menaçant de lui

---

[1]. Ligne était lié avec le duc de Nivernais, grand seigneur et poëte autant qu'un duc et pair pouvait l'être. Ce duc avait une espèce d'intendant qu'il estimait et qui était retenu dans son lit par une maladie mortelle. Voulant savoir où en était ce pauvre diable, il monta dans sa chambre, par une condescendance inouïe et vint en personne chercher de ses nouvelles. Le moribond, confus de l'honneur qu'on lui faisait, se redressa avec effort sur son séant, et dit à son maître du ton le plus respectueux : « Ah! monsieur le duc, je vous demande bien pardon de mourir devant vous... » A quoi le duc ému, et ne sachant ce qu'il disait, répondit : « Ne vous gênez pas, mon ami. » L'intendant, profitant de la permission, expira sans scrupule et le duc alla à l'Académie.

[2]. Je prépare sur le chevalier de l'Isle un travail d'après des documents inédits mis à ma disposition par M. Henry de l'Isle.

jouer le tour qu'elle redoute le plus, qui est d'être nommée au bal de l'Opéra :

> Dans ce temple où l'incognito
> Règne avec la folie,
> Vous n'êtes, grâce au domino,
> Ni reine ni jolie.
> Sous ce double déguisement,
> Riant d'être ignorée,
> Je vous nomme, et publiquement
> Vous serez adorée...

A peine Ligne a-t-il paru à Versailles, qu'il devient l'âme du petit cercle intime de la reine, où il jette à pleines poignées la fantaisie, la gaieté, et communique à tous sa belle humeur contagieuse. On le voit partout: il arrange ou dérange les jardins, préside aux fêtes et aux illuminations, se trouve au lansquenet de la reine, au cavagnole de Mesdames, au whist de Monsieur, au quinze du prince de Condé, au billard du roi, au pharaon du prince de Conti. Il prend part aux promenades des bois de Boulogne et de Vincennes, tant calomniées depuis, assiste aux bergeries de Trianon, aux fêtes de Fontainebleau. Une fois, il vient de Bel-OEil à Versailles, afin d'y passer une heure pour la dernière couche de la reine, d'autres disent pour un rendez-vous galant. Quoiqu'il pousse la gaieté jusqu'à la folie, il fait passer de temps en temps, au bruit de ses grelots, quelque utile et piquante moralité, empêche une injustice, combat une prévention. Ne s'avise-t-il pas un jour de présenter à Marie-Antoinette une lettre de madame Du Barry, dont la fortune était en mauvais état. « Voilà, s'exclame le roi, une belle ambassade dont vous vous êtes chargé ! » Mais lui de répliquer aussitôt : « Sire, c'est que certainement personne autre ne l'aurait osé. » — Dans une représentation de théâtre de cour, afin de ne pas demander de billets aux gentilshommes de la chambre, dont quelques-uns lui gardaient rancune, il imagine d'installer une planche entre leur banc et l'orchestre, s'y place en évidence comme sur un strapontin, et applaudit bruyamment en dépit des usages. Louis XVI, avec sa bonhomie brusque, lui dit : « Mais vous êtes un impertinent ! » — « Ah! Sire, repart Ligne, ne m'ôtez pas la seule place que je veuille avoir dans votre cœur. » — Ses mots couraient la ville et la cour; un marquis ennuyeux l'aborde en *bâillant :* — « C'est ce que j'allais vous dire, » s'écrie-t-il. — On étalait avant un mariage les cadeaux du prétendu à sa fiancée : — « Je trouve, observe-t-il, que le présent vaut mieux que le futur. » — A quelqu'un qui s'étonnait de le voir faire à un sot force politesses : — « J'ai trop souvent éprouvé que dans ce monde la réputation dépend de ceux qui n'en ont pas. » « X... court après l'esprit. — Je parie pour l'esprit. » Une princesse, sa parente, était fort entichée de noblesse. Ligne s'approche de sa fenêtre, ferme soigneusement les rideaux et répond à ses signes d'interrogation : « C'est la lune, elle n'a pas quatre quartiers et ne doit pas entrer chez vous. » Un ami de Versailles lui demandant d'être son témoin et de lui prêter pour le combat sa terre de Bel-OEil, il mande cet ordre à son intendant : — « Faites qu'il y ait à déjeuner pour quatre et à souper pour trois. » — Madame de Sévigné, en écrivant ses fameuses lettres, n'ignorait point qu'elles allaient plus loin et plus haut que ses correspondants : les hommes d'esprit cisèlent volontiers leurs mots pour la galerie et seraient bien fâchés que personne ne les recueillît : on parle toujours un peu pour le public du moment ou pour ce public plus éloigné qui s'appelle la postérité. La boutade du prince de Ligne à son intendant visait en réalité Paris et Versailles.

Il fait peu de cas du roi dont il cherchait cependant à élever l'âme par quelque conversation intéressante, lui reproche ses propos de fou et de chasseur, d'aimer beaucoup à « polissonner ». Un jour qu'il menaçait les amis de la reine de son cordon bleu, qu'il voulait jeter au nez de quelqu'un, le duc de Laval se retira : « Ne craignez rien, monsieur, dit Louis XVI, cela ne vous regarde pas. » Une autre fois, il passe au cou de Ligne son cordon bleu, le heurte contre un meuble, et comme il semblait s'inquiéter si le coup avait porté, le prince l'adjure plaisamment de prononcer les paroles consacrées, lorsque les fils de saint Louis imposaient les mains aux scrofuleux : « Le roi te touche, Dieu te guérisse!... » Coigny, grand frondeur, lui disait sans ménagement : « Voulez-vous savoir ce que c'est que ces trois frères (le roi, Monsieur et le comte d'Artois)? Un gros serrurier, un bel esprit de café de province, un faraud des boulevards. » De tout temps, les médisants ont procédé de la même manière : écraser leurs victimes en mettant en relief un défaut, une qualité secondaire qui obstruent les vertus réelles, celles qui impriment le sceau de la grandeur, ennoblissent une physionomie, décorent un caractère.

En revanche, Ligne professe pour la reine un véritable culte : — « Tout ce qui vient d'elle, écrit-il, est marqué au coin de la grâce, de la bonté et du goût! Elle sentait un intrigant d'une lieue et détestait les prétentions en tout genre. Qui eût pu la voir sans l'adorer! Je ne m'en suis bien aperçu que lorsqu'elle me dit : « Ma mère trouve mauvais que vous soyez si » longtemps à Versailles; allez passer quelques jours à » votre commandement en Belgique; écrivez de là des » lettres à Vienne pour qu'on sache que vous y êtes, et » revenez. » Cette bonté, cette délicatesse et plus encore l'idée de passer quinze jours sans la voir m'arrachèrent des larmes, que sa jolie étourderie d'alors, qui la tenait à cent lieues de la galanterie, l'empêcha de remarquer[1]. »

1. « Le prétendu luxe de la reine était un conte bleu; elle s'occupait si peu de sa toilette qu'elle se laissa, pendant plusieurs années, coiffer on ne peut plus mal par un nommé Larceneur, qu'elle gardait pour ne pas lui faire de peine; il est vrai qu'en sortant de ses mains, elle mettait les siennes dans ses cheveux pour s'arran-

Ligne ne croit pas aux passions qu'on sait ne pouvoir jamais devenir réciproques; quinze jours suffirent à le guérir de ce qu'il osait à peine s'avouer à lui-même. D'autres, qui se montrèrent plus présomptueux, furent vertement rabroués, apprirent à leurs dépens qu'il n'était plus vrai de dire avec madame de Luxembourg qu'il n'y avait que trois vertus en France : Vertubleu, Vertuchoux et Vertugadin.

ger à l'air de son visage. — Elle se moquait elle-même des abus qu'elle n'osait point réformer et surtout de son poulet qui montait à cent louis par an : une reine de France en avait demandé un pour elle ou son petit chien, on n'en trouva pas, et on fit pour cela un établissement qui devint une charge à la cour. De même, Louis XV, gravement malade, dut se passer de bouillon parce qu'il survint une querelle entre le département de la bouche et celui de l'apothicairerie; ce dernier soutenant que le premier n'avait rien à faire lorsque Sa Majesté ne jouissait pas d'une parfaite santé. »

III

Pensées du prince sur les femmes et l'amour. — Reproches aux Françaises. — Madame du Deffand, madame Geoffrin et madame de Boufflers. — Lettres à la marquise de Coigny : ne point prendre d'amants, parce que ce serait abdiquer. — Don d'ubiquité : la politique du mouvement perpétuel. — Relations avec Frédéric II : l'hypocondrie du marquis d'Argens. — Un roi de France est toujours le patriarche des gens d'esprit. — Le mépris de la phrase libérale. — Silhouette du prince de Conti. — Définition du mensonge politique. — Le prince Henri de Prusse et ses récits de la guerre de Sept ans. — Elle pleure toujours, mais elle prend plus que sa part. — Le soufflet par procuration. — La prière de Maupertuis. — Athéisme individuel et athéisme politique.

En parlant des femmes [1] et de l'amour, Ligne n'a point la véhémence de Rousseau, la sécheresse amère de La Rochefoucauld, l'âpreté sarcastique de Chamfort ; moins éloquent, moins profond que ceux-ci, il

---

1. Les femmes ! Elles devaient bien leurs suffrages à celui qui passa la plus grande partie de sa vie à leurs pieds, qui, dans ses critiques comme dans ses éloges parla toujours d'elles avec l'ac-

les domine par le bon ton, l'art des sous-entendus, et même par certaine ironie bienveillante qui donne du relief à ses jugements. Ses éloges sont particuliers, ses critiques générales, de telle sorte qu'une femme ne prend jamais celles-ci pour elle-même, et qu'elle a, au contraire, le plaisir de les appliquer à vingt femmes de sa connaissance; avec Sénac de Meilhan et le vicomte de Ségur, il est le moraliste par excellence de l'amour, à la fin du xviiie siècle.

Et, d'abord, ceci est l'alphabet de cette science, Ligne distingue mille variétés dans l'amour. On nomme toujours celui-ci, comme s'il n'y en avait qu'un, mais il

cent de la passion, qui trouva pour une femme, une impératrice il est vrai, ce mot charmant à son ami Ségur : « Jouissez de la présence réelle! » L'art de plaire étant, pour ainsi dire, le truchement de la passion, de la galanterie, il y a intérêt à connaître les idées d'un homme dont le sourire valait un discours qui, véritable magicien de la parole et du regard, maniait les esprits à son gré. Séduction d'autant plus grande qu'il a comme les femmes le don des larmes, qu'il a pratiqué ses préceptes, parcouru toute la gamme du clavier sentimental, courtisé les plus jolies femmes de France et d'Europe, en rencontrant peu de cruelles. Le meilleur livre en cette matière, est le monde. Le prince n'avait cessé de l'étudier, car selon sa propre maxime, si lire n'est pas réfléchir, c'est épeler. Mais ne croyez pas avoir le secret de sa pensée, si dans un mouvement d'impatience, il lui arrive d'appeler la bonne compagnie une *perdeuse de temps*; ce sont boutades de gourmet contre la table de Lucullus, jérémiades de ministre sur le fardeau des affaires, doléances de faux pessimiste sur la brièveté de la vie; les uns et les autres ressentiraient un dépit mortel si on les prenait au mot.

y en a une centaine de milliards, car chacun a le sien, comme chacun a son visage qui ne ressemble pas à un autre visage. Occupé, épris, aimant, amoureux, amant passionné, fanatique, voyez ce que chacun de ces mots peut produire encore de différences imperceptibles; voyez les effets des coutumes, des préjugés, des climats et des sexes; chacun nomme son cœur, mais l'habille à sa façon. Il y a l'amour poète, l'amour journaliste ou journalier, c'est-à-dire qui rend compte de tout, tant il est minutieux. Il y a l'amour financier, qui est le plus mauvais genre; l'amour théâtral qui est le plus dangereux; l'amour de la galerie qui est le plus fat, l'amour de maintien, de circonstance ou d'oisiveté. Ligne semble ici précurseur de Stendhal qui pourrait bien lui avoir emprunté quelques-unes de ses théories.

Est-il vrai maintenant que le jour où on n'aime pas davantage, on aime moins, comme dans les empires, on va toujours en déclinant dès qu'on atteint le plus haut degré de gloire et de force. Et ne pourrait-on répondre au prince en lui objectant sa propre conception? Il y a des montagnes qui finissent en pointe, par une aiguille, d'autres se terminent par une plate-forme, et l'amour ne peut-il, sans tomber, s'arrêter dans sa course vers l'infini? Ne peut-il s'asseoir enfin, se fixer dans le bonheur? J'aime mieux notre moraliste quand, mettant en regard l'amour et la jalousie, il observe que celle-ci dure bien plus longtemps que celui-là, parce qu'on s'imagine encore avoir des droits, parce que l'amour-propre, sentiment impérissable, est le dernier qui s'en aille.

Passant du général au particulier, de l'effet à la cause, de l'amour aux femmes, je remarque dans les *Portraits et Réflexions* de jolis coups de pinceau, des traits spirituels trop souvent gâtés par une affectation de mièvrerie et de préciosité. L'auteur pointille sur l'idée, décrit des arabesques, sculpte des fioritures, s'éloigne de La Bruyère, comme un maître d'armes italien diffère dans son jeu d'un maître français, comme Nattier ou Lancret, de Philippe de Champaigne, de Poussin. Mais lorsqu'il trouve sa bonne veine, il a de bien aimables rencontres d'idées, des aperçus excellents, qui, lancés avec humour, avec un coloris délicat, dépassent l'horizon de son époque[1]. A-t-il tort, par exemple,

---

1. En lisant les ouvrages du prince de Ligne, j'ai recueilli quelques pensées qui m'ont paru mériter d'être rapportées : « On fait bien des chutes avant d'attraper la raison. — Apprendre, c'est se contredire. — Il faut être le père de ses amis pour en être sûr. — Je n'aime les républiques que dans l'eau : voyez l'Angleterre, la Hollande et Venise. La liberté ne se met point à la nage pour gâter les autres pays, et convient aux insulaires. — La modestie est la pudeur de l'éducation. — On n'a des alliés que pour être sûr de n'avoir pas tout à fait des ennemis de plus. — De même qu'on doit penser à la paix le premier jour de la guerre, on doit penser à la guerre le premier jour de la paix... La paix est un temps d'apathie où il y a peut-être plus de mal, mais qui ne se remarque pas autant, parce qu'il est plus lent. — La religion a été de tout temps le mobile des armées. — Le danger est

d'affirmer que, quelque vertueuse que soit une femme, c'est sur sa vertu qu'un compliment lui fait le moins de plaisir? Quand on la loue sur sa fidélité à son mari, elle est toujours prête à vous dire : « Quelle preuve en avez-vous? » Au reste, quand une femme dit qu'elle s'ennuie, c'est comme si elle disait : « Personne n'est amoureux de moi. » Et, certes, quel est le grand plaisir des femmes, sinon d'aimer, d'être aimées ou de parler de l'amour? Mais le prince assigne la limite,

un troc avec la gloire. — Pourquoi la population est-elle un si grand avantage? On ne fait que parler de cela partout. Il me semble pourtant que moins il y a d'enfants dans une famille, plus ils ont une grande part au gâteau qu'on leur donne à souper. Un pays est comme ce gâteau; s'il y avait moins de monde, il y aurait plus de gens riches. — C'est bien singulier qu'il faille toujours faire le sacrifice de sa raison. D'abord, pour avoir de la foi, cela est tout simple; et notre âme en vaut bien la peine. Ensuite pour son corps; car il faut aussi avoir de la foi dans son médecin. Et puis, pour faire de grandes choses dans le monde; sans cela, l'on vivrait retiré pour soi seul, on ne serait utile en rien. — Celui qui, à la fleur de son âge, brave la mort cent fois dans le courant d'une guerre; celui qui quitte une femme ou une compagne charmante pour aller en ambassade; un ministre courbé sur son bureau; un pauvre diable d'auteur qui se prive de la société pour écrire à la postérité qui souvent ne reçoit pas de ses nouvelles, ne font-ils pas le sacrifice de leur raison? — Ce qui coûte le plus pour plaire, c'est de cacher que l'on s'ennuie. Ce n'est pas en amusant qu'on plaît; on n'amuse pas même si l'on s'amuse, c'est en faisant croire que l'on s'amuse. — Ce qui prouve la vanité des réputations, c'est la facilité de faire des dupes. Je parie que M. de Voltaire y aurait été pris si, à un dîner chez lui, j'avais préparé d'avance un sot à jouer le rôle d'un homme d'esprit; il il veut que, changeant de sexe, une femme de quarante-cinq ans songe à devenir un homme aimable. Ne pensait-il pas à ces grandes dames qui, déjà sur le retour, se disputaient son cœur, ou à cette étonnante madame de Chaulnes qui excusait ses tardifs caprices en affirmant qu'une duchesse n'a jamais que trente ans pour un bourgeois?

Sur ce point, sa morale ne brille point par la sévérité, et vous l'entendrez soutenir que la vertu perdit

l'aurait étonné. Deux sots même qui n'auraient que l'adresse d'être le compère l'un de l'autre attraperaient tout le monde. — On est trompé souvent par la confiance, mais on se trompe soi-même par la méfiance... Celui dont on se méfie mal à propos ne le pardonnera jamais. Après s'être méfié des gens, on se méfie des choses; on regarde comme impossible ce qui n'est que difficile... et puis on se méfie de soi, et on n'est plus propre à rien. — Les méchants se mettent en garde, et les sots aussi; les bons et les gens d'esprit, jamais. Les méchants croient lire dans les yeux qu'on les a devinés, les sots se méfient de tous ceux à qui ils trouvent de la supériorité. Les hommes bons ou spirituels ont assez bonne opinion des autres pour s'en croire aimés. — Il n'appartient pas à tout le monde d'être modeste; et la modestie est une fatuité ou une sottise, quand on n'a pas le mérite le plus éclatant. — On a trop dit que l'opinion est la reine du monde. C'est la seule reine qu'il faut détrôner; sans cela, toutes les autres le seront. » Et pour terminer, cette boutade de Wallenstein qui rappelle le mot de Strafford mourant : *Nolite confidere principibus, quia nec est spes, nec salus in illis*, ou celui d'un émigré mécontent : *Service de prince n'est pas héritage* : « Qu'aurez-vous de la maison d'Autriche pour votre fidélité? Une clef mal dorée, une rosse qu'on vous donne pour un bon cheval, ou une tabatière de mauvais goût. »

les vertus, tandis que la galanterie épurait les mœurs en France au lieu de les corrompre, et que celle-ci n'est devenue ingouvernable que depuis qu'elle a cessé d'être frivole. Si les hommes font les lois, les femmes font les mœurs; quand même elles les déferaient quelquefois, il n'en est pas moins vrai que les hommes qui s'éloignent de leur société cessent d'être aimables et ne peuvent plus le devenir. Et puis ne conclut-il pas de la pluralité à l'universalité, ne pousse-t-il pas le scepticisme trop avant, le jour où il écrit : La femme la plus sage a son vainqueur. Si elle n'est pas encore subjuguée, c'est qu'elle n'a pas rencontré cette moitié de soi-même qu'on cherche toujours, et qui fait faire tant d'extravagances. » Dût mon affirmation sembler naïve, je crois qu'il est des femmes qui, dans leur dignité, dans le devoir conjugal, la maternité et la religion, trouvent la force de résister à cette *moitié de soi-même*. Il y en a de notre temps, il y en avait dans ce XVIIIe siècle qui fut son propre calomniateur, et qui, lui aussi, produisit sa pleine moisson d'âmes héroïques et de vertus sans tache.

Aux Françaises, notre moraliste reproche d'être trop les mêmes. C'est la même façon d'être jolie, d'entrer dans une chambre, d'aimer, de se brouiller: on a beau en changer, on croit avoir toujours la même. Du moins écrivent-elles à merveille; tandis qu'autrefois elles ne savaient pas l'orthographe, il connaît à présent dix ou douze Sévigné qui n'ont que trop d'esprit. Mais ses propres portraits en font foi ; les Françaises se ressemblaient peut-être dans la galanterie, non dans l'amour, non dans l'esprit; il suffirait pour le battre avec ses propres armes, de rappeler cette silhouette de madame Geoffrin :

« — Je la croyais un bureau d'esprit et c'en était un plutôt de raison. Les gens d'esprit qui allaient chez elle n'en faisaient plus et devenaient presque de bonnes gens. Il y avait entre elle et madame du Deffand une espèce de rivalité; mais, au lieu du gros bon sens de la première, l'autre avait une conversation pleine de traits et avait l'épigramme et le couplet à la main. Le genre de madame Geoffrin était, par exemple, une sorte de police pour le goût, comme la maréchale de Luxembourg pour le ton et l'usage du monde. » — Et quel joli crayon de madame de Mirepoix dans cette seule ligne : « Vous auriez juré qu'elle n'avait pensé qu'à vous toute sa vie. » Quelle société, où en trouverait-on comme cela ? — Et cette comtesse de Boufflers, l'*idole*, comme on disait, qui, oubliant quelquefois qu'elle était la maîtresse de M. le prince de Conti, répondit à quelqu'un qui lui reprochait d'oser dire qu'elle méprisait une femme qui avait un prince du sang : « Je veux rendre à la vertu par mes paroles ce que je lui ôte par mes actions. » Cette phrase lui attira une bien piquante observation de la maréchale de Mirepoix, qui, forcée dans ses retranchements sur le reproche que lui fit la comtesse de fréquenter madame de Pompadour, la première fille du royaume, dit-elle, au bout du compte, riposta : « Ne me forcez point de compter jusqu'à trois. » La seconde était mademoiselle Marquise, maîtresse de M. le duc d'Orléans. »

Et n'était-ce pas aussi la personne la plus originale, la moins semblable aux autres, cette marquise de Coigny, compagne favorite d'Hélène Massalska, à l'Abbaye-aux-Bois, qui parlait l'esprit comme une langue naturelle, que Marie-Antoinette appelait avec une nuance de dépit la « Reine de Paris », qui, par la grâce de sa raison, sa coquetterie contenue et son don d'enchantement, avait su captiver le prince de Ligne, qui lui voua un de ces sentiments mixtes, indécis, flottant entre l'amitié et l'amour, comme ce tombeau de Mahomet, qu'une légende orientale peint suspendu entre ciel et terre, ne pouvant ni s'élever, ni tomber ? Le prince n'eût pas mieux demandé sans doute que de descendre des sphères platoniques où la marquise le retenait, parce qu'elle voulait garder son empire : félicitons-la et remercions-la, puisque cette amitié amoureuse nous a valu les lettres qu'il lui adressa pendant son voyage en Crimée et qui méritent d'être citées parmi les meilleures d'une époque où la littérature épistolaire avait tant d'éclat. Il y donne maints détails sur l'impératrice, mais lui parle d'abord d'elle-même, ainsi qu'il convient à une jolie femme. Quel joli début, par exemple, dans cette première lettre où il dessine, en se jouant, le portrait de la marquise : « Savez-vous pourquoi je vous regrette, madame la marquise? C'est que vous n'êtes pas une femme comme une autre et que je ne suis pas un homme comme un autre : car je vous apprécie mieux que ceux qui vous entourent. Et savez-vous pourquoi vous n'êtes pas une femme comme une autre? C'est que vous êtes bonne, quoique bien des gens ne le croient pas. C'est que vous êtes simple, quoique vous fassiez toujours de l'esprit, ou plutôt que vous le trouviez tout fait : c'est votre langue; on ne peut pas dire que l'esprit est dans vous, mais vous êtes dans l'esprit. Vous ne courez pas après l'épigramme, c'est elle qui vient vous chercher. Vous serez dans cinquante ans une madame du Deffand pour le piquant, une madame Geoffrin pour la raison et une maréchale de Mirepoix pour le goût. A vingt ans, vous possédez le résultat des trois siècles qui composent l'âge de ces dames. Vous avez pris la grâce des élégantes sans en avoir pris l'état. Vous êtes supérieure, sans alarmer personne que les sots. Il y a déjà autant de grands mots de vous à citer que de bons mots. *Ne point prendre d'amant, parce que ce serait abdiquer*, est une des idées les plus profondes et les plus neuves. Vous êtes plus embarrassée qu'embarrassante, et, quand l'embarras vous saisit, un certain petit murmure rapide et abondant l'annonce le plus drôlement du monde, comme ceux qui ont peur des voleurs chantent dans la rue. Vous êtes la plus aimable femme et le plus joli garçon et enfin ce que je regrette le plus... »

Une fois même, échappé, par un heureux hasard, au tourbillon des fêtes impériales, pris d'un bel élan de passion pour cette nature qu'il aime surtout à travers les jardins, saisi par la poétique splendeur du tableau qui se déroule sous ses yeux, et jouissant enfin de lui-même, le prince rencontre des accents tout nouveaux, un frisson de tendre mélancolie, et, sans dépouiller tout à fait le vieil homme, son esprit s'imprègne des fortes sensations qui débordent dans cette cinquième lettre que M. de Feletz appelait un petit chef-d'œuvre. On sent vaguement sourdre un monde nouveau, que Rousseau, Bernardin de Saint-Pierre ont passé par là, que Chateaubriand est proche, qu'une révolution littéraire, encore contenue et voilée dans les langes de la mythologie, va éclater, marcher de front avec la révolution politique. L'écrivain donne de la vie à tout, parce qu'il ne met de l'art à rien ; les tableaux succèdent aux tableaux, le panorama d'une existence très contentieuse se mêle délicieusement au panorama de la nature ; hommes et choses, cimetières et moissons visions du passé et du présent, le ciel, la terre, la mer s'agitent devant lui, avec leurs larmes et leurs sourires, avec leurs aspects changeants, métamorphosés par la pensée qu'ils remplissent et lui apportant aussi la parure, l'ornement, dans le creuset subtil où elle s'élabore et revêt sa forme définitive.

« C'est sur la rive argentée de la mer Noire, c'est au bord du plus large des ruisseaux où se jettent tous les torrents du Tezetterdan ; c'est à l'ombre des deux plus gros noyers qui existent et qui sont aussi anciens que le monde ; c'est au pied du rocher où l'on voit encore une colonne, triste reste du temple de Diane, si fameux par le sacrifice d'Iphigénie ; c'est à la gauche du rocher d'où Thoas précipitait les étrangers ; c'est enfin dans le plus beau lieu et le plus intéressant du monde entier que j'écris ceci... Je suis sur des carreaux et un tapis turc, entouré de Tartares qui me regardent écrire et lèvent les yeux d'admiration, comme si j'étais un autre Mahomet. Je découvre les bords fortunés de l'antique Idalie et les côtes de l'Anatolie ; les figuiers, les palmiers, les oliviers, les cerisiers, les abricotiers, les pêchers en fleurs, répandent le plus doux parfum et me dérobent les rayons du soleil ; les vagues de la mer roulent à mes pieds des cailloux de diamants. J'aperçois derrière moi, au travers des feuillages, les habitations en amphithéâtre de mes espèces de sauvages fumant sur leurs toits plats qui leur servent de salon de compagnie ; j'aperçois leur cimetière, qui, par l'emplacement que choisissent toujours les musulmans, donne une idée des Champs-Élysées. Ce cimetière-ci est au bord du ruisseau dont j'ai parlé ; mais, à l'endroit où les cailloux arrêtent le plus sa course, ce ruisseau s'élargit un peu à mi-côte et coule ensuite paisiblement au milieu des arbres fruitiers qui prêtent aux morts une ombre hospitalière... »

Le prince se demande alors ce *pourquoi du pourquoi*, qui serait si agréable à connaître, selon l'expression de son amie Catherine II ; il récapitule toutes les inconséquences de sa vie et fait un voyage de découvertes dans son âme. Pourquoi, ne pouvant être heureux que par l'indépendance, porté à la paresse du corps et de l'esprit, pourquoi agite-t-il sans cesse l'un par des guerres ou des voyages, dépense-t-il l'autre pour des gens qui souvent n'en valent pas la peine ? Pourquoi n'a-t-il jamais été, à la saison des fleurs, dans ses jardins de Bel-OEil, qu'il se plaît à embellir sans cesse, qui lui plaisent par-dessus tout, après ses enfants et deux ou trois femmes qu'il aime ou croit aimer à la folie ? Pourquoi, n'aimant ni la gêne, ni les honneurs, ni l'argent, ni les faveurs, ayant ce qu'il faut pour n'en faire aucun cas, a-t-il passé sa vie à la cour dans tous les pays de l'Europe ?—Pourquoi cela ? Parce que le prince se juge lui-même, parce qu'il y a en lui trois forces : l'esprit, la grâce, l'amour de la gloire, et parce que ces facultés veulent se répandre, rayonner, accomplir leur mission, se satisfaire elles-mêmes. Il pense à l'amitié et meurt d'envie d'avoir de l'obligation aux autres ; il est bien aise du bien qui leur arrive, et il a le plaisir de faire de temps en temps des ingrats, car un peu de duperie, dans ce genre, paraît pardonnable. Il pense à l'amour et verse des larmes pleines de douceur. Peut-être celles qu'il aime sont-elles tristes de se sentir séparées de lui par des mers, par des déserts, des remords, des parents, des importuns et des préjugés. Ses larmes ne tarissent point. Est-ce pressentiment de quelque perte déchirante? il éloigne cette pensée, prie Dieu et se dit : « Cette mélancolie vague, telle qu'on la ressent dans sa jeunesse, m'annonce peut-être un objet céleste digne enfin de mon culte, et qui fixera pour jamais ma carrière. » Il lui semble que l'avenir va se dévoiler : l'exaltation et l'enthousiasme tiennent de si près au pouvoir de rendre des oracles. Il songe au néant de l'ambition et se tire à lui-même son horoscope : l'intrigue, l'inconstance, la méchanceté détruiront ses espérances, le feront oublier des soldats, qui, avec quelque plaisir, pourraient entendre encore la voix de leur vizir. « Je me jugeais, conclut-il, je me voyais aussi tel que je suis dans cette vaste mer, qui réfléchissait mon âme comme une glace réfléchit les traits du visage. Déjà les voiles de la nuit commencent à obscurcir le jour ; le soleil est attendu sur l'horizon de l'autre hémisphère. Les moutons qui paissent auprès de mon tapis de Turquie appellent les Tartares, qui descendent gravement de leur toit pour les enfermer à côté de leurs femmes, qu'ils ont tenues cachées tout le long du jour. Les crieurs appellent à la mosquée du haut de leurs minarets. Je cherche de la main gauche la barbe que je n'ai pas, j'appuie ma main droite sur mon sein ; je bénis les paresseux et je prends

congé d'eux, en les laissant aussi étonnés de me voir
leur maître que d'apprendre que je voulais qu'ils fussent toujours le leur... »

La femme à laquelle le prince de Ligne adressait de
semblables lettres était digne de les recevoir, capable
de donner la réplique. Ses réponses, s'il en existe,
n'ont point été retrouvées, et c'est grand dommage ;
car, avec la finesse de son esprit voltairien, sa curiosité toujours en éveil, son observation aiguisée, elle
nous eût transmis une riche collection de souvenirs,
d'anecdotes, de portraits à l'emporte-pièce. Elle n'aurait pas eu besoin de chercher bien loin : il lui eût
suffi de ramasser les conversations de son salon, où
les plus brillants causeurs, Ségur, son madrigalier et
chansonnier ordinaire, Narbonne, Lauzun, Rivarol, se
disputaient les sourires d'une femme qui, aux conquêtes du cœur, préférait les conquêtes de l'amitié,
plus exemptes d'amertume, et prétendit se passer
d'amants sans aimer son mari. Cependant, comme les
gens les plus raisonnables ont un coin de roman dans
l'âme, elle voulut connaître l'amour sans *abdiquer*.
Elle distingua le duc de Lauzun [1] et lui inspira la passion la plus chevaleresque ; mais, malgré l'inquiétude, l'admiration et l'enthousiasme qui éclatent dans

1. Une étude sur *Madame de Coigny et Lauzun* paraîtra dans
un autre ouvrage : elle a été publiée dans la *Revue des Deux Mondes*
(1er octobre 1889). — Cette histoire de la conversation et de l'esprit
français à la fin du xviiie siècle, commencée par *les Causeurs de la*

ses lettres, il semble bien que leur affection demeura platonique jusqu'à la fin : « Votre cœur est aimable comme votre esprit, lui écrit-elle de Londres en 1792, et vous avez l'air de m'aimer pour mon plaisir quand vous ne le pouvez pour mon bonheur... Je voudrais deviner votre vie quand je n'y entre pour rien... Mon intérêt pour vous est l'âme de mon existence. Ainsi ne me sachez pas plus de gré de vous aimer que de vivre... » Sa brouillerie avec la cour avait fini par dégénérer, après la disgrâce de Lauzun, en opposition déclarée : on la voit alors se rapprocher du Palais-Royal, faire à Marie-Antoinette une guerre d'épigrammes meurtrières, fréquenter les assemblées. Éclairée, comme Alfieri, par l'expérience des petits, dégoûtée des excès de la Révolution qui la chassait de France, mais toujours pleine de haine contre les Bourbons et l'ancien régime, elle devient, pendant son émigration, la reine de Londres comme elle avait été la reine de Paris avant 1789. Rentrée en France sous le Consulat, elle voua un véritable culte à Napoléon, qu'elle plaçait au-dessus de tous les rois des temps passés; il lui demandait parfois, en plaisantant : « Comment va la langue? » La langue allait toujours son train, Dieu

---

Révolution, sera complétée par plusieurs volumes dont voici les titres : *L'Esprit des Orateurs de la Révolution;* — *Les Salons pendant la Terreur;* — *Les Salons de l'Émigration;* — *Les Femmes d'esprit à la fin du XVIIIe siècle;* — *L'Esprit de Napoléon Ier;* — *Les Hommes d'esprit du Directoire et de l'Empire.*

merci, et avec elle cette royauté des salons, ce goût
de la répartie brusque, cet art des mots décisifs qui
engagent, prolongent ou terminent une conversation.
Le prince de Ligne ne la voyait plus depuis longtemps, et leur amitié avait dû se refroidir singulièrement. Il aimait la reine; il admirait, sans l'aimer,
Napoléon, et peut-être n'avait-il pu apprendre, sans
quelque amertume intime, le triomphe de Lauzun : le
cœur de la marquise avait été en loterie; il y avait
mis, il avait perdu, et ces mésaventures s'oublient
plus qu'elles ne se pardonnent. Et puis il estimait,
comme Joseph II, que son métier était d'être royaliste : lui-même se proclamait un abus de son pays,
s'en trouvait bien et gardait sans doute un peu rancune aux grands seigneurs et aux grandes dames qui,
par amour-propre froissé, par esprit de vengeance,
démolissaient les *abus des bonnes et vraies monarchies*,
pour les remplacer par les abus de la Révolution et du
despotisme.

C'est chose peu aisée de suivre le prince de Ligne
dans ses continuels voyages à travers l'Europe, de
1760 à 1790 : comme il a le fanatisme de la gloire,
il a aussi le fanatisme des grands hommes, le sentiment
de la patrie peu développé, ou plutôt il regarde comme
sa patrie le pays où il aime, le pays où l'on se bat;

où il plaît aux rois et aux reines, ses interlocuteurs préférés, cherche à faire de sa vie un rondeau, une fête perpétuelle de l'esprit et du cœur. Il se définit lui-même sans façon : Français en Autriche, Autrichien en France, l'un ou l'autre en Russie. En six mois, il visitera Vienne, Berlin, Prague, Dresde, Varsovie, Cracovie, Pétersbourg, et au jour, à l'heure fixés par la reine Marie-Antoinette, rentrera à Paris, pour dîner avec elle chez la duchesse de Polignac, traîné par un carrosse de remise commandé avant son départ. Dans cet intervalle, il aura charmé Frédéric, tracé les jardins de l'évêque de Wilna qui voulait le faire roi de Pologne, enjôlé les palatins et nonces polonais, qui lui confèrent l'indigénat, rempli auprès de la tsarine les instructions de Joseph II, et n'aura oublié qu'une chose : réclamer les 400 000 roubles pour lesquels il a entrepris le voyage, « parce qu'il lui paraissait peu délicat de profiter de la grâce avec laquelle on le recevait pour obtenir des grâces ». Il est un des derniers gentilshommes dont on dira, vantant leur savoir-vivre raffiné, qu'ils seraient capables de faire le tour de l'Europe en carrosse avec une dame, sans s'appuyer au fond de la voiture. D'ailleurs, il réalise la politique du mouvement perpétuel ; en une seule année, il fait trente-quatre voyages de Bruxelles à Vienne, dix-huit de Bel-Œil à Paris. Et n'allez pas croire que ce mouvement, cette agitation, nous volent quelque chose de son esprit : cette tête électrique s'allume, jette des flammes partout où elle se frotte, toujours prête à recevoir et à communiquer l'étincelle, foyer inépuisable d'où jaillissent les observations piquantes, les traits de caractère qui forment la trame de l'histoire. Ligne aime à se baigner dans les diverses atmosphères des cours, où il joue en quelque sorte le rôle de moraliste international, aimé parce qu'on sait qu'il aime et admire ceux qu'il flatte, causeur et écouteur incomparable, peu soucieux de diriger lui-même les marionnettes, pourvu qu'il assiste parfois au maniement des ficelles. Le monde politique lui semble par excellence le monde où l'on s'ennuie, et il n'en veut connaître que ceux auxquels le gouvernement n'a pas ôté l'esprit.

Il y a des personnages prédestinés qui, partout où ils se présentent, font sur la conversation l'effet de la tête de Méduse; ou bien encore, par leur caquetage insipide et leur pétulance, ils empêchent de s'épanouir l'homme de talent qui, saisi de malaise involontaire, se replie en lui-même, retombe dans le mutisme : ceux-là *troublent la solitude et n'apportent point la compagnie.* D'autres, au contraire, ont en quelque sorte l'art de l'esprit ajouté à l'esprit, accouchent la pensée, inspirent le mot ou le mettent si bien en relief qu'il double de valeur, diamant ciselé par un habile orfèvre : avec eux les ennuyeux deviennent presque intéressants, les hommes de talent ont des attaques de génie, les hommes de génie font patte de velours, rentrent leurs griffes, songent davantage à plaire. Devant le prince de Ligne, Frédéric II oublie complètement de faire le roi, Catherine II renonce à toute étiquette; avec lui ces souverains se dédommagent de leurs heures de travail, de méditation, de ces heures pesantes où ils portaient le poids de leurs empires, de leurs vastes ambitions.

C'est au camp de Neustadt, en 1770, qu'il voit pour la première fois ce roi de Prusse que, dans son admiration, il met en parallèle avec César, bien qu'il lui en veuille d'avoir brûlé *un tant soit peu* la ville de Dresde et causé plus d'un notable dommage à l'Empire. Prompt au sarcasme, en perpétuel état d'épigrammes contre la religion, contre les vivants et les morts, fort capricieux et sujet à prévention, habile à réparer par son génie les fautes où l'entraînait son humeur frondeuse, plein de coquetterie d'esprit pour ceux qu'il voulait séduire, méprisant ceux qui lui témoignaient trop de condescendance et traitant fort bien ceux qui osaient lui tenir tête, un peu *babillard, mais sublime*, mauvais poète, grand capitaine et grand politique, enfant chéri de la fortune, de *Sa Majesté le Hasard*, cet homme extraordinaire se trouvait, par aventure, assez bien avec l'Autriche à cette époque, pour rendre visite à l'empereur. Comme Ligne, pendant la première entrevue, feignait ou éprouvait de l'embarras, Joseph II dit au roi : « Il a l'air timide, ce que je ne lui ai jamais vu ; il vaudra mieux tantôt. » Il réalise ce pronostic et s'y prend si bien qu'il contribue à rendre plus faciles les rapports des deux monarques, que Frédéric ne peut plus s'en passer, le fait souper tous les jours avec lui et le garde à causer pendant cinq heures. Et ce n'était pas chose si commode ; car il fallait le captiver de suite par quelque détail piquant, sans cela il vous échappait ou ne vous donnait plus le temps de parler ; il fallait aussi se tenir sans cesse sous les armes, garder un juste milieu entre une petite attaque et une grande défense. D'ailleurs rien de vulgaire dans sa bouche, observe Ligne ; il ennoblissait tout, la pluie et le beau temps, et les exemples des Grecs, des Romains, des généraux modernes venaient dissiper tout ce qui, chez un autre, eût paru trivial et commun. Comme il demandait au prince si sa lettre à Jean-Jacques était bien de lui : « Sire, répondit celui-ci, je ne suis pas assez célèbre pour que l'on prenne mon nom, » allusion à la lettre de mystification que Walpole écrivit à Rousseau en prenant le nom de Frédéric, et qui se termine par cette phrase : « Si ces avantages que je vous propose ne vous suffisent pas, et s'il faut à votre imagination des malheurs célèbres, je suis roi, et je ne vous en laisserai pas manquer. » Un jour, Joseph et Frédéric, parlant de ce qu'on pouvait désirer être, lui demandent son avis : « Je leur dis que je voudrais être jolie femme jusqu'à trente ans, puis un général d'armée fort heureux et fort habile jusqu'à soixante; et (ne sachant plus que dire pour ajouter quelque chose encore, n'importe ce que cela devînt) cardinal jusqu'à quatre-vingts ans. »

A Neustadt, plus tard à Potsdam, le prince et le roi passent en revue tous les sujets : guerre, littérature, religion, philosophie, histoire, beaux-arts, anecdotes ; ils s'égaient des écarts de Voltaire, de la susceptibilité de Maupertuis, du bel esprit de Jordans, de l'hypocondrie superstitieuse du marquis d'Argens, que Frédéric s'amusait à faire coucher pendant vingt-quatre heures, en lui disant seulement qu'il avait mauvais visage. Ce d'Argens eut une bien plaisante réponse, comme le roi demandait à ses convives ce que chacun d'eux ferait s'il se trouvait à sa place. « Moi, Sire, je vendrais mon royaume et j'achèterais une bonne terre en France, pour en manger les revenus à Paris. »

L'entretien étant tombé sur les Français, Ligne les déclare capables de tout en temps de guerre ; mais pendant la paix on veut qu'ils ne soient pas ce qu'ils sont, et on veut qu'ils soient ce qu'ils ne peuvent pas être. « Mais quoi! disciplinés? reprend le roi ; ils l'étaient du temps de M. de Turenne. — Oh! ce n'est pas cela ; ils ne l'étaient pas du temps de M. de Vendôme et n'en gagnaient pas moins des batailles, mais on veut qu'ils soient vos singes et les nôtres, et cela ne leur va pas. — C'est ce qui me semble ; j'ai déjà dit de leurs faiseurs qu'ils veulent chanter sans savoir la musique. »

Le prince de Ligne osa lui poser une question hardie

sur la France. « Il y a de tout, dit-il, dans ce pays-là, qui mérite réellement d'être heureux. On prétend que Votre Majesté a dit que si l'on voulait faire un beau rêve, il faudrait... — Oui, c'est vrai, être roi de France. — Si François Ier et Henri II étaient venus au monde après Votre Majesté, ils auraient dit : « Être roi de Prusse. » Et Ligne trace, chemin faisant, ce joli crayon du prince de Conti : « C'est un composé de vingt ou trente hommes. Il est fier, il est affable, ambitieux et philosophe tour à tour ; frondeur, gourmand, paresseux, noble, crapuleux, l'idole et l'exemple de la bonne compagnie ; n'aimant la mauvaise que par un libertinage de tête, mais y mettant beaucoup d'amour-propre ; généreux, éloquent, le plus beau, le plus majestueux des hommes, une manière et un style à lui ; bon ami, franc, aimable, instruit, aimant Montaigne et Rabelais, ayant quelquefois de leur langage ; tenant un peu de M. de Vendôme et du grand Condé ; voulant jouer un rôle, mais n'ayant pas assez de tenue dans l'esprit ; voulant être craint et n'étant qu'aimé ; croyant mener le parlement et être un duc de Beaufort pour le peuple ; peu considéré de l'un, et peu connu de l'autre ; propre à tout et capable de rien. Sa mère disait un jour de lui : « Mon fils a bien de l'esprit. Oh ! il en a beaucoup ; on en voit d'abord une grande étendue, mais il est en obélisque ; il va toujours en diminuant, à mesure qu'il s'élève, et finit par une pointe, comme un clocher. » L'auteur de ce pastel affectionna toujours les portraits ou caractères, cette grâce nouvelle de la conversation, genre mis à la mode par les précieuses du XVIIe siècle, porté à sa perfection par Retz, La Bruyère, Saint-Simon, qui atteint sa grande vogue au XVIIIe siècle avec madame de Lambert, madame du Deffand, Sénac de Meilhan, Rivarol, Lévis, et tourne insensiblement à l'abus, à la caricature, pour devenir un instrument de combat aux mains des partis pendant la Révolution. Il a survécu à celle-ci, mais se métamorphose de plus en plus ; rompant les limites étroites qu'on lui assignait, agrandissant ses cadres, il a pris les proportions de la notice, de la monographie, et, grâce aux Mignet, aux Sainte-Beuve, grâce à MM. de Mazade, Othenin d'Haussonville, Camille Rousset, M. de Vogüé, il a conquis une large place dans le domaine de l'histoire.

L'admiration du prince pour le héros prussien ne l'empêche point de garder sa liberté de jugement, et ce qu'on pourrait appeler la franchise du silence : le silence est aussi une opinion, celle qu'autorise le cérémonial en présence de ceux qui peuvent tout. Dans les lettres pittoresques qu'il adresse au roi de Pologne, à ce Stanislas Poniatowski, qu'une femme appelait le plus aimable des particuliers, le plus insupportable des souverains, Ligne trouve que Frédéric met un peu trop de prix à sa damnation et s'en vante trop, que dans *la compagnie de gens de mauvais goût*, Jordans, Maupertuis, d'Argens, La Beaumelle, La Mettrie, l'abbé de Prades, il a contracté la fâcheuse habitude de déblatérer contre la religion, de parler dogme, spinozisme, cour de Rome. Et il prend le parti de ne plus répondre toutes les fois que le roi aborde ces questions. Il lui reproche aussi son affectation de respect pour l'Empereur : ainsi quand celui-ci mettait le pied à l'étrier, Frédéric II prenait son cheval par la bride. Un jour de confiance, ils parlèrent sur la politique. « Tout le monde ne peut pas avoir la même, disait le roi ; elle dépend de la situation, de la circonstance et de la puissance des États. Ce qui peut m'aller n'irait pas à Votre Majesté : j'ai risqué quelquefois un mensonge politique. — Qu'est-ce que cela ? fit l'Empereur en riant. — C'est par exemple d'imaginer une nouvelle que je savais bien devoir être reconnue fausse au bout de vingt-quatre heures ; mais n'importe, avant qu'on s'en fût aperçu, elle avait déjà fait son effet. » — Le roi, depuis longtemps, s'était affermi dans cette pensée que le succès est la seule loi, la seule morale de l'homme d'État, que les traités, les protocoles étaient bons pour ses ministres ; le droit des gens, celui qu'invoquent les vaincus et que nient les vainqueurs. Une guerre de propagande, une guerre idéale lui auraient fait l'effet de ces marchés avec le diable où l'acheteur ne reçoit en payement qu'un peu de cendres et de feuilles sèches. Pour arracher la Silésie à l'Autriche, pour dépecer la Pologne, il avait dû mentir souvent, et n'en gardait aucun repentir : ce que le mensonge a entrepris, la force, la ruse l'achèvent. Du moins n'y met-il pas de vergogne et raille-t-il la fausse pruderie de Marie-Thérèse dans les affaires de Pologne : « Elle pleure toujours, mais elle prend plus que sa part. » Et s'il s'amusait à écrire l'*Anti-Machiavel*, c'était, dit Voltaire, une manière de cracher au plat pour en dégoûter les autres [1].

Une seconde fois, en 1780, à Potsdam où l'appelaient les invitations les plus flatteuses, le prince de Ligne revit le roi et passa quinze jours avec lui. De peur de le manquer, Frédéric lui avait écrit à Vienne, à Dresde et à Berlin : il y eut de part et d'autre, comme on pense, une grande consommation d'esprit et de gaieté; le roi parlait davantage, le prince écoutait et répondait avec finesse, avec sa grâce habituelle. Un jour que son interlocuteur venait de nommer Virgile : « Quel grand poëte, Sire, mais quel mauvais jardinier ! — A qui le dites-vous, repartit le roi; n'ai-je pas voulu planter, semer, labourer, piocher, les *Géorgiques* à la main ? Mais, monsieur, me disait mon homme, vous êtes une bête et votre livre aussi : ce n'est pas ainsi qu'on travaille. Ah ! mon Dieu, quel climat ! croiriez-vous que Dieu ou le soleil me refuse tout? mes pauvres orangers,

---

[1]. Pendant la guerre de Sept ans, Ligne se lia avec le prince Henri de Prusse, qu'il allait, longtemps après, visiter encore dans sa retraite philosophique. Là le héros vétéran se livrait volontiers à de longues digressions sur sa vie militaire, digressions qui, souvent répétées, fatiguaient beaucoup les auditeurs. « En vérité, disait Ligne, quand le prince Henri entame la guerre de Sept ans, cela devient tout de suite la guerre de Trente ans. » (Comte Ouvaroff.)

mes oliviers, mes citronniers, tout cela meurt de faim. — Il n'y a donc que les lauriers qui poussent chez vous, Sire, à ce qu'il me semble? Et puis, il y a trop de grenadiers dans ce pays-ci ; cela mange tout. » Le roi fit une mine charmante, et se mit à rire, « parce qu'il n'y a que les bêtises qui fassent rire ».

Pinto, un *brise-raison*, le voyant embarrassé sur le choix d'un ambassadeur, lui demanda étourdiment pourquoi il ne songeait pas à M. de Lucchesini « qui est, observait-il, un homme d'esprit ». — C'est pour cela, répondit le roi, que je veux le garder : je vous enverrai plutôt que lui ou un ennuyeux comme M. un tel. — La molécule héréditaire remontait parfois à la surface : on sait l'aventure de Frédéric-Guillaume, le caporal couronné, le collectionneur de grenadiers géants qui, dans un accès de colère, souffleta M. de Seckendorf, ambassadeur de l'empereur Charles VI : celui-ci rendit le soufflet au premier ministre et dit seulement : « Faites-le passer. » Cette brutalité matérielle s'était dans son successeur fondue en une sorte de brutalité humoristique. Après la fameuse brouille, Voltaire l'appelait *le maréchal des logis*, et, ayant lu les mots : au château, sur l'adresse d'une lettre, il barra avec indignation les deux mots pour y substituer ceux-ci : au corps de garde. Par exemple, Frédéric prenait en estime ceux qui lui donnaient la réplique, un Ségur, un Lucchesini, ou ce médecin qui, à cette question : « Combien avez-vous tué d'hommes pendant votre vie? » repartait sur le même ton : « Sire, à peu près trois cent mille de moins que Votre Majesté. »

Les rois et empereurs très chrétiens, un pape lui-même expulsaient, condamnaient les jésuites, ce fanfaron d'impiété les recueille dans ses États. Son athéisme était individuel, personnel en quelque sorte et nullement politique. Il n'approuvait pas qu'on eût détruit le foyer du génie janséniste, Port-Royal, tout exagéré qu'il fût. « C'est qu'il ne faut rien détruire, observe-t-il avec profondeur. Pourquoi a-t-on détruit aussi les dépositaires des grâces de Rome et d'Athènes, ces excellents professeurs des humanités et peut-être de l'humanité, les ci-devant révérends? L'éducation y perdra ; mais comme mes frères les rois catholiques, très chrétiens, très fidèles et apostoliques, les ont chassés, moi, très hérétique, j'en ramasse tant que je puis ; et l'on me fera peut-être la cour pour en avoir. Je conserve la race, et je disais aux miens l'autre jour : « Un recteur comme vous, mon père, je puis très » bien le vendre trois cents écus ; vous, mon révé-» rend père provincial, six cents ; ainsi des autres, à » proportion : quand on n'est pas riche, on fait des spé-» culations.. » — Ira-t-on conclure de là qu'un prince hérétique mais prévoyant vaut mieux pour la religion qu'un prince très croyant, mais mal inspiré? Ou bien faut-il se rappeler cette jolie anecdote de Maupertuis voyageant avec le marquis d'Argens et se mettant à genoux devant son lit pour dire ses prières du soir avant de se coucher,

et comme son compagnon se récriait : « Que faites-vous?
— Mon ami, nous sommes seuls, » reprenait le président de l'Académie de Berlin. — Combien affichent une impiété de parade, de vote ou de conversation, qui, dans leur for intérieur ou devant leur valet de chambre, hésitent, se troublent, ou récitent tout bonnement l'oraison dominicale? Philosophe pour les philosophes et dans ses opinions, Frédéric l'était sans doute, mais il restait roi dans la pratique, observant avec soin la séparation des genres, voyant à juste titre dans la religion la meilleure école de respect, de gouvernement des âmes... et des soldats. Aussi se garde-t-il bien de mettre au rebut le Dieu des armées, le Dieu officiel si fréquemment invoqué par ses successeurs.

IV

Admiration du prince pour Marie-Thérèse. — Utilité de la mise en scène. — Portrait de Joseph II. — Les acheteurs de noblesse. — Rapports avec Catherine le Grand : *le petit ménage* de la czarine ; son principe : louer tout haut et gronder tout bas. — Sa réponse à Diderot : « Je travaille sur la peau humaine. » — Le pourquoi du pourquoi serait bien agréable à connaître. — Le laquais du père Griffet. — Goûts littéraires de Catherine ; sa simplicité ; elle fait elle-même son feu le matin. — Mot de Besenval sur les princes : « On ne peut pas jouer avec eux. »

Le prince de Ligne avait toujours été traité avec bonté par l'empereur François Ier et Marie-Thérèse ; celle-ci le chapitrait volontiers sur ses écarts de jeunesse et ne laissait pas de s'étonner qu'il eût des séductions pour les plus rebelles. « Je ne sais comment vous faites, disait-elle, vous étiez l'ami intime du père Griffet, l'évêque de Neustadt m'a toujours dit du bien de vous, l'archevêque de Malines aussi, et le cardinal vous aime assez. » Ligne, de son côté, aimait et admirait cette reine à laquelle il trouvait bien plus de magie et de séduction qu'à Catherine II elle-même. Marie-Thérèse enlevait ; l'impératrice de Russie laissait augmenter l'impression, bien moins forte, qu'elle faisait d'abord. Mais elles se ressemblaient en ce que l'univers écroulé les eût trouvées *impavidas*; rien au monde ne les eût fait céder; leurs grandes âmes étaient cuirassées contre les revers ; l'enthousiasme courait devant l'une et marchait après l'autre. Et il racontait une curieuse anecdote qui prouve une fois de plus l'utilité d'un peu de mise en scène et combien la note comique se mêle forcément aux actes les plus pathétiques de la vie individuelle ou collective. Lorsque Marie-Thérèse se trouva serrée de si près par ses ennemis, qu'il lui restait à peine une ville où elle pût faire ses couches, elle se réfugia à Presbourg et fit assembler les États. Elle s'avança vers les magnats de Hongrie, ceinte de l'épée royale, vêtue d'un grand habit de deuil qui rehaussait l'éclat de sa beauté, portant sur sa tête la couronne de Saint-Étienne, tenant dans ses bras son fils âgé de deux ans. « C'est à vous que je le confie ! » dit-elle en leur présentant l'enfant qui se mit à pleurer. Et Joseph II, de qui le prince tient ce trait, ajoutait que sa mère, fort experte dans la science des effets, lui pinça ses petites fesses en le montrant aux Hongrois. Touchés des larmes d'un enfant qui semblait les implorer, transportés d'enthousiasme à l'aspect de cette jeune princesse, si belle, si malheureuse, si confiante en leur loyauté, ceux-ci tirent leur sabre et poussent le cri fameux : « *Moriamur pro rege nostro Theresa!* Mourons pour notre roi Marie-Thérèse et pour sa famille! »

A la mort de François I^(er), Ligne, quoique très jeune, se considérait presque comme un seigneur de la vieille cour et éprouvait un peu d'humeur contre la nouvelle. Déjà, avant l'avènement de Joseph II, il avait formulé ce curieux pronostic : « Comme homme, il a beaucoup de mérite et de talent; comme prince, il aura toujours des ambitions et ne se soulagera jamais; son règne sera une perpétuelle envie d'éternuer. » Il ne tarda pas à s'apercevoir qu'à l'amabilité de son père le nouvel empereur joignait des qualités plus sérieuses, et paya ses bonnes grâces d'une fidélité à toute épreuve, d'un dévouement absolu.

C'est l'affection qui lui dictera ce portrait, si décisif malgré tout, où il dissimule de son mieux les erreurs d'un prince qui gâta les plus nobles dons par l'agitation fébrile de son esprit, par l'absence de méthode, dont la tête, selon le mot de Frédéric II, semblait un magasin où dépêches, projets, décrets, étaient entassés confusément. Non certes qu'il aimât fort les philosophes : il considérait Diderot, Helvétius, d'Holbach comme de pauvres conseillers pour les rois, comme de tristes instituteurs pour les peuples; il passa même tout près de Ferney sans s'y arrêter un moment. Mais il empruntait leurs systèmes, prétendant devancer les temps, opérer sur ses sujets comme sur des idées abstraites, traitant de chimère le bien des particuliers et le sacrifiant à ce qu'il appelait le bien général. Ligne ne lui adresse qu'un reproche : celui de n'avoir achevé ni poli aucun de ses ouvrages, de tout esquisser, le bien comme le mal, de trop gouverner et de ne pas régner assez! Dans sa fureur d'innovations, il débute par un tel déluge d'ordonnances que le conseil de Flandre ne peut s'empêcher d'observer que durant cinquante ans Charles-Quint en a moins rendu que lui en cinq ou six. Avec cela, rebelle à l'amour et à l'amitié, mêlant trop souvent le calcul aux affections, et se défendant de la confiance, parce qu'il voyait d'autres souverains trompés par leurs maîtresses, leurs confesseurs, leurs ministres ou leurs amis; se refusant à l'indulgence, parce qu'il voulait avant tout être juste; craignant de passer pour partial dans la distribution des grâces, *exigeant plus de noblesse de la part de la noblesse et plein de mépris pour elle quand elle n'en avait pas;* avare du bien de l'État et généreux du sien; ne sachant ni boire, ni manger, ni s'amuser, ni lire autre chose que des papiers d'affaires; donnant, quand il le fallait, la pompe et la dignité du palais de Marie-Thérèse à sa cour qui d'ordinaire avait l'air d'une caserne ou d'un couvent. « Sa toilette est celle d'un soldat, sa garde-robe est celle d'un sous-lieutenant; sa récréation, le travail; sa vie, le mouvement perpétuel. » Recevant tous les jours les gens du peuple, prenant

leurs mémoires, causant avec eux et leur faisan[t]
prompte justice; répondant avec plaisir aux question[s]
les plus saugrenues; ainsi une maîtresse d'auberg[e]
lui ayant demandé, pendant qu'il se faisait la barbe, c[e]
qu'il était chez l'Empereur, il lui dit : « J'ai quelque[s]
fois l'honneur de le raser. » Il avait de l'esprit naturel[,]
oubliait son rang dans ce palais du Belvédère où, tou[s]
les jeudis, la princesse Kinsky réunissait la société l[a]
plus choisie de Vienne : plein d'empressement auprè[s]
des dames, et ne s'offensant d'aucune liberté de langage[.]
L'une d'elles l'ayant interrogé à propos d'un voleur qu'[il]
avait fait pendre : « Comment Votre Majesté a-t-elle p[u]
le condamner après avoir volé la Pologne? — Ma mèr[e]
qui a toute votre confiance, mesdames, reprit-il, [et]
qui va à la messe tout autant de fois que vous,
très joliment pris son parti là-dessus. Je ne suis qu[e]
son premier sujet. » — « Je n'estime pas ceux qu[i]
achètent la noblesse, » disait-il à Casanova. — Et celu[i-]
ci de répliquer hardiment : « Et ceux qui la vendent[,]
Sire? »

Tel était ce Joseph II, qui fit de Ligne le confiden[t]
de maint projet, une sorte d'ambassadeur secret, d'aid[e]
de camp diplomate, tantôt chargé d'entretenir des rap[-]
ports de cordialité avec Frédéric II, tantôt de prépare[r]
les conférences de Kherson, de faire régner dans le[s]
royales entrevues la gaieté aimable et l'entrain qu[i]
amorcent la sympathie, déguisent les conflits d'intérêt[s,]
préviennent ou du moins retardent les ruptures et sou[-]

vent préparent les alliances. Cette diplomatie de la grâce et de l'esprit, cette familiarité charmante qui n'exclut ni la dignité d'un côté, ni le respect de l'autre, avaient grand prix auprès d'une tsarine qui n'hésitait point à donner des royaumes à ses amants, à les placer à la tête de ses armées, à les faire les premiers dans cet empire dont elle leur abandonnait le gouvernement intérieur. Non sans doute que son cœur débordât dans son cerveau : elle maintenait entre l'un et l'autre une cloison parfaitement étanche, restant toujours homme d'État, passant avec la plus rare facilité du plaisir aux affaires, poursuivant avec une fermeté immuable ses grands desseins. De bonne heure, elle avait subi le charme du prince de Ligne, devenu son ami, peut-être plus, peut-être moins, selon que l'on place l'amitié avant l'amour : mais qu'il y ait eu ou non entre eux un peu plus qu'une galanterie de l'esprit, il demeura jusqu'à la fin son admirateur fidèle, son correspondant, et, de tous les étrangers, celui dont elle goûta davantage les brillantes qualités.

Catherine le Grand cherchait la gloire et l'étendait sans en perdre la tête. « Vous voyez bien, disait-elle, que vous ne me louez qu'en gros, mais qu'en détail vous me trouvez une ignorante. Que voulez-vous? Mademoiselle Gardel (sa gouvernante) m'en avait appris assez pour me marier dans mon voisinage ; nous ne nous attendions pas à tout ceci. » Et comme le prince de Ligne observe qu'elle doit s'accorder au moins une science, celle des à-propos, car elle n'avait jamais rien dit, fait dire, changé, ordonné, commencé et fini qu'à point nommé. « Peut-être, reprend-elle, que tout cela a bon air. Mais qu'on examine au fond : c'est au prince Orlow que je dois l'éclat de mon règne, car c'est lui qui m'a conseillé d'envoyer une flotte dans l'Archipel. C'est au prince Potemkin que je dois la Tauride et l'expulsion de toutes les sortes de Tartares qui menaçaient toujours l'empire. Tout ce qu'on peut dire, c'est que j'ai élevé ces messieurs. C'est au maréchal Romanzow que je dois mes victoires ; à Michelson la prise de Pougatchew qui a manqué venir à Moscou et peut-être plus loin. Croyez-moi, je n'ai que du bonheur (je ne suis qu'un accident heureux, disait le tsar Alexandre) ; et si l'on est un peu content de moi, c'est que j'ai un peu de fermeté et d'égalité dans mes principes. (Elle signait parfois ses lettres à Ligne : *Votre imperturbable*, parce qu'il lui avait dit que telle était la qualité dominante de son âme.) Je donne beaucoup d'autorité à ceux que j'emploie : si on s'en sert quelquefois dans mes gouvernements voisins des Persans, des Turcs et des Chinois, pour faire du mal, tant pis, je cherche à le savoir... On m'accommode bien mal, je parie, dans votre Europe ; on dit toujours que je vais faire banqueroute, que je fais trop de dépenses. Eh bien, mon petit ménage va toujours son train. » Elle affectionnait cette expression et demandait souvent à ses familiers : « Comment trouvez-vous mon petit ménage ? N'est-il

pas vrai qu'il se meuble et s'agrandit peu à peu ? »
— Et elle feignait de s'étonner si la France, la Prusse ou l'Autriche s'inquiétaient du prodigieux accroissement de ce petit ménage.

Jamais elle n'abandonna un ami ni un projet, jamais elle ne disgracia un fonctionnaire sans motif, pour procurer de l'avancement à un autre, mais elle balançait volontiers le crédit des uns par celui des autres, et mettait chaque homme dans sa case; dans le domaine de la politique étrangère, ses ministres eux-mêmes n'étaient que ses secrétaires. « On parle tant du cabinet de Saint-Pétersbourg, écrit le prince de Ligne, je n'en connais pas un plus petit, car il n'a que quelques pouces de dimension; il s'étend depuis une tempe à l'autre, et de la racine du nez à celle des cheveux. » Comme il s'étonnait qu'en quittant ses gouvernements, elle fit à tous des compliments et des présents. « J'ai, répondit-elle, pour principe de louer tout haut et de gronder tout bas. » Belle maxime, digne d'une reine qui devina d'instinct ce qu'il faut de fiction pour faire aller ensemble un peuple et un gouvernement, qui sentit que la vie sociale dans son empire était une conspiration permanente contre la vérité !

Elle avait plus de logique que de rhétorique, disait beaucoup de *mots bons*, mais jamais de bons mots. « N'est-ce pas, observait-elle au prince, que vous n'en avez jamais entendu de moi ? Vous ne vous attendiez pas à me trouver si bête ? » Il répondit qu'il aimait surtout sa conversation négligée, qui ne devenait sublime que lorsqu'il s'agissait de beaux traits d'histoire, de sensibilité, de grandeur ou d'admiration. — Mais n'était-ce pas un bon, un excellent mot que sa riposte à Diderot : « Vous ne travaillez que sur le papier qui souffre tout, tandis que moi, pauvre impératrice, je travaille sur la peau humaine qui est bien autrement sensible et chatouilleuse. » Elle donnait d'ailleurs à tout le cachet de son âme; par exemple, elle écrit à Souvarow : « Vous savez que je n'avance personne hors de son tour, mais c'est vous qui venez de vous faire maréchal vous-même par la conquête de la Pologne. » — « Quelle figure me supposiez-vous ? demanda-t-elle à Ligne. — Grande, raide, des yeux comme des étoiles, et un grand panier. » C'est ce contraste de simplicité dans ce qu'elle disait, avec les grandes choses qu'elle faisait, qui la rendait piquante; elle riait d'une pauvreté, d'une citation, d'une bêtise et s'amusait d'un rien.

Elle s'accusait volontiers d'ignorance et se servait de cette prétention pour se moquer des médecins, des académies, des demi-savants et des faux connaisseurs. Ignorante en musique, en peinture, elle l'était assurément; mais ses lettres abondent en traits profonds comme celui-ci : *Le pourquoi du pourquoi serait bien agréable à connaître*, et, malgré l'absence de coloris, de charme dans les détails, son *Histoire de Russie* a quelque mérite. En littérature, elle ne voulait rien de triste, ni de trop délicat en quintessence d'esprit et de sentiment ; elle aimait le *Plutarque* d'Amyot, Montaigne, Le Sage, Molière et Corneille. « Racine n'est pas mon homme, avouait-elle, excepté dans *Mithridate*. Je suis une Gauloise du Nord, je n'entends que le vieux français, je n'entends pas le nouveau. J'ai voulu tirer parti de vos messieurs les gens d'esprit *en iste*; je les ai essayés, j'en ai fait venir; je leur ai quelquefois écrit, ils m'ont ennuyée et ne m'ont pas entendue : il n'y a que mon bon protecteur Voltaire. Savez-vous que c'est lui qui m'a mise à la mode? Il m'a bien payée du goût que j'ai pris toute ma vie à à le lire, et il m'a appris bien des choses, en m'amusant. » La tsarine se montrait injuste envers les gens d'esprit *en iste;* elle leur avait accordé quelques compliments, quelques subsides, et ils avaient, autant que Voltaire, fait l'opinion publique européenne en sa faveur. Toute sa vie elle excella à conclure d'excellents marchés. Un jour, le prince de Ligne s'amusa à lui prouver qu'elle savait par cœur Périclès, Lycurgue Montesquieu, Locke, les beaux siècles de Rome, de la France, l'histoire de tous les pays, et il ajouta : « Puisque Votre Majesté le veut, je dirai d'elle ce que le laquais du père Griffet me disait de lui, en se plaignant de ce qu'il ne savait jamais où il posait sa tabatière, sa plume ou son mouchoir : « Croyez-moi, cet homme » n'est pas tel que vous le supposez; hors sa science, » il ne sait rien. »

Elle eut la fantaisie d'apprendre à faire des vers et se mit pendant huit jours à l'école de Ségur, mais son cerveau, si fort de raison et de politique, restait rebelle à la poésie; elle dut se résigner à ne faire des lois et des conquêtes qu'en prose, et convenir qu'elle ne réussirait jamais mieux que Malebranche, qui ne put aller au delà de ce distique :

> Il fait, en ce beau jour, le plus beau temps du monde,
> Pour aller à cheval sur la terre et sur l'onde.

« C'est bien fait, madame, lui dit Fitz-Herbert, ambassadeur d'Angleterre, on ne peut aspirer à tous les genres de gloire, et vous auriez dû vous en tenir à ces deux beaux vers que vous aviez composés pour votre chienne et votre médecin :

> Ci-gît la duchesse Anderson,
> Qui mordit monsieur Rogerson. »

Philosophe par opinion, Catherine n'admettait pas la plaisanterie sur la religion et les mœurs; sa pruderie voyait sans doute dans les propos grivois quelque allusion détournée à ses faiblesses de cœur; elle ne se permit jamais une légèreté dans ce genre, justifiant par sa conduite l'axiome si original du vicomte de Ségur : « Là où la vertu règne, la bienséance est inutile. » Pierre Ier, dont elle avait le portrait sur sa tabatière, afin de se demander sans cesse ce qu'il ordonnerait, défendrait à sa place, Louis XIV, étaient ses héros, et Ligne eut de la peine à se faire pardonner cette remarque anodine aux dépens de ce dernier : « Au moins Votre Majesté conviendra qu'il fallait toujours à ce grand roi une allée bien droite de cent vingt pieds de large, à côté d'un canal qui avait autant, pour se promener ; il ne savait pas comme vous ce que c'est qu'un sentier, un ruisseau et une prairie. » Et qu'eût dit Louis XIV, s'il eût vu l'impératrice de toutes les Russies allumant son feu elle-même à cinq heures et demie du matin, pour n'avoir pas voulu faire lever ses gens à cause du froid, et puis l'éteignant bien vite et demandant pardon à un petit ramoneur qui était dans sa cheminée et criait comme un possédé.

Le prince écrivait à Catherine des lettres bien aimables où il donne aux reproches eux-mêmes une tournure de flatterie délicate et répand un encens très fin qui ne portait pas à la tête. Une fois, par hasard, l'impératrice reste six mois sans répondre, ce qui n'était pas arrivé depuis douze ans. Ligne se plaint et sait bien vite la prendre par son côté faible. Puisque Sa Majesté n'a rien à faire, puisque son petit ménage est si bien rangé, elle n'est presque pas excusable de l'oublier dans l'oisiveté que lui donne son activité. Il n'a pas eu l'honneur de connaître les autres souverains de la Russie et conçoit très bien que leurs affaires les eussent empêchés d'écrire. L'un serait occupé de plans de campagne, l'autre de ses finances, un autre de ses quartiers d'hiver, un autre de sa cour, un autre de ses ministres, un autre de ses chiens, un autre de sa famille, de sa femme et de ses enfants ; chacun a ses affaires, mais Catherine qui fait les siennes avec quatre lignes, quatre vaisseaux et quatre bataillons, pourquoi n'a-t-elle pas répondu ? Aussi espère-t-il que, pour la première fois de sa belle vie, elle connaîtra le remords. S'il y avait seulement le plus petit grand homme à présent dans les quatre parties du monde, il lui écrirait pour ne pas incommoder Sa Majesté ; mais il faut qu'elle paie pour elle et pour les grands hommes qui ont disparu. Une autre fois, il se disculpe d'une indiscrétion prétendue. « Il ne faut pas bouder un homme qui n'a pas quatre cent mille hommes à envoyer pour s'expliquer. Un jour, un de nos très aimables roués, le baron de Besenval, qui s'était enivré avec M. le duc d'Orléans, mettait le feu à son escalier à Bagnolet. Celui-ci voulut l'en empêcher : « Voilà ce que c'est que les princes », dit-il, « ils sont toujours princes ; on ne peut pas jouer » avec eux. » Mais moi, madame, je n'ai rien brûlé ; je me suis laissé aller apparemment, sans le savoir, au plaisir de laisser admirer vos lettres par-dessus mon épaule. »

V

Voyage de Catherine II en Tauride. — « L'œil du maître engraisse les chevaux. » — Comment le prince jetait l'argent par les fenêtres : sa façon de se soigner. — L'impératrice tutoyée et tutoyante. — Le roi de Pologne. — Guerre avec la Turquie. — Siège d'Ocsakow. — Potemkine. — Le baptême de quatre Tartares. — Le comte Roger de Damas. — Prise de Belgrade. — Révolte des Flandres et mort de Joseph II.

Qu'on juge maintenant si la *Sémiramis du Nord* reçut avec joie la nouvelle que son cher prince de Ligne l'accompagnerait à travers cette Tauride fameuse dans la fable et l'histoire, pendant ce romanesque et triomphal voyage en Crimée qu'elle entreprit en 1787 pour visiter ses États et préluder à de nouvelles conquêtes !

Elle voulait donner à ses peuples le moyen d'approcher d'elle, entendre ceux qui parlent, voir ceux qui ne parlent pas. « L'œil du maître, disait-elle, engraisse les chevaux. » Elle emmena les intimes de sa société de l'Ermitage, Ségur, Nassau, Cobenzel, Fitz-Herbert,

Mononow, le nouveau favori, Nariskine, Potemkin, l'incomparable machiniste de cette féerie gigantesque. Malgré leur agrément et leur esprit, aucun ne peut rivaliser avec le prince de Ligne[1]. Chacun l'attend avec

---

1. Les *Souvenirs inédits* du comte Théodore Golowkine renferment ce portrait, où la sévérité va jusqu'à l'injustice :

« Charles, prince de Ligne et du Saint-Empire romain, était grand d'Espagne de première classe, chevalier de la Toison d'or, capitaine des gardes allemandes de l'Empereur, feld-maréchal, etc., — ce qui, joint à une grande naissance, à une grande fortune dissipée, à une grande souplesse, à une grande gaieté, à une moralité de circonstance et à de nombreux voyages, en avait fait ce qu'on appelle communément un grand seigneur et un de ces personnages célèbres auxquels il ne manque que du talent et de la considération.

» Sa jeunesse fut partagée entre la cour de Vienne, dont la politique était de distinguer les Belges, et celle de Versailles où le roi et les princes ne le nommaient que « Charlot ».

» Joseph II, qui employait de préférence les gens médiocres, les croyant plus simples, et les gens aimables comme plus capables de s'insinuer, l'employa surtout avec la Russie dans différentes négociations, comme quelqu'un qu'on pouvait désavouer, et à l'armée, où il montrait de la valeur et de l'activité, comme un général auquel on donne ensuite des collègues et même un chef sans qu'il puisse s'en formaliser.

» M. de Ligne était grand et bien fait, avec un visage qui devait avoir été beau quoique un peu efféminé. Il devait, à vingt ans, avoir eu l'air de ce qu'on nommait populairement un bellâtre. Ses manières, le premier jour, étaient belles et grandes; mais, dès le lendemain, d'un cynisme surprenant. Il disait et faisait des choses qui ne cadraient ni avec son nom ni avec ses places.

» A sa *montagne* près de Vienne, son séjour favori depuis la perte de Bel-Œil et de ses terres des Pays-Bas, le désordre et le dépenaillement étaient extrêmes, et comme, à moins d'affaires, il ne

impatience, et lorsqu'il revient de Vienne, où il est allé porter à Joseph II l'itinéraire impérial, sa présence dissipe toute ombre d'ennui, rend la chaleur à tous les plaisirs. « De ce moment, dit Ségur, nous crûmes sentir que les rigueurs d'un sombre hiver allaient s'adoucir et que le joyeux printemps ne tarderait pas à renaître. » Non content d'être le charme, l'ornement de l'expédition, il s'en fit, comme on sait, l'historiogra-

quittait son lit que pour le dîner, on y trouvait une bourrique ou une chèvre, et lui échevelé, abandonnant la propreté de sa tête aux doigts agiles d'un valet de chambre ou d'un mulâtre confident. Une écritoire renversée, des manuscrits illisibles et surchargés de ratures avertissaient qu'il avait écrit, ce qui, soit en prose, soit en vers, était toujours d'une profonde médiocrité. Sa fille chérie, sa Christine, la princesse Clary, assise dans un coin à les déchiffrer et à les recopier, ou près de lui à manger des fruits, tout en le grondant des choses qu'il disait, complétait le tableau. Ses œuvres étaient sans nombre, et madame de Staël eut toute la peine imaginable d'en tirer deux volumes, parce que les anecdotes mêmes qui pouvaient être piquantes, y étaient mal contées.

» Lorsqu'il fut décidé que Frédéric II, enverrait en Russie son successeur (1780), la cour de Vienne y envoya le prince de Ligne avec l'ordre de déjouer l'illustre négociateur, qui, naturellement timide, était encore parti de Berlin avec une incommodité fort douloureuse qu'il n'avait osé confier au roi son oncle. Quelques jours après son arrivée, le prince royal fut conduit à l'Académie, et, à force de discours à entendre, de minéraux, d'armures et d'embryons à voir, s'évanouit. Le prince de Ligne se met aussitôt en voiture et vole au château. Catherine, apprenant qu'il est dans ses appartements, le fait entrer et lui demande quelle raison l'y amène de si bonne heure. « Hélas, Madame, j'avais suivi le » prince de Prusse à l'Académie, et, lorsque j'ai vu qu'il y était phe; il suivait, dit-il modestement, en qualité de *jockey diplomatique*.

Curieux voyage, en effet, bien digne de tenter un fantaisiste de l'écritoire! Ces déserts que Potemkin peuplait, disait-on en Europe, de villages de carton, avec des bandes de figurants chargés de jouer le rôle de populations agricoles, ces villes sans rues, ces rues sans maisons, ces maisons sans toit, sans portes et fenêtres, ces cités fabuleuses dont l'impératrice posait la première pierre, et dont le prince de Ligne *posait*

» sans connaissance, je me suis hâté de venir en informer Votre
» Majesté. » Ce mot, et bien d'autres, joints à la personne qui déplaisait d'ailleurs, remplirent parfaitement le but de la cour de Vienne.

» Joseph ne saisissait pas aussi promptement les mots que sa bonne sœur de Russie. Revenant très mécontent des Pays-Bas, il se plaignit au prince de Ligne du mauvais esprit des Flamands. « Au bout du compte, je ne veux que leur bien. — Ah! Sire, croyez » qu'ils en sont bien persuadés. » — L'Empereur ne comprit pas ce jeu de mots, qui, trois semaines après, courait toute l'Europe.

» Le prince de Ligne n'avait pas aussi complètement réussi auprès du prince Potemkin qu'auprès de sa souveraine. Chargé par elle et par son propre souverain de hâter les opérations de la campagne d'Oczakow, ses remontrances, ses conseils étaient sans succès. Souvent il se bornait à adresser des questions; mais Potemkin, plus rusé que lui et fort ennuyé de ses répétitions, lui dit un jour: « Sachez que, si j'avais pris une résolution, quelque impor-
» tante, quelque parfaite qu'elle pût être, il suffirait qu'un autre
» eût la même idée que moi, pour m'y faire renoncer. » Il croyait donner une leçon à son interlocuteur et ne sentait pas qu'il faisait son propre procès.

aussitôt la dernière, ces jeunes princes du Caucase, presque couverts d'argent sur des chevaux d'une blancheur éblouissante, hospodars de Valachie, rois de Géorgie persécutés et venant implorer Catherine, Tartares, Cosaques et mouzas drapés d'une façon pittoresque, soldats russes dont, par un coup de baguette, on fait tout ce qu'on veut, des marchandes de modes, des matelots, des musiciens ou des chirurgiens, haras de dromadaires qui à distance ressemblent à des montagnes en mouvement, cimeterres éclatants de pierreries, casques et bonnets, uniformes de toutes les couleurs, arcs et mousquets, lances et baïonnettes, popes et derviches, cette rencontre de la civilisation et de la barbarie, de l'Europe et de l'Asie, tout donne aux voyageurs l'impression d'un conte des *Mille et une Nuits*.

Joseph II avait rejoint la tsarine à Kherson. Ligne croit rêver lorsque, dans le fond d'une voiture à six places, véritable char de triomphe, orné de chiffres en pierres brillantes et attelé de seize petits chevaux tartares, assis entre deux personnes sur les épaules desquelles la chaleur l'assoupit parfois, il entend dire, en se réveillant, à l'une d'elles : « J'ai trente millions de sujets, à ce qu'on prétend, en ne comptant que les mâles. — Et moi vingt-deux, repart l'autre, en comptant tout. » Comme amateur de la belle antiquité, le prince parlait de rétablir les Grecs, Catherine de ressusciter les Lycurgue et les Solon ; on prenait, en causant, des villes, des provinces, sans faire semblant de rien : « Vos Majestés ne prendront que des misères et la misère, objectait Ligne. — Nous le traitons trop bien, répliquait gaiement Joseph II ; il n'a pas assez de respect pour nous. Savez-vous, Madame, qu'il a été amoureux d'une maîtresse de mon père, et qu'il m'a empêché de réussir, en entrant dans le monde, auprès d'une marquise, jolie comme un ange, et qui a été notre première passion à tous les deux ? »

Pendant le voyage, l'impératrice avait donné au prince l'emplacement sur lequel était situé le rocher d'Iphigénie : tous ceux qui avaient des terres en Crimée, lui prêtèrent serment de fidélité. L'empereur vint à Ligne et le prenant par le ruban de sa Toison d'or : « Vous êtes le premier de l'ordre, qui ait prêté serment avec des seigneurs à barbe longue. — Il vaut mieux, répliqua-t-il, pour Votre Majesté et pour moi que je sois avec les gentilshommes tartares qu'avec les gentilshommes flamands. » (L'empereur venait d'apprendre la révolte des Flandres.) Un jour qu'il disputait avec l'impératrice sur la cour de France, et qu'elle semblait ajouter foi à quelques libelles qui couraient les pays étrangers, Ligne lui dit avec un peu d'aigreur : « Madame, on ment au Nord sur l'Occident, comme à l'Occident sur le Nord, il ne faut pas plus croire les porteurs de chaise de Versailles que les *isvostchik* de Tsarkoë-Sélo. » Il va, comme on voit, à l'extrême limite de la familiarité respectueuse : mais les souverains aiment cette façon de contredire qui rehausse le prix de la flatterie habituelle et leur permet de croire à la sincérité de ceux qui leur plaisent.

L'impératrice prodiguait les dons sur son passage, achetant tout ce qu'elle trouvait dans les fabriques. (Cléopâtre n'avale point de perles, mais elle en donne beaucoup, remarque Ligne.) Collaborateur assidu, ministre de ses libéralités, le prince jetait l'argent par les fenêtres : à côté de lui, en voiture, il avait un grand sac rempli d'impériales (pièces de quatre ducats.) De dix, quinze, vingt lieues à la ronde, les habitants des villages venaient voir leur *matouschka* bien-aimée, et s'y prenaient d'une manière assez étrange, se couchant ventre à terre un quart d'heure avant qu'elle arrivât, se relevant un quart d'heure seulement après son passage : ces dos, ces têtes baisant la terre, le prince les écrasait d'or au grand galop ; et cette scène se répétait dix fois par jour.

La flotte se composait de quatre-vingts bâtiments, montés par trois mille hommes d'équipage : à leur tête marchaient sept galères magnifiquement ornées, affectées au service de la tsarine, de ses amis, des ministres et des grands qu'elle avait admis à l'honneur de l'accompagner ; chaque galère avait une musique qui célébrait la sortie ou la rentrée de ceux-ci. Pour qu'il y eût de tout, on essuya une tempête où deux ou trois des vaisseaux échouèrent sur des bancs de sable. Séparé de Ségur par une simple cloison, Ligne le réveillait pour lui réciter des impromptus en vers, des chansons, et peu après son chasseur lui apportait une lettre de quatre ou six pages, où la sagesse, la folie, la politique, la galanterie, les anecdotes militaires et les épigrammes philosophiques se mêlaient de la manière la plus piquante. Une autre fois, comme Cobenzel et Ségur se plaignaient d'accès de fièvre intermittente, il leur reproche leur insouciance, affecte une vive inquiétude, parle tant et si bien que l'un se fait saigner et l'autre prend médecine. A quelques jours de là, l'impératrice, qui le croyait indisposé, le félicite sur sa bonne mine. « Oh ! madame, reprend-il, mes maux ne durent pas longtemps ; j'ai une manière particulière de me traiter ; dès que je suis malade, j'appelle mes deux amis, je fais saigner Cobenzel, purger Ségur et je suis guéri. » L'impératrice le félicita de sa recette et railla les mystifiés de leur docilité. Un jour, à table, elle dit à ses familiers : « Il est bien singulier que le vous, qui est au pluriel, se soit établi ; pourquoi a-t-on banni le tu? — Il ne l'est pas, madame, répondit Ligne, et peut encore servir aux grands personnages, puisque Jean-Baptiste Rousseau dit à Dieu: « *Seigneur, dans ta gloire adorable*, et que Dieu est tutoyé dans toutes nos prières, comme: *Nunc dimittis servum tuum, Domine.* — Eh bien, pourquoi donc, messieurs, me traitez-vous avec plus de cérémonie ? Voyons, je vous le rendrais. Veux-tu bien me donner de cela ? dit-elle au grand-écuyer. — *Oui, si tu veux me servir autre chose.* » — Et il part de là pour un déluge de tutoiements à bras raccourcis, plus drôles les uns que les autres. « Je mêlais les miens de *Majesté*, et *Ta Majesté* me paraissait déjà assez. D'autres ne savaient ce qu'ils devaient dire, et la Majesté tutoyante et tutoyée avait, malgré cela, toujours l'air de l'autocratrice de toutes les Russies, et presque de toutes les parties du monde. » Lorsqu'elle alla au-devant de Joseph II à Kaydak, elle se pressa au point de ne pas emmener sa maison et dut recourir à Potemkin, Branicki et Nassau, qui improvisèrent un repas très gai, mais aussi détestable qu'on pouvait l'attendre de si nobles cuisiniers.

Stanislas Poniatowski, cet élégant, spirituel et frêle simulacre de roi qui savait si bien plaire et si peu commander, attendait l'impératrice à Kanev, sur le Borysthène. Le prince de Ligne, qui était son ami, alla dans une petite pirogue zaporavienne l'avertir de son arrivée; peu après, plusieurs des grands officiers de l'empire se présentaient et le ramenaient dans une brillante chaloupe; en y mettant le pied, il dit, pour éviter toute étiquette embarrassante : « Messieurs, le roi de Pologne m'a chargé de vous recommander le comte Poniatowski. » On attendait avec curiosité sa rencontre avec Catherine, mais l'attente fut déçue : après un salut grave, majestueux et froid, elle lui présenta la main et ils entrèrent dans un cabinet. Le tête-à-tête dura une demi-heure, puis Leurs Majestés rejoignirent la our. Ségur crut distinguer sur la figure de l'impératrice un nuage d'embarras et de contrainte inaccoutumés, dans les yeux du roi une certaine expression de tristesse qu'un sourire affecté ne pouvait tout à fait déguiser. Au banquet qui suivit, on parla peu, on mangea peu, on se regarda beaucoup, on but à la santé du roi au bruit des salves d'artillerie. Comme, en sortant de table, Stanislas cherchait son chapeau et ne pouvait le trouver, l'impératrice, qui l'avait aperçu, se le fit apporter et le lui donna : « Deux fois couvrir ma tête, fit-il galamment, ah ! Madame, c'est trop me combler de bienfaits et de reconnaissance. » Le soir, il donna une fête magnifique : une représentation du Vésuve éclairait les monts, les plaines et les eaux; il n'y eut point de nuit; à la lueur de cent mille fusées, on voyait se déployer les brillants escadrons de la cavalerie polonaise : le roi de Pologne avait dépensé trois millions et trois mois pour passer trois heures avec la tsarine. Celle-ci n'assista point à la fête : elle avait aimé Poniatowski, mais le temps des faveurs était passé, et maintenant elle le dépouillait froidement, lambeau par lambeau, en attendant qu'elle le détrônât. Toutefois, il retira quelques avantages de sa conférence : Nassau et Stackelberg le réconcilièrent avec Potemkin, déjouèrent les intrigues tramées contre lui par l'opposition. « Savez-vous ce que font ici ces nobles de la Grande et de la Petite-Pologne? disait le prince de Ligne; ils se trompent, on les trompe et ils en trompent d'autres. Leurs femmes flattent l'impératrice et se persuadent qu'elle ne sait pas qu'ils l'ont insultée dans les aboiements de la dernière Diète. Tous cherchent un regard du prince Potemkin, et ce regard est difficile à rencontrer, car le prince tient du borgne et du louche. Ces belles Polonaises sollicitent le ruban de Sainte-Catherine pour l'arranger avec coquetterie et pour exciter la jalousie de leurs amies et de leurs parentes. » L'impératrice restait immuablement fidèle à sa politique : entretenir la licence des Polonais, l'anarchie dans la noblesse, pour enchaîner leur liberté ; elle n'y réussissait que trop : il aurait fallu gouverner, empêcher les élégantes de faire le malheur de ce pays par les intrigues, retenir à la cour les grands seigneurs par une chaîne de plaisirs et de distractions ; malheureusement, toutes les affaires d'État devenaient des affaires de société, parce que le « roi était trop honnête homme avec les femmes comme avec tout son royaume ».

L'entrevue de Kherson eut pour épilogue une alliance entre Joseph II et Catherine II. Elle pensait pouvoir se préparer de longue main à la guerre ; mais voici que, à l'instigation de la Prusse et de l'Angleterre, *l'homme malade* prend l'offensive, le sultan emprisonne l'ambassadeur russe au château des Sept-Tours. Ligne croit que son empereur s'en tiendra à des vœux, à des souhaits, et, emporté par son ardeur, fidèle à sa maxime qu'il faut chercher de la pratique où l'on peut, il demande la permission de servir dans l'armée russe, offrant en même temps de le tenir au courant des plans et des opérations. Il se trompait, l'Empereur allait bientôt entrer en campagne et venait de le nommer général en chef commandant toute l'infanterie; mais il accorda l'autorisation. Le prince voulait donner un bal aux plus jolies femmes de la cour; comme on croyait la guerre engagée à fond, on ne lui en laissa pas le temps. Il part le 1ᵉʳ novembre 1787 pour Ocsakow, court jour et nuit et tombe de son haut lorsqu'il entend Potemkin se plaindre qu'il manque de tout, que les Tartares le menacent de tous côtés, que c'est miracle s'il a pu tenir bon. Cinq mois s'écoulent dans une inaction dont il finit par percer le mystère. En vain presse-t-il, gourmande-t-il, conjure-t-il les généraux russes d'aller de l'avant, car il voudrait *tonner et étonner* et que la *guerre se dépêchât;* il s'aperçoit que Romanzow et Potemkin sont d'accord pour berner l'Empereur et ne se mettre en campagne qu'au mois de juillet, afin que toutes les forces ottomanes se jettent sur les Autrichiens. « Votre Majesté, écrit-il à Joseph II, a pour elle les galeries et les salons de l'Ermitage, mais point le cabinet. » Il se compare à une bonne d'enfant, mais son enfant est grand, fort et mutin; il se flattait de commander les deux armées russes, on le sature de belles paroles, on dépense beaucoup d'hommes dans de fausses attaques, tandis que Potemkin le dessert auprès de Catherine II qui eût été bien aise qu'il la trompât. Général en chef sans corps d'armée, ambassadeur *in partibus*, il se console comme il peut en écrivant à l'empereur, à son fils, à Ségur, des lettres fort humoristiques sur cette campagne hypocrite, ses compagnons d'armes, et cette Europe *si barbouillée* où tout ce qui se passe lui semble un coup de pied dans une fourmilière.

C'est à Potemkin qu'il revient le plus souvent, et il faut lui savoir gré de rester impartial vis-à-vis d'un homme qui mettait à si rude épreuve sa patience. Favori de Catherine, peut-être son époux et en tout cas le premier de l'empire après elle, général médiocre, hâbleur et fanfaron, très brave, *mais plus Ulysse qu'Achille*, politique sublime ou enfant de dix ans, très habile homme de cour, administrateur inégal, plus propre à commencer les travaux qu'à les finir, ce personnage offrait un mélange inconcevable de paresse et d'activité, d'audace et de timidité, d'ambition et d'insouciance : hautain comme un satrape, faisant attendre à sa porte les hommes les plus considérables, et Joseph II lui-même, familier et bonhomme avec ceux qui ne toléraient pas une telle morgue, insatiable de volupté, de pouvoir, de présents et de décorations, ne lisant jamais, mais questionneur intrépide et ayant fait son éducation en causant, prodiguant les bienfaits et payant rarement ses dettes, passant tour à tour du désir d'être roi de Pologne ou duc de Courlande à celui d'être fondateur d'un ordre religieux ou même simple moine, consacrant une matinée à examiner des modèles de casques pour des dragons, des bonnets et des robes pour ses nièces, des mitres et des habits pontificaux pour des prêtres, croyant aimer Dieu et craignant le diable, parlant théologie à ses généraux et guerre à ses archevêques, abandonnant toute autre occupation pour disputer des querelles des églises grecque et latine, d'une main faisant des signes aux femmes qui lui plaisent et de l'autre des signes de croix, devinant ce qu'il ignorait et doué de certaines facultés cardinales : la grâce, l'esprit, la mémoire, la volonté, la chance; au résumé un enfant gâté de la fortune, et l'emblème de cet immense empire, composé, lui aussi, de déserts et de mines d'or et de diamants. On prétendait qu'un hasard heureux avait fixé sur lui l'attention de sa souveraine : tenant à la main une épée, celle-ci voulut avoir une dragonne. Potemkin, alors simple sous-officier, s'approche, offre la sienne, mais quand il veut s'éloigner, son cheval, accoutumé à l'escadron, s'obstine à rester près du cheval de Catherine. Cette opiniâtreté la fait sourire, elle regarde le jeune homme, lui parle, il plaît, elle le nomme officier et bientôt gentilhomme de la chambre dans son palais.

Ses boutades, ses volontés et ses *nolontés* font la joie et le désespoir de Ligne. Tantôt bien, tantôt mal, brouillé à couteaux tirés ou favori décidé, causant ou ne causant pas, mais veillant jusqu'à six heures du matin pour obtenir un mot raisonnable à mander, le prince ne faillit pas un instant à son rôle d'observateur ironique. Un jour, les Cosaques s'étant emparés de quatre Tartares qui s'attendaient à être *néboïssés* (décapités), Potemkin les fait saisir et précipiter dans une cuve immense : « Voilà, grâce au ciel, dit-il, les mahométans baptisés par notre immersion grecque. — Et bien enrhumés, répond Ligne, mais Dieu soit loué ! » Le général russe avait eu l'idée non moins originale de former un régiment de juifs; leurs barbes tombant jusqu'aux genoux, leur inquiétude, les grandes piques qu'ils tenaient de la façon la plus comique *leur donnaient l'air de singes*. Une autre fois, comme Ligne lui reprochait son apathie, il fait arriver un courrier un quart d'heure après, avec la nouvelle d'une fantastique victoire remportée contre les Circassiens : « Voyez, se rengorge-t-il, si je ne fais rien; je viens de tuer dix mille Circassiens, Abyssiniens, Immarettes et Géorgiens, et j'ai déjà tué cinq mille Turcs. — Je suis charmé, répliqua le prince, d'avoir eu tant de gloire sans m'en douter, car je ne vous ai point quitté. »

Parfois un incident plaisant vient rompre un instant la monotonie fastidieuse de cette campagne de parade. M. de La Fayette ayant recommandé à Ligne un soi-disant ingénieur français nommé Marolle pour diriger le siège, celui-ci l'amène dans la tente de Potemkin; mais voilà qu'avant toute présentation cet original s'écrie : « Où est le général? — Le voici. » Il le prend par la main et du ton le plus familier : « Bonjour, général. Eh bien, qu'est-ce? Vous voulez avoir Oczakow? — Apparemment. — Eh bien, nous vous aurons cela? Avez-vous ici Vauban et Cohorn? Je voudrais aussi un peu de Saint-Remi et me remettre à tout cela que j'ai un peu oublié, ou même que je n'ai pas trop su; car, dans le fond, je ne suis qu'ingénieur des ponts et chaussées. » — Le général se mit à rire et répondit : « Reposez-vous de votre voyage, ne vous tuez pas à lire, je vous ferai porter à manger dans votre tente. »

A côté de Potemkin s'agite un monde de généraux et de volontaires : Nassau-Siegen, dont l'épée est la baguette de sorcier et l'interprète, « car il s'en sert pour indiquer la ligne la plus courte quand il s'agit d'attaquer »; le prince d'Anhalt, qu'on croirait le plus mince officier de l'armée, à sa modestie et à sa similicité sublimes, « il est tout et ne veut rien paraître »; un baron de Stade, qui va bien au coup de canon, tout en assurant qu'il meurt de peur. « Voyez, dit-il, comme nature pâtit, mon cheval en tremble lui-même et n'aime pas plus la gloire que moi; » le comte Roger de Damas[1], un Français de trois siècles; « il a la chevalerie de l'un, la grâce de l'autre et la gaieté du

---

[1]. M. Léonce Pingaud, professeur à la faculté des lettres de Besançon, a entre les mains les *Mémoires inédits* du comte Roger de Damas, auquel il a consacré une substantielle et pénétrante étude. (*Correspondant*, 25 mai et 10 juin 1885.)

troisième: François Ier, le grand Condé et le maréchal de Saxe auraient voulu avoir un fils de lui. Il est étourdi comme un hanneton au milieu des canonnades les plus vives, bruyant, chanteur impitoyable, me glapissant les plus beaux airs, fertile en citations les plus folles au milieu des coups de fusil, et jugeant néanmoins de tout à merveille. La guerre ne l'enivre pas, mais il y est ardent d'une jolie ardeur, comme on l'est à la fin d'un souper. »

Le prince voit des Russes à qui l'on dit : « Soyez cela », et qui le deviennent; qui apprennent les arts libéraux comme le « Médecin malgré lui » a fait ses licences; des Russes qui chantent et dansent dans la tranchée, où ils ne sont jamais relevés, et, au milieu des coups de fusil et de canon, de la neige ou de la boue, adroits, propres, attentifs, respectueux, obéissants. Quant aux Turcs, c'est un peuple d'antithèses : braves et poltrons, actifs et paresseux, libertins et dévots, sensuels et durs, recherchés et grossiers, sales et propres, superstitieux par habitude, par calcul et voyant le paradis au bout de leurs fusils, conservant dans la même chambre des roses et un chat mort; les grands de la cour et des provinces, hauts et bas, méfiants, ingrats, fiers et rampants, généreux et fripons, qualités et défauts recouverts d'une croûte d'ignorance et d'insensibilité qui les empêche d'être malheureux. Personne, dans cette nation, n'étant classé, chacun a des droits à tout et attend la place que le sort lui destine. « Que deviendraient les peuples de l'Europe si un marchand de savon était premier ministre, un jardinier grand amiral et un laquais commandant des armées? » Mais, par hasard, ne deviendraient-ils pas ce que devenait la Turquie : *un empire délabré et croulant?*

Cependant Joseph II était entré en campagne : le fils du prince de Ligne se distingue au siège de Sabacz, monte le premier à l'assaut, entre le premier dans la ville. Témoin de ce fait d'armes, l'Empereur lui confère le grade de colonel, le décore de l'ordre de Marie-Thérèse et annonce lui-même la nouvelle à son père. On juge de son émotion en lisant dans la lettre impériale que le jeune colonel avait en grande partie contribué à la réussite de l'entreprise. « Cette lettre, écrit-il au prince Charles, te vaut mieux que tous les parchemins, vraie nourriture des rats. » Et, comme la modestie est la pudeur de l'éducation, il se compare lui-même à ce comparse naïf, qui, entendant faire l'éloge d'un beau sermon, disait avec fierté : « C'est moi qui l'ai sonné. »

Bientôt les choses allèrent fort mal pour l'Autriche : trente mille hommes tués en détail, quarante mille dévorés par la peste, l'invasion du Banat, des défaites en Serbie, la révolte des Flandres, tout semblait l'accabler. Joseph II résolut de mander auprès de lui le prince de Ligne et lui donna le commandement de l'aile droite de l'armée qui, sous les ordres de Laudon, assiégeait

Belgrade. Les opérations furent menées avec l'activité la plus brillante; pressé par un chef qui, dit-il, tient plus du dieu de la guerre que de l'homme, le prince était lui-même tout en feu. « J'étais l'aigle de ce Jupiter dont je portais la foudre. Je remerciais, je priais, je tonnais, je menaçais, j'ordonnais, tout allait, et tout cela en un clin d'œil. » Belgrade fut prise le 1er octobre 1789 : le général de Ligne voyait avec un grand plaisir militaire et une grande peine philosophique s'élever dans l'air douze mille bombes qu'il avait fait lancer sur les pauvres infidèles; son fils, cette fois encore, arriva le premier sur la brèche, et lui-même reçut du maréchal Laudon la lettre la plus flatteuse : « Plus de la moitié de la gloire de la prise de Belgrade revient de droit à Votre Altesse. » Le prince lui rendit la monnaie de sa pièce en répondant à quelqu'un qui lui demandait comment il reconnaîtrait le maréchal à la cour : « Allez ! Vous le trouverez derrière la porte, tout honteux de son mérite et de sa supériorité. »

Joseph II lui envoya la croix de commandeur de Marie-Thérèse, accompagnée d'une lettre froide et sèche, où il recevait l'ordre de choisir pour quartier d'hiver Essek, Peterwarden ou Belgrade. « Attendez-vous, disait l'Empereur, aux preuves de mon mécontentement, n'ayant ni le goût ni l'habitude de me laisser désobéir. » La présence d'un aide de camp du prince à Bruxelles, au plus fort de la révolte, avait fait croire qu'il la favorisait. Il n'en était rien. Les chefs du mouvement l'avaient assommé de propositions pour se mettre à leur tête; il avait blâmé leur témérité, ajoutant plaisamment « qu'il ne se révoltait jamais pendant l'hiver ». Bien mieux, il avait composé d'avance un *Discours à la nation Belgique*, où il parle haut et ferme, et déclare que si on l'envoie pacifier son pays, il agira en général autrichien, fera enfermer « un archevêque, un évêque, un gros abbé moine, un professeur, un brasseur et un avocat ». Aux menaces de son souverain, il répondit fièrement : « Je suis plus sensible aux grâces qu'aux disgrâces... Je vous demande pardon de n'avoir pas été plus inquiet de votre colère. C'est que je connais encore mieux votre justice... Je n'ai pas douté du retour de ses bontés... Pendant ce temps-là, je me vengeais de vous, Sire. J'écrivais à la reine de France pour la supplier de vous envoyer le docteur Seyffert, dont le grand talent est de guérir promptement le mal qui fait souffrir Votre Majesté. »

Mais la maladie de Joseph II n'était pas de celles à laquelle la science humaine peut porter remède. Il se mourait avant tout de la révolte des Flandres, révolte qu'il avait provoquée lui-même en foulant aux pieds la *Joyeuse Entrée*, leur « grande charte », en supprimant les droits politiques du peuple flamand et portant atteinte aux privilèges de l'Église. Peu de jours avant sa mort, il dit au prince de Ligne, rentré dans ses bonnes grâces et sa confiance : « Votre pays m'a tué. Gand pris a été mon agonie, et Bruxelles abandonné, ma

mort. Quelle avanie pour moi ! » Il répéta plusieurs
fois ce mot : « J'en meurs; il faudrait être de bois
pour que cela ne fût pas. Je vous remercie de tout ce
que vous venez de faire pour moi. Laudon m'a dit
beaucoup de bien de vous ; je vous remercie de votre
fidélité. Allez aux Pays-Bas ; faites-les revenir à leur
souverain ; et si vous ne le pouvez pas, restez-y ; ne
me sacrifiez pas vos intérêts, vous avez des enfants. »
— « A-t-on répandu quelques larmes quand j'ai été
administré ? demanda l'Empereur à madame de Chanclos,
qu'il vit un instant après. — Oui, répondit-elle, j'ai vu
par exemple le prince de Ligne tout en pleurs. — Je
ne croyais pas valoir tant que cela, » reprit l'Empereur presque gaiement. Joseph II mourut avec fermeté,
comme il vécut, réglant le cortège qui devait accoim-
gner le saint sacrement qu'on apporta à son lit de
mort, ayant l'air d'arranger son âme comme il avait
voulu tout arranger lui-même dans son empire. Le
prince de Ligne fut un des quatre qui le portèrent aux
Capucins. « J'ai vu périr quatre grands souverains,
écrivait-il à Catherine II; on ne les regrette qu'un an
après leur mort ; on espère les six premiers mois et
l'on fronde les six autres. Cela se passa ainsi quand
Marie-Thérèse mourut. On sent bien peu la perte que
l'on fait. Les curieux, les indifférents, les ingrats, les
intrigants s'occupent des nouveaux règnes. » C'est la
vie, hélas ! et l'éternelle nécessité humaine. Les morts
appartiennent à l'oubli; seuls, les historiens et les amis

les embaument dans leurs livres ou dans leur âme ; les peuples ne se retournent guère vers le passé, s'attachent au présent, et, comme les particuliers, n'ont pas le temps d'être reconnaissants, de s'attarder autour d'un mausolée.

VI

Disgrâce du prince de Ligne. — *Il est mort avec Joseph II, son royaume n'est plus de ce monde.* — Pensées sur la Révolution française. — La France antiquaire. — Décadence du goût. — Le « Lapin » de La Fontaine. — Ne dégelez pas les peuples froids! — Les souplesses de l'histoire.

Il semble que le deuil de son souverain ait marqué pour le prince l'heure des disgrâces, des infortunes. L'empereur Léopold *oublie* de lui conférer les insignes de feld-maréchal; les révolutions de France, de Brabant, le chassent de Bel-OEil, consomment la destruction d'une fortune déjà compromise par tant de prodigalités; son fils bien-aimé, le jeune héros de Sabacz, de Belgrade, d'Ismaïl, tombe frappé par un boulet dans les défilés de l'Argonne, au passage de la Croix-au-Bois; et lui qui, après la disparition de Laudon et Lascy, passait pour le meilleur capitaine de l'Autriche, lui qui, satisfait des rôles de confident et de comparse à la cour, ne visait aux grands rôles qu'à la guerre, il est systématiquement exclu des commandements supérieurs par la malveillance de Thugut, ce *grand vizir dont il n'était pas l'homme,* implacable ennemi et dangereux ami, qu'il avait surnommé *le baron de la Guerre,* en souvenir du prince de la Paix. On met à la tête des armées quatre pauvres ignorants ou infirmes qu'il a eus sous ses ordres, et à qui, excepté Clerfayt, il n'aurait jamais donné trois bataillons à commander. Forcé de briser l'idole si chère à son cœur, la gloire, il s'aperçoit qu'elle est quelquefois une courtisane de mauvaise compagnie, qui attaque en passant des gens qui ne pensaient pas à elle. *Il est mort avec Joseph II, son royaume n'est plus de ce monde.*

Et comment aussi n'eût-il pas douloureusement médité sur les malheurs de cette reine charmante qu'il avait vue pour la dernière fois en 1786, de cette noblesse foudroyée par le tonnerre de 1793, dispersée aux quatre coins du monde, n'échappant à la guillotine que pour languir dans l'exil et la pauvreté? Comment s'étonner si ce gentilhomme, cet ami des rois, défend la cause des gentilshommes et des rois, s'il mêle des raisonnements d'émigré à des réflexions assez fines, s'il s'entête à ne pas comprendre, à ne pas deviner la grandeur de l'événement, l'impuissance de la digue et l'impétuosité du flot? « La Grèce, écrit-il à Ségur en 1790, avait des sages, mais ils n'étaient que sept; vous en avez douze cents à dix-huit francs par jour, qui sont, sans le savoir, la fable de l'Europe : sans mission que d'eux-mêmes, sans plan général, sans intérêt public, quoique ce nom colore l'intérêt particulier, sans élévation, sans respect pour cette noblesse qui fut, dans tous les temps, brillante, utile et chère... Qu'on ne dise point : la philosophie a fait cette révolution ; je n'y ai pas vu un philosophe, mais des grands seigneurs qui se sont faits roturiers, et des roturiers qui se sont faits grands seigneurs. » Ligne s'indigne que des gens qui ne peuvent pas payer leur blanchisseuse prétendent payer les dettes de leur patrie; que, ne pouvant régler leurs affaires de famille, ils s'occupent de celles du monde entier ; que les dames de la halle aient remplacé les Longueville, les Chevreuse et les Montbazon. Quant à la dette nationale, il ne fait qu'en rire, la traite de mémoire de blanchisseuse, engage ses amis à se montrer plus royalistes que le roi, leur prophétise un sceptre de fer et que le résultat de la liberté sera de fortifier partout l'idée monarchique, comme le spectacle de l'ilote ivre dégoûtait de l'ivrognerie les jeunes Spartiates. « On sautera dans l'histoire cent pages ennuyeuses de déclamation, et, de Clostercamp, après avoir passé par quelques jolies fêtes du Petit-Trianon, et le bal paré pour M. le comte du Nord, on ira chercher de nouveaux combats et de nouveaux plaisirs sous un nouveau règne. Platon n'était bon à suivre ni en amour ni en république. » Comme on voit, notre héros portait le poids et

7

en quelque sorte la fatalité de sa gaieté insouciante.

Il espérait lui, général autrichien, qu'on ne laisserait pas à la nation française le temps de s'aguerrir ; il s'aperçoit de son erreur et reconnait que le talent bientôt a remplacé la guillotine. « D'Athènes, dit-il, la France a été à Sparte en passant par le pays des Huns ; » d'ailleurs, il pense qu'on verra plutôt des républiques devenir des royaumes que des royaumes devenir républiques, et, logique avec ses principes, ou, si l'on veut, avec ses préjugés, il soutient que, dans tous les grands moments de l'histoire qui se prolongent ou qui se fixent, tout tient à un seul homme ou à un très petit nombre. En tout cas, il y a une chose qui est définitivement perdue dans ce naufrage : c'est le goût. « La vue des crimes a ôté cette fraîcheur, cette grâce, cette urbanité des mœurs de la nation la plus aimable. La république a mis à la place l'esprit de discussion et la fausse éloquence. Ce sera la *France antiquaire* au lieu de la *France littéraire*. Il se fait dans la société *un brigandage de succès* qui dégoûte d'en avoir [1]. » Si le XIXe siècle a infligé maint démenti

---

1. Est-ce en songeant à cette décadence du goût que Ligne écrivait cette jolie boutade intitulée :

LE LAPIN DE LA FONTAINE.

« Je m'étais ennuyé longtemps et j'en avais ennuyé bien d'autres. Je voulus aller m'ennuyer tout seul. J'ai une fort belle forêt. J'y allai un jour, ou pour mieux dire, un soir, pour tirer un lapin.

aux prophéties politiques de Ligne, il lui donne gain de cause dans ses arrêts mondains. Il y a encore des gens de goût, il n'y a plus guère de goût, comme on l'entendait autrefois : ces mœurs délicates, cette politesse exquise, cette quintessence d'aménité sont devenues l'apanage de quelques-uns, mais ne font plus en quelque sorte partie des vertus publiques, du patrimoine moral de la France.

Aussi bien n'admire-t-il pas davantage les ministres ou souverains absolutistes qui font de la révolution sans le savoir, expulsent les jésuites, compromettent leur propre cause par des réformes prématurées. « Ne

---

C'était l'heure de l'affût. Quantité de lapereaux passaient, disparaissaient, se grattaient le nez, faisaient mille bonds, mille tours, mais toujours si vite que je n'avais pas le temps de lâcher mon coup. Un ancien, d'un poil un peu gris, d'une allure plus posée parut tout d'un coup au bord de son terrier. Après avoir fait sa toilette tout à son aise (car c'est de là qu'on dit : propre comme un lapin), voyant que je le tenais au bout de mon fusil : « Tire donc, me dit-il ; qu'attends-tu ? » Oh ! je vous avoue que je fus saisi d'étonnement !... Je n'avais jamais tiré qu'à la guerre sur des animaux qui parlent. « Je n'en ferai rien, lui dis-je, tu es sorcier, ou je meure ! » — Moi, point du tout, me répondit-il, je suis un vieux lapin de La Fontaine. » Oh ! pour le coup, je tombai de mon haut. Je me suis mis à ses petits pieds, je lui demandai mille pardons, et lui fis des reproches de ce qu'il s'était exposé. « Eh ! d'où vient cet ennui de vivre ? — De tout ce que je vois. — Eh, bon Dieu ! n'avez-vous pas le même thym, le même serpolet ? — Oui ; mais ce ne sont plus les mêmes gens. Si tu savais avec qui je suis obligé de passer ma vie ! Hélas ! ce ne sont plus les bêtes de mon temps ; ce sont de petits lapins musqués qui cherchent des fleurs.

dégelez pas les peuples froids, observe-t-il; ils ont leur bon côté, et ce que vous leur donnerez gâtera ce qu'ils ont. La patience, la fidélité, l'obéissance valent bien l'enthousiasme qui n'est jamais sûr ni durable. Pour une fois qu'il sera bien placé, il le sera vingt fois mal. Il vaut mieux qu'une nation n'ait point d'avis. Celle qui en a est sujette aux orages, et si un physicien ne place pas bien le conducteur, la foudre tombe sur sa tête. » Ici le prince tire toute la couverture de son côté, et il faudrait suppléer aux lacunes du raisonnement. L'histoire offre des arguments à tous les systèmes, elle a des souplesses de courtisane pour excuser,

Ils veulent se nourrir de roses, au lieu de bonne feuille de chou qui nous suffisait autrefois. Ce sont des lapins géomètres, politiques, philosophes, que sais-je ? d'autres qui ne parlent qu'allemand ; — d'autres qui parlent un français que je n'entends pas davantage. Si je sors de mon trou, pour passer chez quelque gent voisine, c'est de même, je ne comprends plus personne. Les bêtes d'aujourd'hui ont tant d'esprit ! Enfin, vous le dirai-je, à force d'en avoir, ils en ont si peu, que notre vieux âne en avait davantage que les singes de ce temps-ci. » Je priai mon lapin de ne plus avoir d'humeur et... je lui dis que j'aurais soin de lui et de ses camarades, s'il s'en trouvait encore. Il me promit de me dire ce qu'il disait à La Fontaine, et de me mener chez ses vieux amis. Il m'y mena, en effet. Sa grenouille, qui n'était pas tout à fait morte, quoi qu'il l'eût dit, était de la plus grande modestie en comparaison des autres animaux que nous voyons tous les jours. Ses crapauds, ses cigales, chantaient mieux que nos rossignols. Les loups valaient mieux que nos moutons. « Adieu ! petit lapin, je vais retourner dans mes bois, à mes champs et à mon verger. J'élèverai une statue à La Fontaine, et je passerai ma vie avec les bêtes de ce bonhomme. »

justifier, célébrer les théories les plus opposées, elle est l'arsenal inépuisable des gouvernements et des oppositions, tient boutique de paradoxes et de spécieux sophismes. Elle prouve pour et contre la politique du dégel, pour et contre la politique de résistance, se dénature, porte tous les masques que l'esprit de parti se plaît à lui appliquer, se métamorphose sous la plume de l'écrivain, à la voix de l'orateur. Elle est rarement l'école de la morale, elle est trop souvent l'école du succès. Et combien difficile demeure déjà cette tâche de déterminer les lois, les causes, les conditions du succès, de cette habileté supérieure faite d'inspiration, de pressentiments, d'expérience qui, mettant les hommes d'État aux prises avec les événements, leur apprend à doser les remèdes, à détourner les dangers, à faire sortir de chaque crise la plus grande quantité de bien, à paraître parfois conspirer avec l'erreur, comme le paratonnerre conspire avec la foudre[1] ! Le

---

[1]. Puisque tout le monde écrit et arrange à sa façon les causes de la Révolution, Ligne, qui ne veut pas rester en arrière, raconte avec entrain ses idées et celles des autres : « Elle est arrivée, disent les dévots, parce qu'on avait lu l'*Encyclopédie* ; les chevaliers de Saint-Louis, parce que malicieusement M. de Saint-Germain avait réformé la maison du roi ; le clergé, parce que le roi n'avait pas un confesseur distingué, par lequel il eût pu gouverner ; les libertins, parce qu'il n'avait pas de maîtresse ; les ministres, parce qu'il ne s'abandonnait pas tout à fait à eux... les vieilles dévotes, parce qu'elles n'intriguaient pas comme autrefois ; les petites dames du palais, parce que les amants qu'elles

prince de Ligne se défie de l'enthousiasme, cette force incalculable qui, bien employée, produit des miracles,

avaient envie de prendre n'étaient pas encore maréchaux de France ; les Parlements, parce qu'on leur avait fait sentir qu'ils n'étaient point Parlements d'Angleterre ; les gens de lettres, parce qu'il n'y en avait pas dans le ministère...; les marchands, parce qu'on ne donnait pas de fêtes à la cour; les paysans, parce qu'on ne voulait pas leur ôter les corvées et la gabelle; les soldats, parce qu'il fallait être gentilhomme pour devenir officier... » Quant à lui, il propose ce titre à l'histoire des révolutions de France, de Hollande, de Pologne, de Suède, d'Amérique, de religion, de mœurs, d'opinions, de morale, de politique et surtout d'égoïsme : *Les Sots, les Scélérats, les Gens d'esprit, Erreurs, Horreurs, Stupeur.* « Louis XV exila M. de Choiseul, on courut à Chanteloup; on insultait madame Du Barry ; on abandonnait une saison entière Compiègne et Fontainebleau, les seuls voyages à la mode, car Versailles était déjà tombé. La bonne compagnie, royaliste à présent, fit alors la république sans s'en douter. Elle n'avait pas assez de caractère pour renouveler les temps de la Ligue, pas assez d'esprit pour reproduire ceux de la Fronde ; elle s'éloigna et éloigna de la cour... » Ligne reproche à d'Aiguillon d'avoir laissé partager la Pologne, à M. de Vergennes d'avoir, à l'instigation de Beaumarchais, soutenu la révolte des sujets de l'Angleterre, aux femmes d'avoir réclamé les notables : « Voilà tous les portefeuilles en l'air, et les hommes d'État créés dans un instant pour détruire l'État. Ce n'était pas leur intention, mais les honnêtes gens de la France furent assez sots pour croire guérir le royaume qui n'était qu'incommodé et pas du tout malade... On n'y fut jamais moins aimable, ni moins joli à la cour, en hommes et en femmes, qu'en 1786. La société était usée, on se voyait trop et de trop grand matin. Les deux sexes n'étaient pas à leur avantage; les femmes sans toilette, les hommes crottés avec le mauvais visage que donne le climat humide de Paris. Au lieu de se lever à six heures du qui inonde ou fertilise, détruit ou fortifie, sauve ou perd les peuples et les rois, qui dort parfois pendant des siècles dans l'âme engourdie d'une nation, mais tout d'un coup se réveille, et... malheur alors à qui la nie ou prétend la briser!

matin, pour écrire des mémoires contre les pigeons et les lapins, Létorière se couchait à six heures du soir pour paraître au bal à minuit, beau comme le jour... Les lieux communs sur la liberté et les abus leur faisaient croire qu'ils étaient Anglais ; combien de fois ne leur ai-je pas dit, au salon de la Comédie-Italienne : laissez-là ces grandes gazettes en longueur que vous ne savez pas lire... Les toupets à l'oiseau royal, les cent papillotes des ailes de pigeon, le choix de la poudre à l'orange, de la pommade au jasmin, l'incertitude entre l'eau sucrée et l'eau de miel, douze billets circulaires que j'ai vu souvent distribuer dans la journée à Létorière, occupaient la matinée des fats de mon temps; les fats ne font point de révolution... » — Le prince de Ligne aurait volontiers pris à son compte le joli mot d'une émigrée : « Les abus! mais c'est ce qu'il y avait de mieux! »

VII

Vie du prince à Vienne : son bâton de perroquet ; ses amis. — Les souvenirs durs et amers. — Mon Refuge. — Devise de Ligne. — Il fait les honneurs de Vienne à l'Europe civilisée. — Visite de madame de Staël. — Les deux belles juives. — Casanova : une femme n'a jamais que l'âge que lui donne son amant. — Épitaphe du prince par le marquis de Bonnay. — Conversation avec madame de Brionne : Paysanne tant qu'on voudra, bourgeoise, jamais ! — Le congrès de Vienne : le congrès ne marche pas, mais il danse. — Maladie et mort du prince. — Aux yeux de la postérité, il apparaît comme l'arbitre de toutes les élégances, le premier par la grâce et l'art de plaire.

A la perte de sa fortune, le prince de Ligne avait opposé la plus stoïque indifférence. Lui qui dépensait jadis cinquante mille francs pour offrir une fête au comte d'Artois, il se surprend à recommander à ses gens de donner un thé sans glaces, sans gâteaux, sans fruits (excepté les prunes qui sont le fruit le moins cher) ; il vend ses tableaux, s'amuse de ses privations, se moque de son avarice, et rit dans son for intérieur, lorsqu'avec deux ou trois mensonges, il parvient à vendre quelques exemplaires de ses volumineux ouvrages. Il en vint à ce point que son boucher refusa de fournir la viande : aussitôt le prince se rend chez lui à l'heure du repas et sans façon se met à table : « Mon ami, dit-il, vous ne voulez pas me donner à dîner chez moi, il faut bien que je dîne chez vous. » Le boucher se confondit en excuses et jura de ne plus retomber dans le péché de méfiance. La situation du prince, d'abord très précaire, finit par s'améliorer : une pension de Paul Ier, la vente de sa terre de Tauride, celle du village d'Edelstetten qu'on lui avait attribué en échange du comté de Fagnolles, cédé à la France, la charge de capitaine des trabans en 1803, le grade de feld-maréchal en 1808[1], lui rendirent quelques bribes de son ancienne opulence.

Fixé à Vienne dès 1794, il se fit bâtir sur les remparts une modeste maison qu'il appela fort justement sa cage ou son bâton de perroquet, qu'on nommait par antiphrase l'hôtel de Ligne, composée d'une salle à manger au rez-de-chaussée, au premier d'un salon, au second d'une bibliothèque qui lui servait de chambre à coucher : on montait de l'un à l'autre par une échelle de moulin. « Chaque pièce, assure le duc de

---

[1]. C'est l'empereur François qui le nomma feld-maréchal. Ce prince avait fait construire un canal où l'eau manquait; on répandit le bruit qu'un homme s'y était noyé. « Flatteur! » s'écria Ligne.

Broglie dans ses *Souvenirs*, était meublée de quelques chaises de paille, d'une table en bois de sapin, et de quelques autres objets d'une même magnificence. » Sa petite maison, couleur de rose comme ses idées, était à peu près l'unique salon ouvert à Vienne, le rendez-vous des étrangers, de quelques grands seigneurs des Pays-Bas et d'émigrés de distinction, de ceux à qui le plaisir de la conversation tenait lieu de tout, Pozzo di Borgo, Craufurd, d'Arenberg, Sénac de Meilhan, Narbonne, ce charmant intermédiaire entre l'ancienne et la nouvelle société, qui ne voulait, disait-il, se laisser arracher ni par l'une ni par l'autre ses cheveux noirs et ses cheveux blancs, et qui parfois avertissait en souriant le maréchal que le monde avait changé et qu'il *ne fallait pas perdre peut-être une monarchie pour un bon mot*. Il donnait à souper chaque soir, et ses repas, comme ceux de madame de Maintenon, avaient besoin de toute la magie de sa conversation pour ne pas paraître ascétiques. Parfois, lorsque les visiteurs affluaient, les chaises de paille ne suffisant plus, on se tenait debout, comme au parterre, jusqu'à ce que les plus pressés s'en allassent. On s'égarait en d'interminables causeries sur la Pologne, la Russie, l'Angleterre et l'ancienne France (point du tout sur la nouvelle, comme de raison). Le prince aimait et on aimait à l'entendre se raconter : et cependant, après les heures de gaieté réelle ou factice, il puisait dans la rêverie mélancolique des réflexions éloquentes sur son passé si brillant : « Les souvenirs, s'écriait-il, on les appelle doux et tendres, et de telle façon qu'ils soient, je les appelle durs et amers... L'image des plaisirs innocents de l'enfance retrace un temps qui nous rapproche de celui où nous n'existerons plus. Guerre, amour, succès d'autrefois, lieux où nous les avons eus, vous empoisonnez notre présent. *Quelle différence*, dit-on; *comme le temps s'est passé; j'étais victorieux, aimé et jeune !* On se trouve si loin, si loin de ces beaux moments qui ont passé si vite, et qu'une chanson qu'on a entendue alors, un arbre au pied duquel on a été assis, rappellent en faisant fondre en larmes. *J'étais là*, dit-on, *le soir de cette fameuse bataille. Ici on me serra la main. J'avais bonne idée des hommes. Les femmes, la cour, la ville, les gens d'affaires ne m'avaient pas trompé. Mes soldats m'adoraient, mes paysans me bénissaient. Mes arbres croissaient; ce que j'aimais était encore au monde ou existait pour moi.* O mémoire ! mémoire ! elle revenait quelquefois au duc de Marlborough tombé en enfance et jouant avec ses pages; et un jour qu'un de ses portraits devant lequel il passa la lui rendit, il arrosa de pleurs ses mains qu'il porta sur son visage. » De telles pages ne sont pas rares dans l'œuvre du prince, et, après les avoir lues, on ne peut plus dire que le noir de l'imprimerie n'allait pas bien à son style.

Outre l'hôtel de Ligne, il possédait encore au Léopoldsberg, sur la montagne du Kalenberg qui domine Vienne, une habitation appelée : *Mon Refuge*, parce qu'il n'était pas plus exposé au progrès de la philosophie qu'aux inondations. Il s'y rendait les jours de soleil dans un vieux carrosse traîné par deux vieux chevaux *fatigués de l'existence*. Les bâtiments occupés par lui faisaient partie d'un ancien monastère : il y donna des bals où les dames couchaient tout habillées sur les divans qu'entouraient les grandes salles du couvent réparées et transformées en salons. sur la porte principale, il grava sa devise de famille.

Quo res cumque cadant, semper stat linea recta.

Sur le côté qui fait face au Danube, des vers français de sa composition :

Sans remords, sans regrets, sans crainte, sans envie
Je vois couler ce fleuve et s'écouler ma vie.

Uni d'amitié avec les lettrés les plus illustres de l'Allemagne, Gœthe, Wieland, Schlegel, entouré de ses charmantes filles, la princesse Clary, la comtesse Palfy, la princesse Flore et de sa petite-fille, la princesse Christine, oublié par la vieillesse et oubliant son âge, empressé auprès des femmes qui, à la vue de sa belle tête *de volcan d'esprit*, l'accueillaient comme s'il avait encore trente ans, adoré des Viennois, recherché de tous, écouté comme un oracle par les jeunes gens qu'il traita toujours en camarades, le prince de

Ligne s'efforçait de tirer de la vie la plus grande somme de sentiments, de sensations agréables, et cultivait avec talent l'art si difficile du bonheur. Mais son bonheur n'avait rien de personnel, et se multipliait par celui des autres ; c'est lui, par exemple, qui aplanit les obstacles soulevés contre le mariage de sa petite-fille Sidonie avec le comte François Potocki[1]. Les jours les plus heureux, pensait-il délicatement, sont ceux qui ont une grande matinée et une petite soirée. Heureux celui qui, par le prix qu'il met et le goût qu'il prend aux plus petites choses, prolonge son enfance ! — A Tœplitz, en Bohême, où il allait chaque année, il vécut dans l'intimité de Frédéric-Guillaume et réussit un instant à rapprocher les cours de Vienne et de Berlin. En juillet 1807, il vit Napoléon, *l'homme qui fait et défait les rois*, qu'il admirait comme *l'être le plus extraordinaire que la terre ait jamais porté*, mais il se contenta de le regarder du milieu de la foule, ne voulant rien demander et craignant d'être trop bien accueilli. Seulement il adressa cette question étrange à Talleyrand : « Mais où donc avez-vous fait connaissance avec cet homme-là ? Je ne pense pas qu'il ait jamais soupé avec nous ! et plus tard, lorsque l'empereur fut à l'île d'Elbe, il lui donna le surnom de Robinson Crusoé. Il alla sou-

---

1. Voir l'ouvrage si attachant de Lucien Perey, *Histoire d'une grande dame au XVIIIe siècle*, 2 vol. in-8° ; Calmann Lévy, édit.

vent à Schœnbrunn, où était le jeune roi de Rome, qui l'avait pris en affection, et, un jour, devant le comte de la Garde, il ne dédaigna pas de commander la manœuvre d'un régiment de uhlans en bois, que l'archiduc Charles venait d'envoyer au fils de Napoléon.

Il avait près de soixante-dix-huit ans, lorsqu'il songea à renvoyer officiellement l'amour : le 1er mai 1812, il traça sur les murs de son jardin ces quatre vers :

> Adieu, fortune, honneurs, adieu vous et les vôtres !
>   Je viens ici vous oublier ;
> Adieu, toi-même, amour, bien plus que tous les autres
>   Difficile à congédier.

Cependant des témoins autorisés affirment qu'il sut plaire jusqu'au dernier instant, en dépit du billet spirituel qu'il adressa à deux belles juives pour prendre congé d'elles : « Vous savez, mesdames, que j'ai toujours été un de vos admirateurs les plus empressés : vous n'avez ni enfants, ni chiens, ce qui m'a tout de suite donné une grande idée de votre mérite, mais mes jambes se refusent décidément à grimper vos escaliers. Adieu, vous êtes décidément les dernières que j'ai adorées au troisième. » Il lui restait les amours du rez-de-chaussée, du premier étage, et il ne s'en privait pas.

Le prince de Ligne avait l'air de faire les honneurs de Vienne à toute l'Europe civilisée, et aucun étranger marquant ne traversait cette ville sans solliciter l'honneur d'un entretien. Madame de Staël, lors de son voyage en Allemagne, fréquenta aussi la petite maison du rempart. « Prince, dit-elle en présentant Auguste de Staël, je viens chez vous mettre mon fils à l'école du génie. — Il y était déjà depuis sa naissance, » repartit gracieusement celui-ci. Ce compliment lui gagna le cœur, et, de son côté, le maréchal ne tarda pas à être conquis par le génie brillant de cette femme dont il disait que la tribune des salons semblait aussi nécessaire à son existence morale que les images le sont à sa pensée. Quand il lui rendit sa visite, elle s'excusa de l'exiguïté de l'appartement où elle le recevait: « Comment donc? madame, interrompit le prince, mais avec vous on est toujours sur le Parnasse ! » Ils s'écrivaient le matin des billets de quatre lignes ou de quatre pages, en attendant le soir pour se rencontrer. Alors commençaient de véritables assauts d'esprit où l'on eût été embarrassé de décerner le prix, tant cette lutte était courtoise et de bon goût, où, par une sorte de compromis réciproque, jamais un mot sérieux sur 1789 ne fut échangé; car les deux antagonistes n'auraient pu s'entendre sur un fait quelconque de la révolution. Une fois que le prince avait bien excité *les yeux de son interlocutrice, armés de toutes pièces contre sa pointe*, il était heureux : il allongeait ses mains jointes d'une certaine façon, comme il faisait *toujours après quel-*

que bêtise, tandis que madame de Staël tournait continuellement entre ses doigts une branche de peuplier garnie de deux ou trois feuilles, dont le frémissement était, disait-elle, l'accompagnement obligé de ses paroles : « Quand Corinne s'envolait au septième ciel par une explosion d'inimitable éloquence, le prince la ramenait petit à petit dans son salon de Paris ; quand lui, à son tour, se jetait follement dans les causeries parfumées de Versailles ou de Trianon, madame de Staël se hâtait d'indiquer en quelques paroles brèves et énergiques, à la manière de Tacite, l'arrêt de cette société condamnée à périr de ses propres mains... Vivacité d'expressions soudaines toujours polies et naturelles: causerie facile, presque négligée, qui allait de l'un à l'autre au hasard : soin extrême d'éviter toutes les aspérités de la parole ; bonhomie réciproque, si l'on peut se servir de ce mot, tel était le trait distinctif de ce feu d'artifice inouï, dont les merveilleuses fusées se retracent encore avec délices dans ma mémoire. »

Madame de Staël partageait la passion du prince pour la comédie de société, et tous deux la jouaient fort mal. Quant à lui, on ne lui laissait que les rôles effacés : le notaire du dénouement, le laquais qui apporte une lettre, encore s'embrouillait-il et arrivait-il en scène trop tôt ou trop tard; en revanche, il n'en voulait plus sortir et disait tout bas aux autres acteurs : « Mais, mon Dieu, est-ce que je vous gêne ? » A l'arrivée de madame de Staël, on monta plusieurs pièces, entre autres *Agar dans le désert*, qui était de sa façon, et *les Femmes savantes*, où elle remplit le rôle de Philaminte; le comte de Cobenzel joua Chrysale; sa sœur, madame de Rombeck, Martine; François Potocki et le jeune comte Ouvarof[1], Vadius et Trissotin.

L'enthousiasme de madame de Staël pour le prince de Ligne, le seul étranger, selon elle, qui, dans le genre français, fût devenu modèle au lieu de rester imitateur, lui suggéra l'idée de réveiller en France son souvenir : elle choisit avec beaucoup de goût et publia un livre extrait de ses œuvres volumineuses, qui obtint le plus grand succès. « On dirait, observait-elle dans la préface, que la civilisation s'est arrêtée en lui à ce point où les nations ne restent jamais, lorsque toutes les formes rudes sont adoucies, sans que l'essence de rien soit altérée. » Le prince lui témoigna une vive reconnaissance, et de l'avoir *ramassé*, et d'avoir remarqué qu'il avait aussi l'esprit sérieux et rêveur, bien qu'il n'aimât guère la mélancolie à la mode, bien qu'il affirmât que, faute d'esprit, on se donne l'air de penser, qu'on est pensif au lieu d'être penseur.

Le prince de Ligne avait eu un goût très vif pour Casanova; et lorsque, las de promener à travers l'Europe ses projets, ses secrets de magie, cet aventurier original se trouva à bout de ressources, il lui procura

---

1. Ouvarof, *Esquisses politiques et littéraires*, p. 122 et suiv.

à Dux, en Bohême, une charge de bibliothécaire chez son neveu le prince de Walstein. C'est lui qui disait qu'une femme n'a jamais que l'âge que lui donne son amant; lui qui, dans un dîner diplomatique, entendant un ministre demander, au sujet de Rubens : « Ce Rubens était donc un ambassadeur qui s'amusait à faire de la peinture ? » riposta hardiment : « Non, c'était un peintre qui s'amusait à être ambassadeur. » On pourrait faire un recueil de ses axiomes : « On venge l'esprit quand on trompe un sot. — Si tu n'as pas fait des choses dignes d'être écrites, écris au moins des choses dignes d'être lues. — Ma vie est ma matière, et ma matière est ma vie. » Ses souvenirs intarissables, les saillies de son imagination, son érudition pittoresque et ses manies elles-mêmes enchantaient le prince, qui définissait ses *Mémoires :* « Ceux d'un chevalier et du Juif errant. Chaque mot de lui, ajoute-t-il, est un trait, et chaque pensée un livre. »

Le marquis de Bonnay, un des habitués les plus intimes de l'hôtel de Ligne, cachait, sous des dehors très austères, un esprit vif et mordant, qui autrefois jeta sa gourme dans les *Actes des Apôtres.* François Potocki lui trouvait un ton de suffisance insupportable et lui reprochait de faire à Vienne *le quelqu'un.* C'est de lui que le prince de Ligne disait : « Croie qui voudra aux apparences; le marquis est marié et dévot, et il est taillé en célibataire et en athée. » Un soir qu'on jouait aux épitaphes, il improvisa celle-ci, qui amusa beaucoup la compagnie :

> Ici gît le prince de Ligne,
> Il est tout de son long couché ;
> Jadis il a beaucoup péché,
> Mais ce n'était pas à la ligne.

Le prince de Ligne présenta le comte Ouvarof et le mari de Sidonie à madame de Brionne [1], princesse de Lorraine, qui vivait à Vienne d'une pension de douze mille florins que lui faisait l'Empereur, portant avec la plus fière résignation la triple majesté de l'âge, de la noblesse et du malheur. Toujours active, jamais remuante, noble et élevée dans le grand, facile dans le détail, toujours aimable au degré où elle voulait l'être,

---

1. Un soir, la reine Marie-Antoinette ayant demandé au duc d'Orléans des détails sur les femmes qu'il avait vues dans la journée à la promenade de Longchamp. « Madame, répondit-il, il y en avait de deux sortes : les passables et les passées. » La duchesse de Brionne, prenant la dernière des épithètes pour son compte, fut outrée de cette impolitesse et répliqua : « Il paraît que Monseigneur se connaît mieux en signalements qu'en signaux (allusion au combat d'Ouessant, où l'on prétendait que le duc d'Orléans avait empêché son vaisseau de répondre aux signaux de l'amiral d'Orvilliers). Après la réponse de madame de Brionne, la reine se leva pour entrer dans ses grands appartements ; le duc d'Orléans la suivit, mais, arrivé à la porte, il se recula pour laisser passer la duchesse avant lui, ajoutant railleusement : « Beauté, passez ! » « Comme votre réputation, Monseigneur, » dit-elle, et elle accompagna ce trait sanglant d'une profonde révérence. — Voir les très intéressants *Mémoires* du comte de Rochechouart, in-8°, Plon, 1889.

n'ayant jamais déplu à qui que ce soit, pas même à son miroir, telle la peint l'Ami des hommes, le marquis de Mirabeau, qui, dans son admiration, va jusqu'à écrire assez plaisamment : « Si j'aimais le monde, je préférerais les jours de médecine de madame de Brionne aux jours de gala de toutes les autres. » Louis XV avait été fort amoureux d'elle et n'en avait obtenu que l'amitié la plus tendre; sa beauté éclatante, dont elle conservait des traces à près de quatre-vingts ans, inspira ce quatrain à la duchesse de Villeroy, qui lui envoyait une navette :

> L'emblème frappe ici vos yeux.
> Si les grâces, l'amour et l'amitié
> Peuvent jamais former des nœuds,
> Vous devez tenir la navette.

Après 1789, on lui proposa d'aller se cacher dans une petite ville, où elle échapperait plus aisément que dans son château à la persécution jacobine : « Paysanne, tant qu'on voudra ! répondit-elle; bourgeoise, jamais ! » Dans ce salon pauvrement meublé, à peine éclairé de deux bougies, elle apparaissait aux jeunes visiteurs comme une reine détrônée, comme Hécube. Alors, par un coup de baguette, rétrogradant de cinquante ans, on évoqua subitement Versailles et Trianon. Le passé redevint le présent, un présent en chair et en os : enivrés eux-mêmes d'une réalité factice, le prince de Ligne et madame de Brionne se mirent à parler comme s'ils eussent été à l'OEil-de-Bœuf ou dans les petits appartements. Louis XV était le roi de cette féerie : à ce roi de Lawfeld, de Fontenoy, si beau, si gracieux, la princesse passait la duchesse de Châteauroux, mais témoignait peu d'indulgence à madame de Pompadour ; quant à madame Du Barry, le prince osait à peine la nommer. Il fut décidé que si le duc de Choiseul n'avait pas été chassé par la cabale du duc de La Vauguyon, qui faisait croire au roi que M. de Choiseul avait empoisonné le dauphin, il serait encore à la tête des affaires et la révolution avortait. Quelle merveilleuse façon avait le duc de Choiseul de porter son cordon bleu ! Elle consistait à placer sa main d'une certaine façon dans sa veste entr'ouverte ; et quelle fierté dédaigneuse quand il disait de ses adversaires : « Eh ! que m'importe à moi que M. de Maupeou et M. de La Vauguyon se mangent le *jaune des yeux !* » On blâma fort la petite maréchale (madame de Mirepoix) d'avoir consenti, elle grande dame, à devenir la complaisante de toutes les maîtresses du roi. Quant au maréchal de Richelieu, il aurait été sans défaut si, seul à Versailles, il n'avait gardé les talons rouges et les formules complimenteuses du dernier règne. « Tout ce qu'il y avait de plus huppé à Versailles, toutes les grandes dames, avec leurs belles robes traînantes et leurs paniers, leur rouge et leurs mouches, tous les beaux jeunes gens poudrés, parfumés, pailletés, vinrent s'asseoir avec nous dans ce pauvre salon à demi barbare. C'était quelque chose de fascinateur et d'éblouissant qui ressemblait à l'acte de *Robert le Diable* où les morts sortent de leurs tombes et se mettent à danser avec les vivants. » Le comte Ouvarof ne revint à lui que lorsque, après deux heures passées dans ce cercle fantastique, il demanda en sortant quelle était la jeune personne peu jolie et très silencieuse qui avait tenu les yeux constamment baissés sur sa broderie sans prendre aucune part à la conversation. Le prince de Ligne lui nomma la princesse Charlotte de Rohan, nièce de madame de Brionne, qui passait pour avoir été mariée secrètement au duc d'Enghien, victime tragique du drame des fossés de Vincennes. Ce nom fut un coup de foudre qui fit évanouir les charmants fantômes et rejeta brusquement le questionneur dans le cercle d'airain de la réalité.

Au congrès de Vienne, qui s'ouvrit vers la fin de 1814, le prince de Ligne se vit l'objet des hommages, de l'admiration universelle, et, sans fonctions, sans titre officiel, apparut comme le maître des cérémonies de cette réunion incomparable de rois, de ministres, d'ambassadeurs, qui, dans le silence des armes, se flattaient de rendre la parole à la raison d'État. Sa verve aimable s'exerce sur les allures étranges de cette *foire diplomatique*, où le plaisir semblait devenu la seule chose importante, servait de décor ou de masque aux affaires sérieuses : un royaume se démembrait ou s'arrondissait dans une redoute, une indemnité s'accordait pendant un concert, un dîner cimentait un traité. Tous à l'envie recherchaient, répétaient les mots dont le prince se montrait prodigue : « Le congrès ne marche pas, mais il danse;... le tissu de la politique est tout brodé de fêtes... C'est une cohue royale : mais enfin, chose qu'on voit ici pour la première fois, le plaisir va conquérir la paix... Ce congrès, où les intrigues de tout genre se cachent sous les fêtes, ne ressemble-t-il pas à la *Folle journée?* C'est un imbroglio où les Almavivas et les Figaros abondent. Quant aux Basiles, on en trouve partout. Plaise à Dieu qu'on ne dise pas plus tard avec le gai barbier : « Mais enfin, qui trompe-t-on ici? » Dans ce conflit de prétentions, le maréchal ne réclame qu'un chapeau, parce qu'il use le sien à saluer les souverains qu'on rencontre à chaque coin de rue. Un jour que les faiseurs de nouvelles avaient imaginé le divorce de l'impératrice Marie-Louise et son mariage avec le roi de Prusse : « Mirabeau, observe-t-il, prétendait qu'il n'est si grossière sottise qu'on ne puisse faire adopter à un homme d'esprit, en la lui faisant répéter tous les jours pendant un mois par son valet de chambre. Mais, en vérité, les nouvellistes de Vienne nous supposent une foi trop robuste. Je ne sais pas comment Robinson, à son île d'Elbe, prendrait cette facétie. » Le prince trouvait même qu'on l'écoutait un peu trop et pestait parfois contre ces curieux importuns qui venaient frotter leur esprit au sien, quêter ses saillies, ses anecdotes, pour les colporter ensuite, défigurées, dans les salons : les petits mystères à l'oreille, les conversations dans une embrasure de fenêtre, les grandes discussions sur de petites choses l'agaçaient singulièrement, et il se plaignait de faire de la dépense d'esprit pour des gens qui n'en valaient guère la peine. Cependant, en bon soldat, il ne veut pas quitter la brèche; en bon acteur, il compte ne se retirer qu'à la chute du rideau, se met au nombre des marionnettes parlantes, laisse aux marionnettes agissantes les hauts emplois de la comédie; il désire vivre, ne fût-ce que par curiosité, et ne se soucie point de donner le spectacle de l'enterrement d'un feld-maréchal pour amuser le parterre blasé de la salle du congrès.

Il le donna cependant : au commencement de décembre, il prit un refroidissement dans un rendez-vous, et, le lendemain, au bal de la Redoute, il eut l'imprudence de sortir sans manteau, par un froid de dix degrés, pour reconduire des dames jusqu'à leur voiture. La fièvre, un érysipèle se déclarèrent et bientôt firent des progrès effrayants. D'abord il crut que *la Camarde* aurait tort cette fois encore; lui qui ne manquait guère à ses rendez-vous, il se flatta de faire défaut au rendez-vous éternel; il ajournait les vers qu'il voulait, comme Adrien, adresser à son âme prête à s'envoler, parlait de revoir Bel-Œil, les champs de bataille où il s'était distingué, rappelait les souvenirs de l'enfance. D'ailleurs, la mort ne l'effrayait point : il se la représentait comme une vieille femme, bien conservée, grande, belle, auguste, douce et calme, les yeux ouverts pour nous recevoir. « J'ai toujours aimé la mort de Pétrone, disait-il ; voulant mourir voluptueusement comme il avait vécu, il se fit exécuter une musique charmante, réciter les plus beaux vers : quant à moi, je ferai mieux : entouré de ce que j'aime, je finirai dans les bras de l'amitié. Je le sens, l'âme a usé son vêtement : je n'ai plus la force de vivre, mais j'ai encore celle de vous aimer. » A ces mots, ses filles se jetèrent sur son lit en baisant ses mains qu'elles arrosaient de larmes. « Que faites-vous donc ? leur dit-il, en les retirant : mes enfants, je ne suis pas pas encore saint ; me prenez-vous donc pour une relique ?... » Cette plaisanterie émut douloureusement les assistants. Vers le soir, il eut une violente crise, suivie d'un accablement profond ; puis il semble se ranimer, se lève sur son séant, prend l'attitude d'un homme qui veut combattre, et, les yeux étincelants, crie d'une voix forte : « En avant ! Vive Marie-Thérèse ! » appelle à son aide, voit à ses côtés la mort, ordonne qu'on la chasse, et bientôt, retombant sans connaissance sur son oreiller, il expire. C'était le 13 décembre 1814.

Ses funérailles furent célébrées avec un éclat que n'avait pas eu jusqu'alors le convoi d'un particulier : sa compagnie de trabans entourait le char ; derrière venaient huit mille hommes d'infanterie, plusieurs escadrons de toutes armes, quatre batteries d'artillerie, toute la population viennoise qui le pleurait, une foule de maréchaux, de généraux de presque toutes les nations de l'Europe : parmi eux, le prince de Lorraine, le prince Auguste de Prusse, le duc de Saxe-Weimar, le prince Philippe de Hesse, le prince Schwarzenberg, les comtes Colleredo, Radetzky, Niepperg, de Witt, le duc de Richelieu, l'amiral Sidney Smith. Le cortège se rendit à l'église des Écossais où avait lieu le service : sur le rempart, debout, tête nue, l'empereur Alexandre et le roi Frédéric-Guillaume étaient venus rendre un dernier hommage à l'ami de Catherine II, de Frédéric II. Après la cérémonie, on se dirigea vers la petite église de Kalenberg [1], où le prince avait déclaré vouloir être inhumé. Au moment où l'on déposait le cercueil dans le tombeau, le soleil, perçant tout à coup l'épais brouil-

---

1. Les tombes du prince de Ligne, de sa femme, de sa petite-fille, sont dans un petit cimetière, aujourd'hui fermé, à quelques pas au-dessous du grand hôtel-restaurant qui occupe le sommet de la montagne. Voici les épitaphes qu'on a gravées sur les pierres tumulaires :

1) CAROLO. LAMORALIO.
PRINC. A. LIGNE.
SUPER. EXERC. DUCI.
PROETOR. PROEF.
VIRO FORTI
LITTERATORI. CONSP.
NAT. XXIII. MAII
MDCCXXXV
OB. XIII DEC.
MDCCCXIV.

lard, vint illuminer l'église et dorer les vitraux. « Il sembla, dit Genz, qu'il voulût aussi saluer une dernière fois ce favori de Dieu et des hommes. »

Le xviii° siècle a vu mourir bien des choses, présidé à bien des métamorphoses, fait éclore, mûrir et fructifier bien des idées, il a beaucoup démoli et beaucoup reconstruit. Dans cette vieille société tout enivrée de la douceur de vivre, aussi aveugle au danger que ces

2) FRANCISCÆ. XAV.
PRINC. A. LIGNE
NAT. PRINC.
A LIECHTENSTEIN.
NATA. XXVII. NOV.
MDCCXXXIX
OB. XVII. MAII
MDCCCXXI.

3) HANC
ÆDEM. ÆTERNÆ. QUIETIS.
CARÆ. CONSORTI. SUÆ.
SIDONIÆ.
DE. GENTE. PRINCIPUM. DE. LIGNE.
X. DECEMBRIS. MDCCLXXXVII. NATÆ.
VIII. SEPTEMBRIS. MDCCCVII. SPONSÆ
XIV. MAII. MDCCCXXVIII. DENATÆ.
FRANCISCUS. COMES. A. POTOK.
IN. IBARAZ. BRODY. etc.
POTOCKI.
MOESTUS. EREXIT.

Grecs du Bas-Empire qui n'avaient d'yeux que pour les acteurs du cirque, tandis que les barbares escaladaient les murailles et pénétraient dans la ville, dans ces salons de l'ancien régime, que la Révolution va fermer brusquement, la science de la conversation avait produit ses fruits les plus exquis, consacré le règne aimable de la femme, et, en masquant les défauts, raffiné, embelli les vertus sociales : le tact, l'esprit, la politesse, la grâce : la grâce, fleur de chevalerie, parfum subtil et rayonnant, élixir de civilisation, fait d'une foule de riens charmants, dans lequel viennent se fondre, comme dans une symphonie, toutes les notes du clavier humain : la voix, le geste, le sourire, la beauté, la bravoure, l'élégance et parfois la profondeur de l'âme. Au rebours des penseurs, les foules vont de l'absolu au relatif, de l'abstrait au concret; au lieu de généraliser, elles particularisent; elles ont besoin de symboles et d'emblèmes, de points de repère, de jalons sur les grandes routes de l'histoire, de noms qui représentent les qualités qu'elles admirent, les sentiments dont se compose la trame de la vie, avec lesquels elles se réjouissent, souffrent, meurent. Le prince de Ligne est un de ces emblèmes : au milieu de ses contemporains, aux yeux de la postérité, il apparaît comme l'arbitre de toutes les élégances, le premier par la grâce et l'art de plaire, supérieur à Ségur, à Boufflers eux-mêmes, et, tout compte fait, l'égal de Talleyrand, courtisan moraliste, écrivain incomplet, mais roi de la causerie écrite, ayant laissé des lettres et quelques portraits, qui, pour la verve, la vie et l'éclat, seront cités et relus aussi longtemps qu'il y aura des gens amoureux de l'esprit [1].

[1]. Cette étude a paru dans la *Revue des Deux-Mondes* (1ᵉʳ avril 1889), elle semble hors de proportion avec les autres notices du volume, mais le prince de Ligne m'a paru mériter ces développements parce qu'il réalise, à mes yeux, un type unique : Chamfort avait autant d'esprit que Rivarol; Boufflers trouvait en Ségur un rival dans l'art de tourner de jolis vers, l'abbé Maury se montrait aussi prompt à la réponse que Mirabeau; Ligne domine tous ses contemporains par le charme et la puissance de séduction. « Mon talent à moi, c'est l'esprit, » disait Duclos; le prince de Ligne aurait pu dire aussi justement : « Mon génie, à moi, c'est la grâce. »

II

BEAUMARCHAIS[1]

Une existence mouvementée et romanesque. — Devise de Beaumarchais ; ses Mémoires judiciaires. — *Quès-à-co?* — *Le Barbier de Séville.* — Prose matérialiste et sensuelle. — Coupures faites par l'auteur et la censure. — Les ancêtres de Figaro. — Définition de l'intrigue. — La première représentation du *Mariage*. — Beaumarchais prend son bien où il le trouve. — Le chant du cygne de sa sœur Julie. — L'idée de la scène de Basile empruntée aux *Mémoires de Retz.* — Un courtisan déconcerté. — Sophie Arnould ; son esprit et l'esprit qu'on lui prêta : riposte à la duchesse d Chaulnes. — Orphelines de père et de mère. — Ce que vaut la sagesse d'une actrice. — Une pièce qui tombera... quarante fois de suite. — Attaques contre Beaumarchais. — *Eugénie.* — *Les Deux Amis.* — *Tarare.* — Mirabeau, Bergasse. — La reconnaissance de la Révolution.

La vie de Pierre-Augustin Caron de Beaumarchais est aussi mouvementée que celle de certains présidents de républiques américaines, aussi amusante qu'un ro-

[1]. Né à Paris en 1732, mort en 1799. — *Théâtre de Beaumarchais*, notice d'Auger, Didot, 1831. — *Théâtre*, avec notice de Saint-Marc-Girardin, 1861, Furne. — *Théâtre*, avec notice de Louis de

man d'Alexandre Dumas. Il réalise la légende de Protée, met la main dans la plupart des événements, mène de front les besognes les plus diverses, se délasse des affaires avec les belles-lettres [1], escompte le hasard, excelle à concilier son intérêt particulier avec l'intérêt public, tantôt au faîte de la popularité, tantôt au dernier degré du discrédit, chargé par le roi de missions secrètes et puis envoyé par lui au For-l'Évêque ou à Saint-Lazare, diplomate marron, conseiller intime de plu-

---

Loménie, 1863, Calmann Lévy. — *Mémoires de Beaumarchais*, 1857, Garnier. — Sainte-Beuve, *Causeries du Lundi*, t. VI. — Marc-Monnier, *Les Aïeux de Figaro*, 1866, in-8. — Paul Bonnefon, *Beaumarchais*, 1887. — Ricard, *Une victime de Beaumarchais, Marin*; Plon, 1885. — Étienne Barberot, *Beaumarchais avocat*, Dijon, Jacquot, 1877. — De Loménie, *Beaumarchais et son temps*, 2 vol., Calmann Lévy. — *Théâtre choisi*, avec une préface d'Auguste Vitu, Jouaust, 2 vol., 1882. — Paul Huot, *Beaumarchais en Allemagne*, 1869, in-8. — D'Arneth, *Beaumarchais und Sonnenfels*, 1867, in-8. — *Souvenirs d'Arnault*. — *Biographie universelle*, art. d'Esménard. — Villemain, *Littérature française*. — Saint-Marc-Girardin, *Essais de littérature et de morale*. — Geoffroy, *Cours de littérature dramatique*. — *Œuvres de Beaumarchais*, éditées par Gudin, 1809. — *Théâtre complet de Beaumarchais*, publié par Marescot et d'Helly, 1869, 4 vol. in-8, librairie des Bibliophiles. — De Lescure, *Étude sur Beaumarchais*. — C. Lenient, *La Comédie en France au XVIIIe siècle*, 2 vol., Hachette, 1888. — Lintilhac, *Beaumarchais et ses Œuvres*.

1. Beaumarchais ne regarde pas la littérature comme un gagne-pain, une profession; il pense avec Voltaire, qu'elle est le premier des beaux-arts et le dernier des métiers.

sieurs ministres, condamné au blâme, c'est-à-dire à la dégradation civique, par le parlement Maupeou, qu'il a ridiculisé dans ses mémoires judiciaires, et vengé par la cour et la ville qui se font inscrire à l'envi chez lui, par le prince de Conti qui l'invite à dîner, *voulant donner un exemple de la manière dont il faut traiter un si grand citoyen*[1] ; né pauvre, enrichi et ruiné plusieurs fois, plaideur éternel, forçant les comédiens à reconnaître le principe de la propriété littéraire et dramatique; dépensant un million pour une édition de Voltaire, ayant un moment quarante vaisseaux sur les mers, faisant combattre sa marine avec les vaisseaux de l'État, décorer ses officiers, complimenté par le comte d'Estaing, fournisseur des États-Unis et contribuant à décider l'intervention de la France dans la guerre de l'Indépendance, protégeant des princes auprès de l'archevêque de Paris, révolutionnaire sans le savoir, mettant le feu aux matériaux amoncelés par Diderot, Voltaire, Jean-Jacques, persécuté pendant la Révolution, agent du comité de Salut public qui le laisse porter sur la liste des émigrés, ne s'oppose ni à la saisie de ses biens, ni à l'emprisonnement de sa famille, réduit alors à un tel degré de misère que, dans son grenier de Hambourg, il éteint une allumette pour s'en servir deux fois. Rentré dans sa patrie à soixante-

---

[1]. Ce n'est pas tout d'être *blâmé*, lui disait spirituellement M. de Sartine : il faut encore être modeste.

cinq ans, malade, sourd, mais toujours persévérant, prompt à prendre son parti, à recommencer la lutte, et, lorsqu'il mourut, s'épuisant en procès pour ressaisir sa fortune; seulement cette fois, il n'avait plus pour adversaires un comte de La Blache, un conseiller Goëzman, il plaidait contre la République française et la République des États-Unis, deux débitrices qui jouissaient alors d'une bien mauvaise réputation ; intelligence encyclopédique, doué d'une gaieté inaltérable, excellent pour sa famille, dévoué à ses amis, loyal, généreux avec ostentation, homme à bonnes fortunes et, jusqu'à la fin, de mœurs priapiques, adoré de ses trois femmes et de ses maîtresses, assez fat (il se compare quelque part à Alcibiade et s'imagine que si on lui interdit de continuer ses leçons de musique à Mesdames de France, filles de Louis XV, c'est qu'on a craint que son charme ne montât au bonnet de Madame Adélaïde). Il a, disait d'Andilly, le cœur d'un honnête homme et *souvent le ton d'un bohème* : au demeurant bon homme et sensible[1], habile à tirer parti d'une sottise ou d'un échec, présomptueux, enthousiaste et positif, fertile en expédients et médiocrement scrupuleux, plus souvent dupé que dupeur, esprit sans cesse pétillant, tout en saillies, ingénieux et subtil, malin

---

1. Il avait écrit sur le collier de sa chienne : « Beaumarchais m'appartient ; je m'appelle Follette, nous demeurons rue Vieille-du-Temple »

sans méchanceté, sautant en une minute d'un pôle à l'autre pôle du monde des idées, caractère hardi, allant jusqu'à la témérité, plus ambitieux d'influence et d'argent que de considération, avec un mélange de sens pratique et de rêverie qui confond l'imagination : tant d'aventures, tant de contrastes, font de Beaumarchais un type étrange, qui, sans éveiller le sentiment de la grandeur morale[1], attire l'attention, inspire la curiosité pour ce mouvement intense, cette puissance de métamorphose, ce mélange de bien et de mal et ce conflit de talents qui reflètent en quelque sorte la fin d'un ordre social et le commencement d'un autre[2].

Les *Mémoires*, le *Barbier de Séville*, le *Mariage de Figaro*, sont les trois œuvres où éclate son génie. Menacé dans sa fortune et son honneur, traqué par d'impitoyables ennemis, qui l'accusent d'avoir empoisonné ses deux femmes[3], presque ruiné par l'animosité du comte de La Blache qui, disait-il, le haïssait comme il aime

---

[1]. Il prit pour devise un tambour avec ces mots : *Non sonat nisi percussus*; il ne résonne qu'étant frappé.

[2]. Ce qui nous paraît certain, c'est que pour donner toute la mesure de ses brillantes facultés, pour arriver à tout, pour figurer dans l'histoire de son pays avec autant de puissance et d'éclat qu'il y a figuré avec agitation et avec bruit, il n'a manqué à Beaumarchais que de venir au monde cinquante ou soixante ans plus tard (Loménie, t. II, p. 554.)

[3]. Il est trop drôle et trop gai pour être de la famille de Locuste. (Voltaire.)

sa maîtresse, il se retourne brusquement, fait appel à l'opinion publique, l'émeut, la passionne. Beaumarchais a pour lui les jeunes gens, les femmes, tous les magistrats de l'ancien parlement. Il a mis le feu aux poudres, poussé à l'extrême l'ironie, accru l'invective, étalé sans pudeur les abus de l'antique routine, levé le voile sur les arcanes de la procédure, introduit au palais le principe de la publicité; par-dessus tout, il a mis en scène, marqué d'un stigmate ineffaçable ses adversaires, chacun d'eux est saisi sur le vif, chargé, au besoin caricaturé, mis au point; ils parlent, ils agissent comme des personnages de comédie. Voltaire, Horace Walpole, Bernardin de Saint-Pierre, les Allemands s'enflamment pour les plaidoyers de Beaumarchais; une jeune fille donne à Gœthe l'idée de transformer en drame l'épisode de Clavijo. « Quel homme! écrivait Voltaire, il réunit tout, la plaisanterie, le sérieux, la raison, la gaieté, la force, le touchant, tous les genres d'éloquence, et il n'en recherche aucun, et il confond tous ses adversaires, et il donne des leçons à ses juges. Sa naïveté m'enchante, je lui pardonne ses imprudences et ses pétulances... Si le *Barbier de Séville* ne réussit pas, dites à Beaumarchais de faire jouer ses *Mémoires*. »

Beaucoup de ces pages, sans doute, ont vieilli, et rappellent les carcasses des feux d'artifice qu'on voit le lendemain d'une fête; quelques-unes méritent de survivre. Comment ne pas se remémorer cette réponse au conseiller Goëzman, gentilhomme de la veille, qui lui reprochait sa roture. « ... Savez-vous bien que je prouve déjà près de vingt ans de noblesse, que cette noblesse est bien à moi, en bon parchemin scellé du grand sceau de cire jaune ; qu'elle n'est pas comme celle de beaucoup de gens, incertaine et sur parole, et que personne n'oserait me la disputer, car *j'en ai quittance?* » Et ce début du quatrième Mémoire, lorsque, supposant un dialogue avec Dieu, « l'Être bienveillant qui veille à tout » le pamphlétaire entend cette prédiction : « Je suis celui par qui tout est, sans moi tu n'existerais point ; je te douai d'un corps sain et robuste : j'y plaçai l'âme la plus active ; tu sais avec quelle profusion je versai la sensibilité dans ton cœur et la gaieté sur ton caractère : mais pénétré que je te vois du bonheur de penser, de sentir, tu serais aussi trop heureux, si quelques chagrins ne balançaient cet état fortuné : tu vas être accablé sous des calamités sans nombre, déchiré par mille ennemis, privé de la liberté de tes biens, accusé de rapines, de faux, d'imposture, de corruption, de calomnie... »

Et lui, se prosternant humblement, répondait à l'Être des Êtres : « Je te dois tout, le bonheur d'exister, de penser et de sentir ; je crois que tu nous as donné les biens et les maux en mesure égale ; je crois aussi que ta justice a tout sagement compensé pour nous, et que la variété des peines et des plaisirs, des craintes et des espérances, est le vent frais qui met le navire en branle et le fait avancer gaiement dans sa route. »

Mais, puisqu'il doit avoir des ennemis, il sollicite le droit de les choisir, avec les défauts qu'il désigne, et alors, dans quelques maîtresses pages que Sainte-Beuve déclare comparables aux dernières *Provinciales de Pascal*, il les dessine un à un, les livrant à la risée du public : « Suprême bonté, s'il est encore écrit que quelque intrus doive s'immiscer dans cette horrible affaire et prétendre à l'honneur de l'arranger, en sacrifiant un innocent et en me jetant moi-même dans des embarras inextricables, je désirerais que cet homme fût un esprit gauche et lourd ; que sa méchanceté maladroite l'ait depuis longtemps chargé de deux choses incompatibles jusqu'à lui, la haine et le mépris public. Je demanderais surtout, qu'infidèle à ses amis, ingrat envers ses protecteurs, odieux aux auteurs dans ses censures, nauséabond aux lecteurs dans ses écritures, terrible aux emprunteurs dans ses usures, colportant les livres défendus, espionnant les gens qui l'admettent, écorchant les étrangers dont il fait les affaires, désolant pour s'enrichir les malheureux libraires : il fût tel enfin dans l'opinion des hommes, qu'il suffit d'être accusé par lui pour être présumé honnête ; son protégé, pour être à bon droit suspecté : *Donne-moi Marin*[1] *!*

---

1. L'interrogation provençale : *Quès-a-co ?* (Qu'est-ce que cela ? qui termine le second portrait de Marin, parut si plaisante à la

» Que si cet intrus doit former le projet d'affaiblir un jour ma cause, en subornant un témoin dans cette affaire ; j'oserais demander que cet autre *algouzin* fût un cerveau fumeux, un capitan sans caractère, girouette à tous les vents de la cupidité, pauvre hère qui, voulant jouer dix rôles à la fois, dénué de sens pour en soutenir un seul, allât, dans la nuit d'une intrigue obscure, se brûler à toutes les chandelles, croyant s'approcher du soleil ; et qui, livré sur *l'escarpolette de l'intérêt*? à un balancement perpétuel, en eût la tête et le cœur étourdis, au point de ne savoir ce qu'il affirme, ni ce qu'il a dessein de nier : *Donne-moi Bertrand!* »

Donne-moi Marin! Donne-moi Bertrand! Donne-moi Baculard! Quant au comte de La Blache, au conseiller Goëzman, au premier président de Nicolaï, il ne les nomme pas, mais il les peint de telle sorte que chacun les a déjà reconnus. Et si l'on songe qu'à cette époque on vivait sous le régime légal d'une ordonnance de 1769, qui punit *de mort tout auteur d'écrits tendant à émouvoir les esprits*, on se rappelle la définition de la vieille monarchie : un gouvernement

---

dauphine, qu'elle devint un quolibet de cour et que sa marchande de modes donna ce nom de *Quesaco* à une coiffure nouvelle, composée d'un panache à plumes, que les femmes portaient sur le sommet de la tête. « Cette coiffure, dit Bachaumont, perpétue l'opprobre de Marin, bafoué jusqu'aux toilettes. »

absolu tempéré par des chansons... Et par l'opinion publique, faudrait-il ajouter.

D'ailleurs l'ennemi était dans la place : Beaumarchais a pour lui Marie-Antoinette, des princes, des grands seigneurs enchantés de montrer qu'ils ne sont pas de ces petits hommes qui *redoutent les petits écrits,* et qui veulent avant tout s'amuser, fût-ce au prix d'une révolution. Que feront contre l'engouement général le roi, quelques censeurs clairvoyants comme Suard? Ils défendent de jouer et le *Barbier de Séville* et le *Mariage de Figaro*[1]. Vaines interdictions, inutiles avertissements, retards destinés à augmenter davantage l'éclat du triomphe! Peuples, partis, individus, ne sont-ils pas toujours les artisans de leur propre ruine[2]? L'autorité consentait à se voir berner sur les planches, la noblesse prenait part à sa propre mystification. Il y a quelque chose de plus fou que ma pièce, c'est son succès, remarque Beaumarchais. Napoléon a dit de Figaro que « c'était la Révolution en action ».

Beaumarchais ne pensait guère à composer des pièces révolutionnaires : obéissant au goût du jour, il faisait un Figaro satirique, philosophe, raisonneur[3] et déjà

1. *Le Barbier* fut représenté le 23 février 1775, le *Mariage*, le 27 avril 1784.
2. « Le colin-maillard poussé trop loin finira par la culbute générale, » écrivait le marquis de Mirabeau.
3. « Le hasard a mieux fait que nous tous, ma petite; ainsi va le monde, on travaille, on projette, on arrange d'un côté, la fortune accomplit de l'autre. »

un peu prétentieux; plus gai, plus naturel dans *le Barbier*, plus frondeur dans *le Mariage*, et croyait se venger du duc de Chaulnes, de Fronsac, de La Vrillière en parlant des puissants de quatre jours, si légers sur le mal qu'ils ordonnent, qui se *sont donné la peine de naître*, « tandis que lui, morbleu! perdu dans la foule obscure, il lui a fallu plus de science et de calculs pour subsister seulement, qu'on n'en a mis depuis cent ans à gouverner toutes les Espagnes [1] ». Et, en effet, il a

---

1. La censure et l'auteur firent beaucoup de coupures dans *le Barbier* et *le Mariage*. Ainsi lorsque Almaviva se promène sous les fenêtres de Rosine, il ajoutait cette phrase alambiquée : « Tous nos vallons sont pleins de myrte, chacun peut en cueillir aisément; un seul croît au loin sur le penchant du roc, il me plaît, non qu'il soit plus beau, mais moins de gens l'atteignent. » Plus loin Figaro gâtait cette excellente saillie : *C'est la misère*, par cette grosse charge : « Sans compter que j'ai perdu tous mes pères et mères; depuis l'an passé, je suis orphelin du dernier. » Les portraits de Rosine, de Bartholo, s'inspiraient d'abord de l'ancien langage, celui de Rabelais, des tréteaux de la foire. Voici, par exemple, Bartholo à la première représentation : « C'est un beau, gras, court, jeune vieillard, gris pommelé, rasé, rusé, blasé, frisqué et guerdonné comme amoureux en baptême, à la vérité; mais chassieux, jaloux, sottin, goutteux, marmiteux, qui tousse et crache, et gronde, et geint tour à tour. Gravelle aux reins, perclus d'un bras et déferré des jambes; le pauvre écuyer! s'il verdoie encore par le chef, vous sentez que c'est comme la mousse ou le gui sur un arbre mort; quel attisement pour un tel feu! » De même avant la suppression du cinquième acte, Figaro lançait une foule de plaisanteries équivoques sur les médecins, les femmes, la mythologie. — Au premier acte du *Mariage*, il aborde Bartholo avec ces mots : « Bonjour, cher docteur de mon cœur, de mon âme, et *autres viscères*. » Au comte Alma-

eu plus de peine à faire jouer sa pièce qu'à l'écrire. Figaro, c'est Beaumarchais lui-même, démarqué, transposé en quelque sorte, affublé d'un léger déguisement espagnol, donnant à l'esprit français une nouvelle forme, professeur d'insolence et de cynisme ; c'est « un jeune homme ardent au plaisir, ayant tous les goûts pour jouir, faisant tous les métiers pour vivre, maître ici, valet là, selon qu'il plaît à la fortune; ambitieux par vanité, laborieux par nécessité, mais paresseux... avec délices! orateur selon le danger, poète par délassement, musicien par occasion, amoureux par folles bouffées... » Figaro-Beaumarchais a eu maille à partir avec la censure. Haro contre la censure! « On me dit... qu'il s'est établi dans Madrid un système de liberté sur la vente des productions, qui s'étend même à celles de la presse; et que, pourvu que je ne parle en mes écrits, ni de l'autorité, ni du culte, ni de la politique, ni de la morale, ni des gens en place, ni des corps en crédit, ni de l'Opéra, ni des autres spectacles, ni de personne qui tienne à quelque chose, je puis tout im-

viva, et en parlant de la comtesse: « A sa place, moi, je ne dis pas ce que je ferais. — LE COMTE. Je te le permets! — FIGARO. Quelque sot. — LE COMTE. Je te l'ordonne. — FIGARO. Instruite de vos faits et gestes, et prenant conseil de l'exemple, je vous solderais vos petits bâtards en un bon gros enfant légitime... et puis cherche ! » Beaumarchais multiplie, caresse avec complaisance les mots, les situations qui ont un tour plus ou moins licencieux: cette prose scintillante, capricieuse et dansante, est en quelque sorte matérialiste et sensuelle.

primer librement, sous l'inspection de deux ou trois censeurs. » Figaro songe à obtenir une place, mais par malheur il y était propre [1] : « Il fallait un calculateur, ce fut un danseur qui l'obtint. » Figaro se rit des courtisans : « Recevoir, prendre et demander, voilà le secret en trois mots ». Dans le type de Brid'oison, je vois se dessiner une revanche contre Goëzman et Nicolaï. Quant aux médecins, il suit la tradition de Molière, mais en prêtant à Bartholo des maximes qui affaiblissent le respect du pouvoir : « Quand une chose est vraie ! — Si je ne veux pas qu'elle soit vraie ! je prétends bien qu'elle ne soit pas vraie. Il n'y aurait qu'à permettre à tous ces faquins-là d'avoir raison, vous verriez bientôt ce que deviendrait l'autorité. » D'ailleurs, le Figaro du *Mariage* est devenu bel esprit de profession, il pose, il régente, a des prétentions à l'omniscience, il est même un peu tribun : « De l'esprit pour s'avancer ! Monseigneur se rit du mien. Médiocre et rampant, et l'on arrive à tout. — Le Comte : Il ne faudrait qu'étudier un peu sous moi la politique. — Je la sais… [2]. Feindre d'ignorer ce qu'on sait, de

---

1. « Il méritait cette place à tous égards, cependant il l'obtint, » dit de Maistre dans le même sens.

2. « Ses aventures donnent la clef de ses œuvres, et ses œuvres n'en sont qu'un épisode, tandis qu'elles sont la vie même d'un artiste digne de ce nom. » (Auguste Vitu.) — « La médecine, dit Bartholo, un art dont le soleil éclaire les succès. — Et dont la terre s'empresse de couvrir les bévues, » riposte Almaviva.

savoir tout ce qu'on ignore, d'entendre ce qu'on ne comprend pas, de ne point ouïr ce qu'on entend, surtout de pouvoir au delà de ses forces, avoir souvent pour grand secret de cacher qu'il n'y en a point, s'enfermer pour tailler des plumes et paraître profond, quand on n'est, comme on dit, que vide et creux; jouer bien ou mal un personnage; répandre des espions et pensionner des traîtres, amollir des cachets, intercepter des lettres et tâcher d'ennoblir la pauvreté des moyens par l'importance des objets : voilà toute la politique, où je meurs. — Eh! répondrons-nous avec le comte, c'est l'intrigue que tu définis. » Oui, l'intrigue; et comment Beaumarchais, esprit positif, ironique et nullement idéaliste, eût-il compris la grande politique, aussi rare que la passion, et trop souvent elle-même voilée par l'intrigue, dont elle s'enveloppe, comme une fée couverte de sordides haillons ? Et ne jugeait-il pas la politique avec son caractère, mesurant les autres à son aune, lui le négociateur de l'affaire Morande, de celle du chevalier d'Éon, lui qui, après avoir composé un pamphlet contre Marie-Antoinette, fabrique de toutes pièces un Angelucci soi-disant éditeur de ce libelle, le poursuit à travers l'Allemagne, imagine une attaque de brigands, de fantastiques blessures, propose à l'impératrice Marie-Thérèse de greffer un second faux sur le premier, et, surpris en flagrant délit d'imposture, ne doit sa mise en liberté qu'à l'intervention de M. de Sartine qui, se sentant responsable de cette équipée, couvrit de son mieux l'agent infidèle? Figaro définit l'intrigue, Beaumarchais la pratique. Et quelle intrigue ? Une tentative honteuse de chantage, une escroquerie d'une centaine de mille francs : on ne sait ce qu'il faut admirer le plus, l'impudence de l'envoyé, la faiblesse d'un gouvernement qui tolérait de pareils actes. Parménon, Pantomalus, Geta, Daves, Liban, Agnelet, Sancho Pança, Tabarin, Turcaret, Scapin, Frontin, Pasquin, Crispin, Arlequin, Gil Blas, le Neveu de Rameau, voilà bien les aïeux de Figaro : est-ce exagérer que de placer dans sa nombreuse postérité les plus hardis héros de nos romanciers, Rastignac, Nucingen, Camors, Giboyer et tant de personnages, plus soucieux de faire du bruit profitable que du bien modeste? Figaro serait aujourd'hui ministre et l'un des princes de la finance.

En 1783, le comte de Vaudreuil obtint enfin la permission de faire jouer *le Mariage de Figaro* à Gennevilliers : toute la cour, le comte d'Artois, la duchesse de Polignac assistaient à la représentation. Beaumarchais était dans l'ivresse et madame Lebrun raconte que, les dames se plaignant de la chaleur, il cassa les carreaux avec sa canne, ce qui fit dire qu'il avait doublement cassé les vitres. Enfin, le 27 avril 1784, les dernières défenses sont levées et la pièce, jouée à Paris, dépasse cent représentations, devient un des grands événements de l'époque. Bachaumont, Grimm, La Harpe ont décrit cette grande première, la duchesse de Bourbon envoyant à onze heures des valets de pied au guichet attendre la distribution des billets indiquée pour quatre heures seulement, les cordons bleus confondus dans la foule, se coudoyant avec les Savoyards, des femmes de qualité dînant dans les loges des actrices afin d'entrer les premières, la garde dispersée, des portes enfoncées, des grilles de fer brisées par les assaillants, trois personnes étouffées, le parterre électrisé, mademoiselle Dugazon applaudie avec le même entrain que le bailli de Suffren, et, pour compléter le tableau, Beaumarchais assistant à cet imbroglio prophétique dans une loge grillée, entre deux abbés, ses convives, dont la présence lui avait paru indispensable, afin de se faire administrer, en cas de mort, *des secours très spirituels*.

Il venait de divulguer le secret de l'empire, de révéler à la foule la pensée de la foule : la ruine du respect et de l'ordre social, de la décence publique. Il était en même temps cause et effet, enregistrant le fait accompli, posant les prémisses dont on allait tirer de si terribles conséquences. Voici comment un témoin oculaire, Carion de Nisas, a jugé cette mémorable journée : « La foule était immense; les impressions qu'elle reçut, les sensations qu'elle éprouva, l'étonnement qui la saisit de scène en scène, de phrase en phrase, sont indéfinissables. Étourdi du cynisme de l'intrigue, médusé par la hardiesse et la tournure d'un style inconnu jusque-là, et pressentant tout ce que les mœurs politiques allaient en ressentir, le public, tantôt abimé dans ses réflexions, tantôt soulevé comme par des effets de galvanisme, passait du plaisir à la frayeur, du blâme à l'enthousiasme, palpitait, trépignait, s'épuisait en cris, en bravos, et se demandait s'il n'était pas le jouet d'un rêve, la victime d'un cauchemar... Et, quand la chute du rideau eut mis fin à toutes ces émotions, le trouble des esprits était tel qu'on se retirait en silence, faute de savoir ce qu'on devait penser de tant de choses en cinq actes[1], et surtout comment la cour et la ville allaient s'entendre. Un peu plus de cinq ans après, le 27 avril 1784 rebondissait sur le 14 juillet 1789 et s'appelait sur l'affiche de la Bastille : *le Prologue d'une révolution.* »

Parfois Beaumarchais manque de goût, tombe dans le pathos et la déclamation amphigourique : *Eugénie, les Deux Amis, la Mère coupable,* appartiennent à la comédie larmoyante, au drame bourgeois, tels que les fabriquaient La Chaussée, Mercier, Diderot, tels que les réussissait Sedaine : encore *les Deux Amis, la Mère coupable* supportent-ils la lecture, grâce à quelques belles scènes. Mais *Eugénie*[2] est insipide.

---

1. On peut dire sans exagération que la déclaration des Droits de l'homme se trouverait au besoin toute entière dans les opéras-comiques de la fin du XVIIIᵉ siècle. (Saint-Marc-Girardin.)

2. « Ce drame, écrivait Beaumarchais en 1779, est le plus fortement conçu de tous mes ouvrages, y compris *le Barbier de Séville!* » Il proclamait aussi la moralité de son théâtre. On pourra disputer longuement là-dessus, et sur la question de savoir si le

et le style ampoulé de *Tarare*, ses tirades philosophico-scientifiques mises en musique font reculer d'ennui les partisans les plus déterminés de l'auteur.

Avec *le Barbier* et *le Mariage*, il trouve et exploite toute sa veine, rompt les vieux cadres, fait sortir le théâtre de la convention héroïque, le replace dans la réalité, dans la simplicité bourgeoise; il pèche par l'absence de poésie élevée et d'idéal [1], mais il triomphe par l'esprit. Il triomphe même trop, car il a le défaut de sa qualité, il en abuse, donne de l'esprit à chacun de ses héros, et toujours le même esprit, le sien [2]. « Tous, observe M. de Loménie, sont également féconds en saillies imprévues, en mots à double sens, en proverbes plaisamment retournés. L'auteur n'a pas

---

théâtre est ou peut être moralisateur; mais il y aurait une réponse bien simple à faire : Dans *la Mère coupable*, Almaviva et Rosine régularisent leurs désordres passés en mariant le fils adultérin de l'épouse à la fille adultérine du mari. Singulière moralité ! Et n'est-ce pas le cas de demander : « Qui trompe-t-on ici ? »

1. Il y eut des robes à la Figaro, des bijoux à la Figaro ; les envieux donnèrent à un chien le nom de Figaro ; Beaumarchais répondit que le « quolibet du chien » n'était qu'un « chien de quolibet ».

2. Pour demeurer fidèle aux théories dramatiques de Diderot, l'auteur d'*Eugénie* avait poussé à l'excès le réalisme des personnages, perdu de vue cette excellente observation de La Bruyère : « Ces *caractères*, dit-on, sont naturels : ainsi par cette règle on occupera bientôt le théâtre d'un laquais qui siffle, d'un malade dans sa garde-robe, d'un homme ivre qui siffle ou qui vomit. Y a-t-il rien de plus naturel ? »

cette suprême puissance de création qui permet à Molière de mettre au jour les êtres les plus différents, non seulement par le caractère, mais par le genre d'esprit. »

Il y a mieux, La Harpe remarque que plusieurs des mots du *Mariage* sont déjà connus et publiés dans d'autres ouvrages. Comme Bacon, comme tant d'autres, Beaumarchais recueillait les pensées des autres et les siennes : c'est ainsi que la plupart des traits et des sentences du *Barbier* ou du *Mariage de Figaro,* qu'on croirait au premier abord échappés à la verve de l'auteur dans le feu de la composition, se retrouvent çà et là dans cette sorte de répertoire, mêlés à une foule de réflexions historiques, politiques ou philosophiques, qui prouvent que l'intelligence de Beaumarchais se nourrissait des éléments les plus divers.

Il eut des collaborateurs, si l'on entend par là les amis comme Gudin, son père, sa sœur Julie[1], le

---

1. C'est cette Julie qui, à la vue d'un homme mort, s'écrie avec une rare énergie d'expression : « Ah! pauvre humanité! que vous êtes laide en ce moment ! Ce langage sourd et terrible de *la poussière morte à la poussière vivante,* personne de nous ne le comprend ! » Peu d'heures avant sa mort, elle composait et chantait des couplets cyniques que Beaumarchais a pris le soin de noter.

> Je me donnerais pour deux sous
> Sans marchander ma personne ;
> Je me donnerais pour deux sous,

plus bel esprit de la famille, qui revirent, corrigèrent les mémoires judiciaires, peut-être même ses pièces de théâtre [1]. Il imita beaucoup, à l'exemple de ses illustres devanciers, et prit hardiment son bien où il le trouvait. Ainsi le drame d'*Eugénie*, sujet et scènes, est tiré d'une nouvelle espagnole, *les Amours du comte de Belflor*. « Petits poupeaux de lait, dit l'auteur du *Moyen de parvenir*, je vous avertis que vieilles folies deviennent sagesses, et les anciens mensonges se transforment en de belles petites vérités dont vous savez extraire à propos l'essence vivi-

> Me céderais même au dessous.
> Si l'on me donnait six blancs,
> J'en ferais mes remerciments.
> Car je me donne pour deux sous...

Et Beaumarchais ajoute, sous forme de réflexion : *C'est bien le chant du cygne*, et la meilleure preuve d'une grande force et d'une grande tranquillité d'âme. (Ce 9 mai 1798.) — Mais le plus curieux, c'est qu'au moment où Julie mourante improvise son *chant du cygne*, chacun des assistants, Beaumarchais tout le premier, juge à propos de lui répondre par un impromptu sur le même air. Décidément le sens moral n'est pas le fort de cette famille. On s'indigne avec raison de ce mot d'une grande dame : « Je vais aller voir là-haut si Dieu gagne à être connu; » de l'abbé de cour qui, à son lit de mort, refuse de communier « parce qu'il n'aime point les farineux »; de Sophie Arnould à son curé : « Que diable venez-vous me chanter, vous avez la voix fausse ! » Cette mort de Julie révolte davantage encore. « O ma vieillesse, pardonne à ma jeunesse ! » s'écriait Figaro dans *la Mère coupable*. N'aurons-nous pas à lui pardonner aussi une vieillesse sans pudeur ?

1. Marie Lafon, *Cinquante ans de vie littéraire*, 1882.

fiante. » Beaumarchais habille ainsi la phrase pour son Figaro : « Depuis qu'on a remarqué que vieilles folies deviennent sagesses, et qu'anciens petits mensonges assez mal plantés ont produit de grosses vérités, on en a de mille espèces [1]. »

A la première représentation du *Barbier*, un amateur s'approche de l'auteur et lui reproche que sa pièce ressemble à *On ne s'avise jamais de tout*. « Ressembler, monsieur, repart Beaumarchais, je soutiens que ma pièce est *On ne s'avise jamais de tout*, lui-même. — Et comment cela? — C'est qu'on ne s'était jamais avisé de ma pièce. » La galerie applaudit, l'amateur resta court... et cependant il n'avait pas tort ; l'opéra-comique de Sedaine et de Monsigny [2] peut être regardé comme le scénario sommaire du *Barbier* : du moins, la dernière scène de Sedaine, devient la dernière scène du Barbier. Jugez-en par ces rapprochements.

LE COMMISSAIRE *(Sedaine)*.

Il me paraît, monsieur Dorval, que vous vous y êtes mal pris; si vous vous étiez nommé, monsieur a trop de raison

---

[1]. *Le Moyen de parvenir*, édit. de 1757, tome Ier, p. 132. Ouvrage revendiqué par Béroalde de Verville, attribué à Rabelais par le bibliophile Jacob.

[2]. Voir l'ingénieuse dissertation de M. Auguste Vitu : Préface du *Théâtre choisi*.

pour ne pas consentir à un mariage avantageux... *(Au docteur.)* et songez que votre conduite va vous déshonorer.

L'ALCADE *(Beaumarchais)*.

Cette inutile résistance au plus honorable mariage indique assez la frayeur sur la mauvaise administration des biens de sa pupille.

LE COMMISSAIRE *(Sedaine)*.

Apprenez que nos magistrats sont avant tout les tuteurs nés des orphelins.

LE COMTE *(Beaumarchais)*.

Je la mets sous l'autorité des lois; et monsieur, que vous avez amené vous-même, la protégera contre la violence que vous voulez lui faire. Les vrais magistrats sont les soutiens de tous ceux qu'on opprime.

LE DOCTEUR *(Sedaine)*.

Ah! maudit coquin! j'enrage! faut-il que j'y consente?

LE DOCTEUR *(Beaumarchais)*.

Ils étaient tous contre moi! je me suis fourré dans un guêpier!

Mais *le Barbier* a d'autres sources plus classiques : *l'École des Maris* et *le Sicilien* de Molière, qui lui fournissent encore le dénouement du mariage. Comparez et vous verrez que la première scène du *Barbier* est calquée sur la première du *Sicilien*. Dom Pèdre n'est pas plus que Bartholo, un vieillard imbécile, mais un homme fort vert et qui *n'en manque pas une*, quand il s'agit d'éventer les ruses d'Isidore. Hali-Figaro empêche dom Pèdre d'écouter l'entretien d'Adraste qui s'introduit aussi par une ruse identique. Ariste, dans *l'École des Maris*, a presque fourni à Beaumarchais le sous-titre de sa pièce : *la Précaution inutile*.

> On les retient fort mal par tant d'austérité,
> Et les soins défiants, les verrous et les grilles,
> Ne font pas la vertu des femmes ni des filles.

Dans *les Folies amoureuses* de Regnard, les ressemblances sont encore plus frappantes; Agathe a écrit la lettre de Rosine, elle soupire derrière les grilles et les jalousies, et Crispin parle comme un oncle de Figaro.

> J'ai fait tant de métiers d'après le naturel,
> Que je puis m'appeler un homme universel.
> J'ai couru l'univers : le monde est ma patrie ;
> Faute de revenu, je vis de l'industrie,
> Comme bien d'autres font selon l'occasion,
> Quelquefois honnête homme et quelquefois fripon.

Voici pour le caractère et voici pour le style.

« J'avais entendu dire que les scrupules nuisaient à à la fortune; je fis trêve avec les miens, pour n'avoir rien à me reprocher. Était-il question d'avoir de l'honneur? j'en avais. Fallait-il être fourbe? J'en soupirais, mais j'allais mon train... Que te dirai-je, enfin ! Tantôt maître et tantôt valet, toujours prudent, toujours industrieux, ami des fripons par intérêt, ami des honnêtes gens par goût, traité poliment sous une figure, menacé d'étrivières sous une autre, changeant à propos de métier, d'habit, de caractère, de mœurs ; risquant beaucoup, résistant peu, libertin dans le fond, réglé dans la forme, démasqué par les uns, soupçonné par les autres, à la fin équivoque à tout le monde, j'ai tâté de tout... »

Ainsi parle Trivelin, dans *la Fausse Suivante* de Marivaux, cinquante ans avant *le Barbier*. Écoutons maintenant celui-ci :

« Fatigué d'écrire, ennuyé de moi, dégoûté des autres, abîmé de dettes et léger d'argent... accueilli dans une ville, emprisonné dans l'autre, et partout supérieur aux événements, loué par ceux-ci, blâmé par ceux-là ; aidant au bon temps, supportant le mauvais, me moquant des sots, bravant les méchants, riant de ma misère et faisant la barbe à tout le monde, vous me voyez donc enfin établi dans Séville, et prêt à suivre de nouveau Votre Excellence en tout ce qu'il lui plaira m'ordonner. »

M. Auguste Vitu croit que l'idée de la scène de Basile est prise dans un passage des *Mémoires* de Retz. Celui-ci ne siégeait au parlement qu'en qualité de coadjuteur de son oncle l'archevêque de Paris. Prévenu que l'archevêque revenait de la campagne à l'instigation de la reine, afin d'assister le 22 décembre 1649 à une audience décisive pour les Frondeurs, il s'entend avec son chirurgien qui fait mine de féliciter le prélat de sa fermeté; mais aussitôt que celui-ci est hors du lit, l'habile homme lui demande d'un air inquiet comment il se porte. « Fort bien. — Pas possible! Vous avez trop mauvais visage, vous avez la fièvre, d'autant plus à craindre qu'elle paraît moins. » Et l'archevêque se remet au lit tout tremblant, laissant le champ libre à son neveu.

Ce qui n'empêche pas Beaumarchais d'avoir créé des figures impérissables, un Figaro, le roi et le dernier des valets de comédie, un Chérubin, un Basile : il a rassemblé quelques traits épars, il les a fondus, combinés avec mille autres qui jaillissaient de son cerveau, des types immortels sont nés qui vivront dans la mémoire des hommes aussi longtemps qu'il y aura un art, une littérature, une civilisation[1].

---

1. Villemain, Taine l'ont comparé à Sheridan, d'autres à Voltaire : mais Voltaire a de plus que Beaumarchais le goût : « Beaumarchais, dit Sainte-Beuve, suivait son esprit sur toutes les pentes, s'y abandonnait, et ne le dominait point. » Comme spéculateur, le grand critique voit en lui l'excellent élève de son protecteur, Pâris-Duverney, un émule des Orri, des Gourville. « Il y avait de l'Ouvrard, et mieux, il y avait un coin du Fouquet de Belle-Isle dans Beaumarchais. — « Beaumarchais sait que l'esprit humain est né pour avancer... aussi il le pousse hardiment en avant. C'est là une gloire ou un crime que ne lui pardonneront guère ceux qui marchent en arrière, ceux qui marchent de côté, et enfin ceux qui ne marchent pas du tout. » (Saint-Marc-Girardin.)

On sait l'anecdote de ce courtisan qui, cherchant à l'humilier, l'aborde au milieu d'un groupe nombreux, au moment où il sortait en habit de gala de l'appartement de Mesdames de France, et lui présentant une belle montre : « Monsieur, vous qui vous connaissez en horlogerie, veuillez, je vous prie, examiner ma montre qui est dérangée. — Monsieur, répond tranquillement Beaumarchais, depuis que j'ai cessé de m'occuper de cet art, je suis devenu très maladroit. — Ah! monsieur, ne me refusez pas cette faveur. — Soit, mais je vous avertis que je suis maladroit. » Alors, prenant la montre, il l'ouvre, feint de l'examiner, la laisse tomber sur le parquet où elle se brise; puis faisant à son interlocuteur une belle révérence : « Ah! monsieur, que je vous demande d'excuses! Mais je vous l'avais bien dit et c'est vous qui l'avez voulu. » Et il s'éloigna, laissant fort déconcerté celui qui avait cru l'humilier.

— Une autre fois, un quidam soutenait en public que Caron de Beaumarchais avait empoisonné ses trois femmes. Lorsqu'il eut fini sa narration, Beaumarchais, qui se trouvait là, répondit froidement : « Il est si vrai, monsieur, que ce misérable homme a empoisonné ses trois femmes, quoiqu'il n'ait été marié que deux fois, qu'on sait de plus qu'il a mangé son père en salmis, après avoir étouffé sa mère entre deux tartines; et j'en suis d'autant plus sûr, que je suis ce *Caron de Beaumarchais-là*, qui vous ferait arrêter sur-le-champ, ayant bon nombre de témoins, s'il ne s'apercevait, à votre air effaré, que vous n'êtes point un de ces rusés scélérats qui composent les atrocités, mais seulement, un de ces bavards qu'on emploie à les propager, au grand péril de leur personne. »

Mais cette présence d'esprit même, cette désinvolture belliqueuse et sa réputation, ne pouvaient manquer de lui susciter des ennemis ardents, des envieux qui, à plusieurs reprises, mirent en danger sa fortune et son crédit. Dans ce siècle de l'ironie, ce grand moqueur devait être moqué à son tour, ses prétentions, ses échecs vertement commentés[1]. A la fin de la première représentation des *Deux Amis*, ce drame trop commercial, que ne purent sauver quelques scènes pathétiques ou spirituelles, un plaisant du parterre s'était écrié : « Il s'agit ici d'une banqueroute, j'y suis pour mes vingt sous. » Un autre écrit au bas de l'affiche des *Deux amis :* « Par un auteur qui n'en a aucun. » Quelques jours après, Beaumarchais a l'imprudence de dire à Sophie Arnould[2], à propos de l'opéra de *Zoroastre*

---

1. En 1781, comme on jouait *le Mariage de Figaro*, un spectateur se récriait : « Ce Beaumarchais a bien de l'esprit. » Celui-ci qui se trouvait à côté, observa d'un air pincé : « Mais le mot *monsieur* ne vous écorcherait pas la bouche ! » Le particulier reprit : « Oui, je l'ai dit et je ne m'en dédis pas, *Beaumarchais* a bien de l'esprit, mais M. de Beaumarchais n'est qu'un sot. »

2. Née en 1740, morte en 1802.

Sophie Arnould disait aussi de Beaumarchais : « Il sera pendu, mais la corde cassera. » Elle avait le don du calembour et de la répartie, de la saillie rabelaisienne ; elle emprunta à ses amis un peu qui ne réussissait pas : « Dans huit jours, vous n'aurez plus personne ou bien peu de monde. — *Vos Amis nous en enverront,* » repart l'actrice. Mais un autre

de leur esprit, le public lui en prêta davantage. Voici quelques-uns de ces traits qu'on lui attribua si généreusement. Apprenant la mort de Louis XV et l'exil de la Du Barry, elle dit, en regardant tristement ses camarades de l'Opéra : « Nous voilà orphelines de père et mère. » A propos du comte d'Artois, qui avait épousé une princesse de Savoie et protégeait la Duthé : « Il prend du thé quand il est gorgé de biscuit de Savoie. » A la duchesse de Chaulnes qui lui demandait : « Comment va le métier ? — Assez mal, depuis que les duchesses s'en mêlent. » — A un prince trompé par une actrice : « Monseigneur, la sagesse d'une actrice n'est que l'art de bien fermer les portes. » — Sur Mademoiselle L***, de la Comédie Française, qui, abandonnée par M. Landry, avait quitté les mouches et le rouge pour se mettre dans la dévotion : « La friponne ! elle s'est faite sainte en apprenant que Jésus s'est fait homme ! » — Sur un financier qui prenait les eaux de Barèges : « Il faut qu'il prenne toujours quelque chose. » — Sur un mari qui décriait sa femme : « Il peut en penser ce qu'il voudra, mais il ne faut pas en dégoûter les autres. » — Mademoiselle Clairon ayant déclaré à l'exempt qui la conduisait au For-l'Évêque, que ses biens, sa vie dépendaient de Sa Majesté, mais qu'Elle ne pouvait rien sur son honneur : « C'est juste, s'écria Sophie, là où il n'y a rien, le roi perd ses droits. » — Poinsinet, poète naïf et souvent mystifié, lisait une comédie pleine de réminiscences ; tout à coup un chien se met à japper : « Voyez, dit Sophie, comme cet animal aboie au voleur ! » — En 1768, Rebel, administrateur de l'Opéra, eut l'idée de former, pour les bals, des quadrilles composés des danseuses les plus jolies : les bals firent fureur et Sophie observa que le meilleur moyen de soutenir l'Opéra était d'allonger les ballets et de raccourcir les jupes. — Quatre-vingts ans plus tard, Garnier-Pagès répondait aux partageux « qu'il ne s'agissait point jour, elle prophétisait le succès du *Barbier* à des critiques qui annonçaient sa chute : « Oui, c'est une pièce de raccourcir les habits, mais d'allonger les vestes. » Elle avait acheté à Luzarches une maison et fait graver sur la porte cette inscription : *Ite missa est*. Les sans culottes du cru vinrent la troubler dans sa retraite. « Mes amis, leur dit-elle, je suis née femme libre, j'ai toujours été une citoyenne très active, et je connais par cœur les droits de l'homme. » Cependant la bande ne se contentait pas de l'explication et on allait la traîner en prison, lorsqu'un des visiteurs aperçoit son buste dans le rôle d'Iphigénie, et, trompé par l'écharpe de la prêtresse, s'imagine que c'était le buste de Marat. « C'est une bonne citoyenne, » s'écrie-t-il en saluant le marbre. L'ignorance des jacobins avait des conséquences moins heureuses, lorsqu'ils arrêtaient un littérateur, parce qu'ils avaient surpris dans leur perquisition des lettres inédites de Bossuet, Bourdaloue, Racine et lui reprochaient de correspondre avec des émigrés. Ruinée par un homme d'affaires véreux, Sophie tomba dans une détresse profonde d'où elle fut tirée par Fouché qui, en 1798, lui accorda une pension avec un appartement à l'hôtel d'Angivilliers. Un de ses mots les plus célèbres : « Le divorce, c'est le sacrement de l'adultère, » fut prononcé à l'occasion de sa fille qui divorçait pour épouser son amant. Dans ses dernières années, elle recevait surtout les poètes, les comédiens, les habitués du Caveau et l'on sait qu'en l'an XII, Barré, Radet, Desfontaines firent représenter au Vaudeville une pièce intitulée : *Sophie Arnould*. Voici le quatrain composé par son gendre pour un de ses portraits :

> Ses grâces, ses talents ont illustré son nom;
> Elle a su tout charmer, jusqu'à la jalousie :
> Alcibiade en elle eût cru voir Aspasie,
> Maurice, Lecouvreur et Gourville, Ninon.

Sur Sophie Arnould, voir l'*Arnoldiana*, les *Mémoires de Tilly*; Arsène Houssaye, *Galerie du xviiie siècle*, t. IV.

qui tombera... quarante fois de suite[1]. » Un quatrain du temps, cité par Grimm, résume assez bien le défaut capital des *Deux Amis :*

> J'ai vu de Beaumarchais le drame ridicule,
> Et je vais en un mot vous dire ce que c'est :
> C'est un change où l'argent circule
> Sans produire aucun intérêt.

On lui donnait même pour collaborateur Diderot, ce *génie de Dictionnaire*, comme l'appelle Collé.

Beaumarchais ayant supprimé un acte du *Barbier*, comme le public témoignait quelque froideur au début, un railleur s'écria à haute voix : « Messieurs, de l'indulgence pour l'auteur, il se met en quatre pour vous plaire, que voulez-vous de plus? » A l'occasion de l'arrêt du parlement Maupeou, on fit courir cette épigramme sous forme de conseil à ses juges :

> Vous qui lancez le tonnerre,
> Quand vous descendrez chez Pluton,
> Prenez votre chemin par terre,
> Vous seriez mal menés dans la barque à *Caron.*

Bonnes actions, disgrâces, succès, tout sert de pré-

---

[1]. « C'est de la musique tombée, hurlait un picciniste contre un opéra de Gluck. — Tombée!... du ciel! » riposta un critique impartial.

texte à la raillerie[1]. Donne-t-il la cinquantième représentation de *Figaro* au bénéfice des pauvres mères nourrices (personne mieux que lui n'a su jouer de la philanthropie), quelque farceur lui décoche cette satire:

> Il paye du lait aux enfants
> Et donne du poison aux mères.

A l'une des premières représentations du *Mariage*, une méchante mais ingénieuse pièce de vers fut lancée à cinq cents exemplaires sur le théâtre.

> Je vis hier, au fond d'une coulisse,
> L'extravagante nouveauté,
> Qui, triomphant de la police,
> Profane des Français le spectacle éhonté.
> Dans ce drame effronté, chaque acteur est un vice :
> Bartholo nous peint l'avarice;
> Almaviva, le suborneur;
> Sa tendre moitié, l'adultère;
> Et Double-Main un plat voleur.
> Marceline est une mégère;
> Basile un calomniateur;
> Fanchette, l'innocente, est bien apprivoisée;
> Et la Suzon, plus que rusée,
> A bien l'air de goûter du page favori
> ..... de madame et mignon du mari.

---

[1]. « Quiconque est heureux ou le paraît, doit être sans cesse à genoux pour en demander pardon, et même ne l'obtient pas toujours à ce prix, surtout s'il est parti de loin pour arriver où il est (La Harpe, *Cours de Littérature*, t. XIII.

Quel bon ton! Quelles mœurs cette intrigue rassemble!
Pour l'esprit de l'ouvrage, il est chez Brid'oison.
    Mais Figaro... le drôle à son patron
        Si scandaleusement ressemble,
       Il est si frappant, qu'il fait peur;
Et pour voir à la fin tous les vices ensemble,
Des badauds achetés ont demandé l'auteur.

Le 7 mars 1785, le comte de Provence ayant réussi à convaincre Louis XVI que Figaro avait fait allusion à lui dans une lettre au *Journal de Paris*, celui-ci est conduit à la maison de correction de Saint-Lazare, détenu six jours, et tandis que cent carrosses prennent le chemin de sa maison, les quolibets, les couplets ne laissent pas d'aller leur train. On affiche des caricatures, on le représente fouetté par un lazariste, on met dans la bouche de son portier une parodie du récit de Théramène.

... A peine Beaumarchais débarrassant la scène,
Avait de *Figaro* terminé la centaine,
Qu'il volait à *Tarare*, et pourtant ce vainqueur
Dans l'orgueil du triomphe était morne et rêveur...
J'ai vu, messieurs, j'ai vu ce maître si chéri,
Traîné par un exempt que sa main a nourri...
D'un peuple d'étourneaux la file me conduit;
Le faubourg en est plein; cent bouches dégoûtantes
Content de Beaumarchais les détresses sanglantes,
J'arrive, je l'appelle : et, me tendant la main,
Il ouvre le guichet qu'il referme soudain :
« Le roi, dit-il alors, me jette à Saint-Lazare;
Prenez soin, entre vous, du malheureux Tarare.

Cher ami, si le prince, un jour plus indulgent,
Veut bien de cet affront me payer en argent,
Pour me faire oublier quelques jours d'abstinence,
Qu'il me rende... » A ces mots, le héros contristé,
Sans couleur et sans voix, dans sa cage est resté ;
Triste objet où des rois triomphe la justice,
Mais qu'on n'aurait pas dû traiter comme un novice.

En vain essayera-t-il de retenir l'opinion publique ; son déclin commence à cette époque (1785-1786), et ne cessera de se précipiter. Beaumarchais, qui le croirait, devient ennuyeux dans *Tarare*, dans ses *Derniers Mémoires* ; ses polémiques avec Mirabeau et Bergasse ont consommé la ruine de sa popularité. Bergasse lui reproche ridiculement « de suer le crime », et Mirabeau défend contre lui les bonnes mœurs, le même Mirabeau qui, enfermé au donjon de Vincennes, écrivait des ouvrages cyniques, l'*Erotika Biblion*, *Ma Conversion*, etc... pour se procurer de l'argent. Mirabeau lance contre lui un pamphlet où déjà il apparaît orateur puissant dans l'invective, et qui finit par ce conseil terrible : « Ne songez désormais qu'à mériter d'être oublié. » Si j'en crois Gudin, le biographe de Beaumarchais, Mirabeau lui aurait demandé un prêt de douze mille francs, et aurait essuyé ce refus : « Comme il faudrait me brouiller avec vous au jour de l'échéance de vos effets, j'aime autant que ce soit aujourd'hui ; c'est douze mille francs que j'y gagne. » D'où la rancune du grand tribun. — Quoi qu'il en soit, Beaumarchais se tut : il avait trouvé un jouteur plus rude que lui, ou bien il se lassait de ces luttes incessantes, et prétendait jouir un peu de cette belle maison (sa maison d'Albe) qu'il fit construire trop près de la Bastille, et pour laquelle il composa ces vers :

> Adieu, passé, songe rapide,
> Qu'anéantit chaque matin!...
> Quel que soit l'aveugle qui guide
> Ce monde, vieillard enfantin,
> Adieu, grands mots remplis de vide,
> Hasard, Providence ou Destin !
> Fatigué, dans ma course aride,
> De gravir contre l'incertain,
> Désabusé comme Candide,
> Et plus tolérant que Martin,
> Cet asile est ma Propontide;
> Je cultive en paix mon jardin.

La Révolution lui fit sentir le poids de sa reconnaissance : visites domiciliaires, menaces continuelles de pillage, d'incendie, de massacre, accusation d'accaparer des blés, des armes cachées, de les entasser dans des souterrains imaginaires (la calomnie, Docteur!), Beaumarchais subit pendant trois ans toutes sortes de vexations, pour le crime *d'avoir un joli jardin*, qu'il cherchait à se faire pardonner par mille gracieusetés et condescendances envers le peuple souverain. *Précaution inutile!* Il faisait connaissance avec des Almavivas, des Figaros d'un nouveau genre, mais plus heureux que tant d'autres, il échappa à la guillotine, dans un temps où la vie devenait un art, où la raison était une espèce d'émigrée, traitée comme suspecte et frappée d'anathème, où parfois aussi la folie et la passion avaient raison contre les sages et les clairvoyants.

III

ANDRÉ CHÉNIER — JOSEPH CHÉNIER
LEBRUN-PINDARE — LA HARPE

André Chénier homme politique et satirique. — La Société Trudaine-de Pange. — La volupté du sacrifice. — Les honnêtes gens sont en France un parti de gouvernement, non un parti d'opposition. — Style de Chénier. — Les « autels de la peur ». — Conversation de Condorcet avec madame Lecoulteux. — *La Jeune Captive.* — Vers à Fanny. — Apologues poétiques. — Quatrain de Roucher.

La tragédie révolutionnaire : *Charles IX.* — Un péché qui porte avec lui sa pénitence. — Les satires de Joseph Chénier. — Sa poétique. — *Tibère.* — Mot de Talma : « C'est beau, mais c'est froid. » — Caractère violent et mobile de Joseph Chénier. — Accusation de fratricide. — Le *Discours sur la Calomnie.* — Épigrammes contre Morellet, Rewbell, Talleyrand, Rœderer et Crassous. — Intolérance de Joseph Chénier.

Lebrun-Pindare : son caractère, son talent. — Ses odes nous révèlent plutôt les rochers que les vallons du Parnasse. — Il excelle dans l'épigramme. — Le *Distique sur Chloé.* — « Chansonnier, vous avez raison ! » — Le chevalier de Florian et son protecteur le duc de Penthièvre. — Les Arlequins de Florian. — Malice de Rivarol. — Lebrun et son perruquier. — L'esprit et le génie.

La Harpe ; sa passion de régenter. Il était né *empereur de rhétorique*, armé du sceptre et de la férule. — Ses tragédies.— « Un four qui toujours chauffe et où rien ne cuit. »—Conversion de La Harpe. — Naigeon, le bedeau de l'athéisme. — La prophétie de Cazotte.

I. — ANDRÉ CHÉNIER[1]

Fils de la poésie grecque et latine, nourri de Pindare et de Théocrite, de Virgile et d'Horace, imitateur et parfois rival de ses maîtres, disciple studieux de nos grands siècles littéraires, âme moderne embaumée des plus purs parfums de l'antiquité, André Chénier,

1. Né à Constantinople en 1762, exécuté le 7 thermidor an II (1794). — *Œuvres en prose d'André Chénier*, avec une préface de L. Becq de Fouquières, Charpentier, 1872. — *Poésies d'André Chénier*, éd. crit. par L. Becq de Fouquières, Charpentier, 1862. — *Documents nouveaux sur André Chénier*, 1875. — *Œuvres poétiques d'André Chénier*, mises en ordre et annotées par M. Louis Moland, Paris, Garnier, 1884, 2 vol. — Eugène Manuel, *Œuvres poétiques d'André Chénier*, avec une introduction et des notes, Paris, librairie des Bibliophiles, 1884. — *Poésies d'André Chénier*, avec une notice bibliographique, par Léo Joubert, Paris, Firmin Didot, 1883, n-18. — Victor Fournel, *De Jean-Baptiste-Rousseau à André Chénier*, 1 vol. — Oscar de Vallée, *André Chénier et les Jacobins*, Calmann Lévy. — Sainte-Beuve, *Causeries du Lundi*, t. IV ; *Nouveaux Lundis*, t. III ; *Portraits littéraires*, t. Ier. — Charles Labitte, *Études littéraires*, t. II. — Villemain, *Œuvres complètes*, t. IV. — E. Caro,

poëte païen d'inspiration, de croyance,[1] chantre exquis de la nature, de l'amour et de l'amitié, et apportant au monde une lyre nouvelle, devient encore, sous le coup des événements, un prosateur puissant, un satirique spirituellement éloquent. Il aima la révolution modérée, il combattit la révolution furieuse : parce qu'elle avait été préparée par les classes intelligentes, il ne comprit pas qu'elle serait exécutée par les classes les plus rudes. Il la croit « grosse des destinées du monde » et n'y voit au premier moment que la fin d'un régime, le commencement d'un autre, l'égalité rétablie, le travail affranchi, la liberté de conscience assurée. Son enthousiasme éclate dans la pièce du *Jeu de Paume*, imprimée en 1790.

> O peuple deux fois né ! peuple vieux et nouveau !
> Tronc rajeuni par les années !

Déjà, cependant, les violences de la foule l'ont frappé

André Chénier à Saint-Lazare, (*Revue des Deux Mondes*, avril-mai 1875) — Ch. Lacretelle, *Testament philosophique et littéraire*, t. XI, p. 355; *Dix années d'épreuves*, p. 82. — Bibliophile Jacob, *Notice historique sur le procès d'André Chénier*. — *Notice* de Henri de La Touche, éd. de 1819. — *Œuvres d'André Chénier*, éd. de son neveu, M. Gabriel de Chénier, 3 vol., 1874. — *Revue des Deux Mondes*, nos des 15 janvier 1838 et juin 1844, art. de Sainte-Beuve et de Gustave Planche. — Voy. Géruzez, p. 100 et s. — Alfred de Vigny, *Stello*.

1. « André était athée avec délices, » dit Chênedollé, non sans quelque exagération.

et il conseille à ses concitoyens de ne craindre plus qu'eux-mêmes et les flatteurs, de ne pas venger la raison par des crimes, il veut qu'on ait raison d'une manière raisonnable.

> Mais au peuple surtout sauvez l'abus amer
> De sa subite indépendance,
> Contenez dans son lit cette orageuse mer...

N'attendez pas de lui la divination, les remèdes de l'homme d'État : avec quelques fidèles amis, de Pange[1],

---

1. La Société Trudaine, comme on l'appelait à Paris, avait accueilli la Révolution avec enthousiasme : « André Chénier était uni avec les deux Trudaine et de Pange par les liens d'une amitié antique, que semblait traverser le souffle de Platon ; il était riche de la richesse de ses amis, dit Lacretelle, et s'en faisait gloire. » Les vers d'André à de Pange :

> Tu naquis rossignol,

indiquent que ce dernier s'adonna d'abord à la poésie, mais son esprit austère ne tarda pas à trouver sa véritable voie dans l'étude de l'histoire et de la philosophie ; il fit partie de la Société de 1789 avec ses amis, collabora au *Journal de Paris*, et, par sa noble conduite, l'élévation de son caractère, l'étendue de ses connaissances, se concilia la sympathie et l'admiration des hommes les plus distingués. « Son rire même est profond, » écrit Joubert à madame de Beaumont. — « Il ne disait que des choses dignes d'être écrites, observe Rœderer, il n'écrivait que des choses dignes d'être faites... il appartenait non seulement à l'amitié, mais encore à la raison, à la vertu, à la patrie. » Il mourut prématurément en septembre 1796. Quelques jours après, M. Suard publiait un fragment posthume qui semble le testament politique de François de Pange, et se termine par cette belle pensée : « La philosophie, qui n'a pas conduit cette

Ramond, Suard, Lacretelle, Roucher, François Chéron, il se jette dans la mêlée, comme un bon citoyen qui essaye d'arrêter une horde de brigands répandus à travers les rues de la cité ; les modérés devinèrent peut-être en lui le héros dont parle Virgile, mais ils ne le suivirent point et la populace, s'apercevant qu'il était presque seul, ne se tut pas. Qu'importe? il poursuivra : il tentera, avec sa petite phalange, d'arrêter le monstre; dans sa probité indignée, il saisira le fouet d'Aristophane et d'Archiloque. « Son inspiration un peu hautaine et dédaigneuse relève, dit Sainte-Beuve, de Tacite et de l'homme juste d'Horace ; elle rappelle les vertueux accents de Juvénal ou de Perse ; c'est un poète, un Alceste lyrique, un Vauvenargues en colère, qui s'arme de l'ïambe vengeur. Il a créé la satire du poète honnête homme dans les temps de révolution. Les contemporains, ceux qui l'entendirent à la tribune des Feuillants, attestent ses brillantes facultés d'orateur : elles se reflètent dans les articles du *Journal de Paris*, d'un style concis et sobre, ennemi de la métaphore, éclatant à force de vigueur, spirituel à force de péné-

---

révolution qu'elle avait préparée, ne la terminera pas non plus; mais elle apprendra peut-être à en profiter. » (Voir l'introduction de M. Becq de Fouquières aux *Œuvres de François de Pange*, Charpentier, 1872.) Nommé à différentes places, le père des Trudaine demanda au roi de n'en pas toucher les appointements : « On me demande si rarement de pareilles grâces, dit le roi, que, pour la singularité, je ne veux pas vous refuser. »

tration, où l'auteur, fidèle au goût antique, évite la confusion des genres.[1] »

Il s'attache d'abord à démêler les vrais, les principaux ennemis de la Révolution, à faire comprendre que l'esprit révolutionnaire est le pire ennemi de la liberté [2], que celle-ci ne consiste pas à diffamer au hasard et à

---

1. « L'admiration qu'il inspire, observe M. Victor Fournel, dans sa belle *Étude sur André Chénier*, se mêle de ce sentiment particulier qu'on éprouve devant les débris d'un grand monument inachevé. » D'ailleurs il refeuilletait sans cesse son âme et sa vie. Chénier analyse son talent et l'on croirait qu'il parle de lui dans ces vers où il célèbre la *Jeune Marie* :

> Abandonnant les fleurs, de sonores abeilles
> Vinrent, en bourdonnant, sur ses lèvres vermeilles,
> S'asseoir, et déposer ce miel doux et flatteur
> Qui coule avec sa voix et pénètre le cœur.
> Reine aux yeux éclatants, la belle Poésie
> Lui sourit et trempa sa bouche d'ambroisie.

2. Voici une excellente définition de l'esprit public par André Chénier :

« N'est-ce pas une *certaine raison générale, une certaine sagesse pratique et comme de routine*, à peu près également départie entre tous les citoyens, et toujours d'accord et de niveau avec toutes les institutions publiques ; par laquelle chaque citoyen connaît bien ce qui lui appartient et par conséquent ce qui appartient aux autres ; par laquelle chaque citoyen connaît bien ce qui est dû à la société entière et s'y prête de tout son pouvoir ; par laquelle chaque citoyen respecte sa propre personne dans autrui et ses droits dans ceux d'autrui?... Et quand la société dure depuis assez longtemps pour que tout cela soit dans tous une *habitude innée* et soit devenu *une sorte de religion, je dirais presque de superstition*, certes alors un pays a le meilleur esprit public qu'il puisse avoir. »

ouvrir des listes de proscription. Ce qu'il dénonce sans relâche, c'est cette société des Jacobins essaimant mille autres sociétés « toutes se tenant par la main, formant une espèce de chaîne électrique autour de la France »; ce qu'il ne peut supporter, c'est l'insolent mensonge des meneurs, c'est l'abus du mot *peuple* appliqué à « quelques centaines d'oisifs réunis dans un jardin ou dans un spectacle, ou à quelques troupes de bandits qui pillent des boutiques ». — « Nous savons maintenant, disait-il, avec quelle facilité on fait croire à un peuple qu'une petite partie de lui-même c'est lui tout entier. On lui persuade qu'on le venge quand on ne venge que soi; on lui parle de sa toute-puissance pour se rendre tout-puissant par lui; on lui désigne comme ennemis ceux qu'on n'aime pas et dont on n'est pas aimé, et l'on intéresse la souveraineté nationale aux querelles de cinq ou six audacieux. La doctrine que toute délation vraie ou fausse est toujours chose louable et utile, est non seulement pratiquée, mais enseignée au moins comme ce que les jésuites appelaient une *opinion probable*. Et, donnant la main au prosateur, le poète esquissait un fragment de comédie satirique représentant une scène d'initiation au club des Jacobins:

A

Qu'est-ce qu'un sans-culottes? en deux mots?

B

C'est celui
Qui n'a rien, mais qui veut avoir le bien d'autrui.

A

C'est ça, pardieu !

LE CHOEUR.

Le drôle est au fait du mystère ;
Mais ce n'est pas là tout. Un bon initié
Ne doit rien savoir à moitié.
Tourne un peu la médaille au récipiendaire.

A

L'aristocrate ?

B

Ah fi !

A

Qu'est-il ?

B

Celui-là
A quelque chose et veut conserver ce qu'il a.
C'est un abus criant qu'il faut que l'on réprime.

A

Fort bien.

LE CHOEUR.

Cet homme est juste.

A

Il abhorre le crime.

Mille traits aigus s'échappent de sa plume contre les brouillons versatiles qui adaptent les mêmes mots à des choses diverses, qui « vivent de la liberté comme les chenilles vivent des arbres fruitiers qu'elles tuent », qu'il accuse de ressembler au jésuite Hardouin « qui, dans ses *Grands actes découverts*, comptait Arnaud, Pascal et tout le Port-Royal parmi les athées » ; gens par lesquels il vaut mieux être pendu que loué ; j'ai cru, dit-il, servir la liberté en la vengeant de leurs louanges. Il arrache les masques, il les fustige tous les uns après les autres ; et Condorcet, « qui n'a pas su respecter ses anciens écrits et rougir devant sa propre conscience... qui écrivait et parlait jadis des jacobins comme on parle aujourd'hui de lui » ; et Collot d'Herbois, « ce bouffon qui n'a fait que changer de tréteaux ». Et Brissot, « qui jadis caressait et rois et ministres, et la police et tout le monde, et jusqu'aux bourreaux de Damiens... les mauvais citoyens l'ont accusé d'inconstance. Quelle ineptie ! Il encensait les puissants d'alors, il encense les puissants d'aujourd'hui... » André savoure la volupté du sacrifice, la volupté de rester seul debout, quand les lâches se taisent, d'être opprimé pour la vertu, car, hélas ! il ne sera pas secondé par ces honnêtes citoyens qui « ne prétendent pas faire de la chose publique la chose privée... ennemis de tout ce qui peut avoir l'air de la violence, se reposant sur la bonté de leur cause, espérant trop des hommes, parce qu'ils savent que tôt ou tard ils reviennent à la raison, espérant trop du temps, parce qu'ils savent que, tôt ou tard, il leur fait justice, perdant les moments favorables, laissant dégénérer leur prudence en timidité, se décourageant, composant avec l'avenir, et, enveloppés de leur conscience, finissant par s'endormir dans une bonne volonté immobile et dans une sorte d'innocence léthargique. — Vainement essayera-t-il de les aiguillonner en rappelant que rien n'est plus doux que la sévère inflexibilité des lois justes, que rien n'est plus cruel que la clémence pour le crime. Les honnêtes gens sont un parti de gouvernement, non un parti d'opposition, ils ont le goût des libérateurs, ne savent guère se libérer eux-mêmes, et celui-là connaissait leur tempérament qui formula le premier cette maxime : « Mieux vaut un troupeau de moutons conduits par un lion que cent lions commandés par un mouton. »

André voit les Français agenouillés devant les *autels de la peur* [1], il en rougit, et tout en prononçant le

---

1 Un des plus délicats écrivains de notre époque, M. Anatole France, a donné sous ce titre : *les Autels de la Peur*, une délicieuse fantaisie où il encadre l'amour mélancolique de Chénier pour Fanny (Madame Laurent Lecoulteux, née Pourrat). C'est Fanny qui inspirait à André ces vers mélodieux :

> Fanny, l'heureux mortel qui près de toi respire,
> Sait, à te voir parler et rougir et sourire,
> De quels hôtes divins le monde est habité.
> La grâce, la candeur, la naïve innocence,
> Ont depuis ton enfance,
> De tout ce qui peut plaire enrichi ta beauté.

Etiamsi omnes, ego non, il épanche son indignation dans une de ses plus belles pages. « Des peuples anciens avaient élevé des temples et des autels à la Peur... Mais jamais dans l'antiquité la Peur n'eut plus de véritables autels qu'elle n'en a dans Paris (avril 1791); jamais elle ne fut plus honorée d'un

> Ainsi dans les forêts j'erre avec ton image ;
> Ainsi le jeune faon, dans son désert sauvage,
> D'un plomb volant percé, précipite ses pas.
> Il emporte en fuyant sa mortelle blessure :
> Couché près d'une eau pure,
> Palpitant, hors d'haleine, il attend le trépas...
> Mais de moins de roses, l'automne
> De moins de pampres se couronne,
> Moins d'épis flottent en moissons,
> Que sur mes lèvres, sur ma lyre,
> Fanny, tes regards, ton sourire,
> Ne font éclore de chansons.

Charles Lacretelle, dans son *Testament philosophique et Littéraire*, raconte qu'un jour chez M. Suard, le marquis de Condorcet venait d'exposer les merveilles de l'âge d'or dont la science était l'ouvrière prédestinée. Seules, mesdames Pourrat et Lecoulteux avaient hasardé quelques objections contre l'orateur applaudi : « Avant tout, dit la première, trouvez-nous donc une fontaine de Jouvence; sans quoi votre immortalité me fait peur. — C'est donc la résurrection chrétienne que vous préférez, reprit railleusement Condorcet. Je crains bien que les anges et les saints ne se sentent portés à favoriser le chœur des Vierges aux dépens des douairières. — Je ne sais pas, répondit madame Lecoulteux, de quel prix seront ces pauvres charmes formés du limon de la terre aux yeux des anges et des saints, mais je crois que la puissance divine saura mieux réparer les outrages du temps, s'il en est besoin dans un tel séjour, que toute votre physique et votre chimie ne pourront le faire sur la terre. »

culte plus universel ; cette ville entière est son temple ; tous les gens de bien sont devenus ses pontifes, en lui faisant journellement le sacrifice de leur pensée et de leur conscience. La Peur donne même du courage ; elle fait qu'on se met avec éclat du côté du fort qui a tort, pour accabler le faible qui a tort aussi. »

C'en est fait : on appelle liberté l'audace impunie des scélérats et l'effroi des gens de bien : le *démos* ravi accepte les yeux fermés les compliments de ses corroyeurs, et sa naïveté rappelle à Chénier celle de Louis XIV « qui fredonnait bonnement les prologues de Quinault pendant qu'on lui mettait ses souliers et sa perruque ». Lui du moins ne se taira pas : il prête son concours à Malesherbes pour la défense du roi, il stigmatise la *cruauté niaise* de Pétion offrant une fête aux soldats déserteurs de Châteauvieux :

> Salut ! divin triomphe ! entre dans nos murailles !
>   Rends-nous ces guerriers illustrés
> Par le sang de Désille et par les funérailles
>   De tant de Français massacrés !...
> Quarante meurtriers, chéris de Robespierre,
>   Vont s'élever sur nos autels.
> Beaux-arts qui faites vivre et la toile et la pierre,
>   Hâtez-vous, rendez immortels
> Le grand Collot d'Herbois, ses clients helvétiques,
>   Ce front que donne à des héros
> La Vertu, la taverne et le secours des piques.

Arrêté, enfermé à Saint-Lazare, il continue son

œuvre de justicier, il écrit, non plus pour ses contemporains, mais pour la postérité, des poésies qu'un guichetier complaisant apportait à son père et qui peuvent soutenir la comparaison avec ses plus parfaites élégies : c'est là qu'il compose et chante *la Jeune Captive*, cette aimable duchesse de Fleury dont l'existence peu idéale proteste vainement contre la double légende créée par son compagnon de prison et par Alfred de Vigny.

> L'épi naissant mûrit, de la faux respecté ;
> Sans crainte du pressoir, le pampre tout l'été,
>   Boit les doux présens de l'Aurore ;
> Et moi, comme lui belle, et jeune comme lui,
> Quoi que l'heure présente ait de trouble et d'ennui,
>   Je ne veux point mourir encore.

> Qu'un stoïque aux yeux secs vole embrasser la mort :
> Moi je pleure et j'espère ; au noir souffle du Nord
>   Je plie et relève la tête.
> S'il est des jours amers, il en est de si doux !
> Hélas ! Quel miel jamais n'a laissé de dégoûts ?
>   Quelle mer n'a point de tempête ?

> L'Illusion féconde habite dans mon sein.
> D'une prison sur moi les murs pèsent en vain ;
>   J'ai les ailes de l'Espérance.
> Échappée aux réseaux de l'oiseleur cruel,
> Plus vive, plus heureuse, aux campagnes du ciel
>   Philomèle chante et s'élance.

Est-ce à moi de mourir? Tranquille je m'endors,
Et tranquille je veille ; et ma veille aux remords
    Ni mon sommeil ne sont en proie.
Ma bienvenue au jour me rit dans tous les yeux ;
Sur des fronts abattus mon aspect dans ces lieux
    Ranime presque la joie.

Mon beau voyage encore est si loin de sa fin !
Je pars, et des ormeaux qui bordent le chemin
    J'ai passé les premiers à peine.
Au banquet de la vie, à peine commencé,
Un instant seulement mes lèvres ont pressé
    La coupe, en mes mains encor pleine.

Je ne suis qu'au printemps, je veux voir la moisson ;
Et comme le soleil, de saison en saison,
    Je veux achever mon année.
Brillante sur ma tige, et l'honneur du jardin,
Je n'ai vu luire encor que les feux du matin,
    Je veux achever ma journée.

O Mort ! tu peux attendre : éloigne, éloigne-toi :
Va consoler les cœurs que la honte, l'effroi,
    Le pâle désespoir dévore :
Pour moi Palès encore a des asiles verts,
Les Amours des baisers, les Muses des concerts ;
    Je ne veux pas mourir encore.

Ainsi, triste et captif, ma lyre toutefois
S'éveillait, écoutant ces plaintes, cette voix,
    Ces vœux d'une jeune Captive ;
Et, secouant le joug de mes jours languissans,
Aux douces lois des vers je pliais les accens
    De sa bouche aimable et naïve.

> Ces chants, de ma prison témoins harmonieux,
> Feront à quelque amant des loisirs studieux
> Chercher quelle fut cette belle;
> La grâce décorait son front et ses discours;
> Et, comme elle, craindront de voir finir leurs jours
> Ceux qui les passeront près d'elle.

C'est en prison qu'il lance ses satires les plus mordantes contre l'iniquité victorieuse :

> Mourir sans vider mon carquois!
> Sans percer, sans fouler, sans pétrir dans leur fange,
> Ces bourreaux barbouilleurs de lois!...
> Souffre, ô cœur gros de haine, affamé de justice,
> Toi, Vertu, pleure si je meurs!

Ou bien encore de petits apologues inachevés et destinés à railler la folie de ceux qui s'étonnent des emportements populaires qu'ils ont déchaînés :

> J'ai lu qu'un batelier entrant dans sa nacelle,
> Jetait à l'eau son aviron;
> J'ai lu qu'un écuyer noble et fier sur sa selle,
> Bien armé d'un double éperon,
> D'abord ôtait la bride à son coursier farouche.
> J'ai lu qu'un sage renommé,
> Avant de s'endormir, dans le fond de sa couche
> Plaçait un tison allumé;
> J'ai lu qu'un Actéon, à son tour sur l'arène,
> Assouvit la rage et la faim
> De ses chiens, par lui seul, pour bien servir sa haine,
> Accoutumés au sang humain.
> L'automédon meurtri devint un Hippolyte...

> Un docte à grands projets rassembla des vipères
> Et leur prêchait fraternité.
> Mais, déchiré bientôt par ce peuple de frères,
> Il dit : — Je l'ai bien mérité.
> J'ai lu maints autres faits, tous fort bons à redire ;
> Et tous ces beaux faits que j'ai lus,
> Barnave, Chapelier, Duport, les devaient lire :
> Ceux-ci ne lisent pas non plus.

Barnave, Danton, bien d'autres n'ont pas lu ; ils sont morts ou ils vont mourir.

Disciple du XVIIIe siècle, rompu à l'ironie voltairienne, André Chénier, dans une heure de colère désespérée, lance à Dieu l'épigramme, à ce Dieu qui souffre tant d'horreurs

> Tu ne crains pas qu'au pied de ton superbe trône
> Spinoza, te parlant tout bas,
> Vienne te dire encore : — Entre nous je soupçonne,
> Seigneur, que vous n'existez pas.

Quoi ! Dieu contemple la Loire, le Rhône et la Charente ensanglantés de cadavres, et il ne tonne pas ! Et il laisse un pauvre poète se charger de sa vengeance ! Et alors surgit cette superbe invocation d'où semble jaillir le sentiment divin qu'on cherchait vainement dans l'œuvre du poète, l'appel à une puissance vengeresse, la certitude que Dieu sera absous.

> C'est un pauvre poète, ô grand Dieu des armées,
> Qui seul, captif, près de la mort,

> Attachant à ses vers les ailes enflammées
> De ton tonnerre qui s'endort,
> De la vertu proscrite embrassant la défense,
> Dénonce aux juges infernaux
> Ces juges, ces jurés qui frappent l'innocence,
> Hécatombe à leurs tribunaux !
> Eh bien ! fais-moi donc vivre, et cette horde impure
> Sentira quels traits sont les miens !
> Ils ne sont point cachés dans leur bassesse obscure,
> Je les vois, j'accours, je les tiens !

Enfin, quelques jours avant sa mort (il n'avait que trente-deux ans), s'élancent de son âme ces vers si touchants :

> Comme un dernier rayon, comme un dernier zéphyre
> Animent la fin d'un beau jour,
> Au pied de l'échafaud j'essaie encore ma lyre.
> Peut-être est-ce bientôt mon tour...

On sait le reste, la démarche irréfléchie de M. de Chénier père, rappelant aux bourreaux l'existence de son fils, réveillant ainsi leurs rancunes qui sommeillaient, l'interrogatoire, le jugement et la légende de Roucher[1]

---

1. Pendant que Suvée avait fait le portrait d'André, Leroy, son élève, faisait celui de Roucher qui, la veille de sa mort, traçait, au bas, les vers suivants, les seuls qu'on retienne encore de lui :

> A MA FEMME, A MES AMIS, A MES ENFANTS
>
> Ne vous étonnez pas, objets sacrés et doux,
> Si quelque air de tristesse obscurcit mon visage ;
> Quand un savant crayon dessinait cette image,
> J'attendais l'échafaud et je pensais à vous.

Voir sur Roucher, Oscar de Vallée, p. 296 et s.

et d'André, réunis sur la même charrette, et charmant le triste voyage en se récitant *Andromaque;* cette autre légende d'André s'écriant douloureusement : « Je n'ai rien fait pour la postérité! » puis se frappant le front et ajoutant : « Pourtant j'avais quelque chose là! » La république terroriste n'avait besoin ni de poëtes ni de savants; pas plus que la beauté, la science et la jeunesse, le génie ne trouvait grâce devant elle.

II. — JOSEPH CHÉNIER[1]

Pour les révolutionnaires, Joseph Chénier a été surtout l'auteur de *Charles IX*, tragédie bruyante, d'un genre ampoulé, factice, qui transporte les passions de la rue sur le théâtre, ne cherche point à peindre des caractères, mais place des opinions en présence ; elle avançait plus leurs affaires, prétendit Camille Desmoulins, que les journées d'Octobre ; tandis qu'un royaliste soutient que l'enfer s'était rendu chez Chénier, que Pluton dictait et qu'un diable tenait l'écritoire. Les districts lui décernent une couronne civique, le peuple le porte aux nues, la cour ne tarit pas sur cette profana-

---

1. Né à Constantinople en 1764, mort en 1812. — *Œuvres complètes de Chénier*, 5 vol. in-8°. — *Notices* de MM. Arnault, Daunou et Lemercier. — Charles Labitte, *Études littéraires*, t. II. — Villemain, *Œuvres complètes*, t. IV, p. 348. — *Œuvres d'Alexandre Duval*, t. V. — Jay, *Œuvres littéraires*, t. III. — *Mémoires de Barère*, t. IV. — *Œuvres de madame Roland*, t. II. — Madame de Staël, *Considérations sur la Révolution*. — Henri de Latouche, *la Vallée aux Loups*. — Chateaubriand, *Discours sur Joseph Chénier*.

tion. Monsieur (depuis Louis XVIII) s'écriait avec indignation qu'il n'avait rencontré personne qui eût vu *Charles IX* deux fois. « Je ne l'ai vu qu'une, répliqua Rulhière en fin courtisan. — Et moi, interrompit Arnault, alors secrétaire de Monsieur, je l'ai vu deux. » Mais le soir même il réparait son étourderie en adressant au prince ce quatrain :

> Cet excès de persévérance
> Pourrait-il m'être reproché ?
> Non ! l'on sait trop que ce péché
> Porte avec lui sa pénitence.

Quand on travaille pour ses contemporains, on risque de passer avec ses contemporains : les pièces révolutionnaires de la jeunesse de Chénier faillirent entraîner dans leur oubli les œuvres de sa maturité, celles où il marche vaillamment sur les traces des tragiques grecs, de Boileau, de Voltaire : *Tibère*, les épigrammes et quelques-unes des plus mordantes satires de notre littérature, l'*Épître à Voltaire*[1], le *Discours sur la calomnie*, les *Nouveaux Saints*, le *Docteur Pancrace*. Pendant un temps, sa réputation demeure offusquée, obs-

---

1. Il faut citer ces beaux vers de l'*Épître à Voltaire* :

> Survivant au pouvoir, l'immortelle pensée,
> Reine de tous les lieux et de tous les instans,
> Traverse l'avenir sur les ailes du tems,
> Brisant des potentats la couronne éphémère.
> Trois mille ans ont passé sur la cendre d'Homère...
> Et depuis trois mille ans, Homère respecté
> Est jeune encor de gloire et d'immortalité.

curcie par la gloire de son frère ; grâce à MM. Labitte et Villemain, on commença à lui rendre justice. Joseph Chénier est un écrivain de talent, de beaucoup d'esprit, mais le mot de génie ne s'associe pas à son nom, il faut le garder pour son frère : « Des œuvres fortes et nues, un grand but politique et une action simple, » voilà l'idéal tragique de cet esprit enchaîné par la tradition. Point de fantaisie, point d'imagination, peu d'invention ; le mépris de Shakespeare et des novateurs comme Chateaubriand, une versification sage et ferme, excluant le coloris et la métaphore, mais remarquable par la pureté, la concision, s'échappant parfois en traits d'une sévère éloquence[1]. « C'est beau, mais c'est froid », observait Talma après avoir lu *Tibère*. Il pare la rai-

---

[1] « Il y a dans les arts décoratifs, observe M. Anatole France, et dans l'ameublement un style directoire, un style rigide et lourd, non sans grandeur, que la Révolution avait empreint de majesté romaine, et auquel les souvenirs et les monuments de la campagne d'Égypte ajoutèrent une sorte de magnificence orientale. Tels sont les fauteuils d'acajou, ornés de sphinx de bronze, et les boiseries gréco-égyptiennes qu'on estime aujourd'hui après quatre-vingt-dix ans de mépris. Eh bien, ce style qui caractérise une époque et que le critique doit considérer avec attention, puisqu'il est le signe d'un temps, je le retrouve tout entier dans les *Épîtres* de Marie-Joseph et surtout dans quelques grands vers de la *Promenade*. L'ancien tribun les composa dans l'été de 1805, sous ces arbres de Saint-Cloud, pleins encore du souvenir de Bonaparte :

  Crédule, j'ai longtemps célébré ses conquêtes ;
  Au Forum, au Sénat, dans nos jeux, dans nos fêtes,
  Je proclamais son nom, je vantais ses exploits,
  Quand ses lauriers soumis se courbaient sous les lois,

son du charme des beaux vers, dit-il lui-même, et ce vers suffit à peindre son talent; et ceux-ci de sa pièce de *la Raison* résument sa poétique :

> C'est le bon sens, la raison qui fait tout :
> Vertu, génie, esprit, talent et goût.
> Qu'est-ce que vertu? raison mise en pratique ;
> Talent? raison produite avec éclat;
> Esprit? raison qui finement s'exprime ;
> Le goût n'est rien qu'un bon sens délicat
> Et le génie est la raison sublime.

Toujours raisonnable, toujours *fort de choses*, selon le mot de Lemercier, il les rend quelquefois plus fortes par l'expression et par le choix du personnage qui les doit dire. Ainsi Tibère, dans son monologue, flétrit lui-même la corruption publique, le Sénat, Rome entière briguant la servitude *(Homines ad servitutem pacatos).*

> Un seul! Et les Romains tremblent devant un homme!
> Les Romains!... où sont-ils? Dans les tombeaux de Rome!...

> Quand simple citoyen, soldat d'un peuple libre,
> Au bord de l'Éridan, de l'Adige ou du Tibre,
> Foudroyant tour à tour quelques tyrans pervers,
> Des nations en pleurs sa main brisait les fers,
> Ou quand son noble exil aux sables de Syrie
> Des palmes du Liban couronnait sa patrie,
> Mais, lorsqu'en fugitif regagnant ses foyers,
> Il vint contre l'empire échanger les lauriers,
> Je n'ai point caressé sa brillante infamie...

L'image presque abstraite, la ferme nudité du langage, la fierté civique du ton, c'est là du style et même du grand style. »

Mais que sont désormais les pères de l'Etat ?
Un fantôme avili qu'on appelle Sénat !
O lâches descendants de Déce et de Camille !
Enfants de Quintius ! Postérité d'Émile !
Esclaves accablés du nom de leurs aïeux,
Ils cherchent tous les jours leurs avis dans mes yeux,
Réservent aux proscrits leur vénale insolence,
Flattent par leurs discours, flattent par leur silence,
Et, craignant de penser, de parler et d'agir,
Me font rougir pour eux, sans même oser rougir !

Est-ce à Rome, est-ce à la Convention, aux assemblées politiques du Consulat que pensait Chénier en écrivant cette magnifique tirade ?

Esprit inconsistant et mobile, portant ses qualités et ses défauts à l'extrême, « inabordable au raisonnement quand on voulait combattre ses passions qu'il respectait comme ses dieux pénates[1] », associé par la peur ou par la violence de son âme à des actes déplorables, sa vanité hautaine et son caractère irritable, son esprit sarcastique[2], sa partialité fougueuse devaient

---

1. « Est-il possible, disait-il devant sa glace, qu'on prenne un héros de caserne, quand on a chez soi l'auteur de *Timoléon* ? » Il s'agissait d'une des beautés du salon de madame Tallien, qui lui avait préféré un général.

2. En 1790, se jugeant offensé par le comédien Naudet, il proposa « d'attacher une ficelle à la détente de deux pistolets qui seraient placés sur le front de chacun des combattants, et d'aposter un témoin qui, tirant à cette ficelle, ferait sauter la cervelle des deux adversaires ».

amonceler contre lui bien des colères et des rancunes. Aussi fut-il, à son tour, attaqué sans pitié, sans justice ; une brouille momentanée avec André, sa tragédie de *Timoléon*, où il exaltait le faux héroïsme d'un frère immolant son frère à la liberté de son pays, fournirent des prétextes à la calomnie ; celle-ci fit rage et ne respecta rien. Alors que Joseph Chénier avait tenté à plusieurs reprises de sauver la tête de son frère, suppliant qu'on l'oubliât dans sa prison, alors qu'on lui répondait de songer à se sauver lui-même, et qu'il s'attendait tous les jours à être arrêté, ses ennemis forgeaient de toutes pièces le roman fratricide. On débuta par une fusillade d'avant-garde.

Michaud écrivit que le peuple avait

> Pleuré plus de ses lois que de ses tragédies.

On rima contre lui des monologues où il disait :

> Qui médit de mes vers trahit la République.

Enfin arriva la sanglante accusation : « Sultan Chénier, demande Morellet, auriez-vous rapporté de Constantinople les mœurs des Ottomans, qui croient ne pouvoir régner qu'en étranglant leurs frères? » Il se retourna et répondit superbement, dans son *Discours sur la Calomnie* :

> Hélas! pour arracher la victime aux supplices,
> De mes pleurs chaque jour fatiguant vos complices,

J'ai courbé devant eux mon front humilié;
Mais ils vous ressemblaient : ils étaient sans pitié...
Auprès d'André Chénier avant que de descendre,
J'élèverai la tombe où manquera sa cendre,
Mais où vivront du moins et son doux souvenir,
Et sa gloire, et ses vers, dictés pour l'avenir.
Là, quand de Thermidor la septième journée,
Sous les feux du Lion ramènera l'année,
O mon frère! je veux, relisant tes écrits,
Chanter l'hymne funèbre à tes mânes proscrits.
Là souvent tu verras, près de ton mausolée,
Tes frères gémissants, ta mère désolée,
Quelques amis des arts, un peu d'ombre et des fleurs;
Et ton jeune laurier grandira sous mes pleurs.

Auteur dramatique de second ordre, Joseph se place au premier rang des faiseurs d'épigrammes et de satires. « Là, dit M. Labitte, la plaisanterie se montre franche, dégagée, de bon aloi; le poète ne pointille pas sur l'idée comme Rivarol, il n'enjolive pas de petites ironies comme Gresset; c'est la raison droite de Boileau, c'est l'impitoyable bon sens de Voltaire. » Le trait s'échappe du style comme d'un ressort et touche aussitôt le but. Se moque-t-il de madame de Genlis :

C'est Philaminte encor, mais un peu janséniste.

La Harpe l'a raillé, haro sur La Harpe! qu'il fait ainsi parler dans *les Nouveaux Saints* :

Je prétends avec Dieu causer sur bien des choses,
Et régenter là-haut les habitants du ciel..

Car je fus ici-bas régent universel...
Avant Dieu j'ai jugé les vivants et les morts.

Ce qui ne l'empêchera pas de préserver La Harpe de la proscription. Chénier paraît avant tout l'homme des contradictions. Il vote la mort du roi, il adhère à bien des mesures sanglantes[1], mais, après Thermidor, il parle en faveur des conventionnels proscrits, il obtient le rappel de Talleyrand, protège d'Avrigny, Regnault de Saint-Jean-d'Angely, et même Dupont de Nemours dont il avait à se plaindre. *Caïus Gracchus* est, comme *Fénelon*, comme *Timoléon*, infecté de tout le pathos révolutionnaire et philosophique de l'époque, mais il y a là des maximes d'humanité et surtout un vers qui rachètent le reste.

Des lois et non du sang!

« Non! hurla le représentant Albitte, furieux des applaudissements du parterre. C'est le vers d'un ennemi de la liberté! A bas les maximes contre-révolu-

---

1. Joseph Chénier, ayant proposé la loi de déportation, reçut ce petit amendement:

Chénier veut qu'on le croie un sublime orateur,
Un Sophocle nouveau, le vainqueur de Voltaire,
Et qui pis est encor, profond législateur:
Il prétend déporter qui soutient le contraire.
Grâce, grâce, monsieur Chénier!
En vain, voulez-vous faire un désert de la France;
Quand vous déporteriez jusqu'au dernier barbier,
Pourriez-vous aux roseaux commander le silence?

tionnaires ! Du sang et non des lois ! » Ainsi Chénier, au milieu de ses excès, gardait le culte de la pitié. La montagne veut le mettre à l'épreuve, le nomme rapporteur d'un projet pour la *panthéonisation* de Marat et la dépanthéonisation de Mirabeau : il ne refuse point, mais il a le courage de la réticence, parle de *devoir pénible*, rend *hommage* au génie de Mirabeau et ne souffle mot de Marat. Plus tard, il approuvera le 18 Brumaire, écrira sa tragédie de *Cyrus* pour obtenir la dignité de sénateur, mais, courtisan novice, il ne pourra s'empêcher d'y mêler des maximes libérales qui irritent l'empereur ; et lorsque paraîtra l'*Épitre à Voltaire*, il perdra sa place d'inspecteur général des études. Il hait Napoléon, mais finit par se résigner à lui tendre la main : à la première demande, on lui accordera une pension de huit mille francs, suivie d'autres grâces. Cet idéologue, ce grand partisan de la liberté porte dans la société du penchant au despotisme ; ce parangon de l'égalité traite de très haut ceux qu'il croit ses inférieurs, étale avec orgueil un ruban à sa boutonnière et se donne des airs de tyran littéraire à l'Académie. Enfin, après avoir déchiré à belles dents ses collègues, il s'applique à réparer ses torts, va au-devant des réconciliations, et, dans son *Tableau de la littérature française depuis 1789*, rend hommage à Suard, Morellet, Michaud, La Harpe lui-même et madame de Genlis.

Le diable se faisait ermite, mais, auparavant, comme

il avait marqué de ses griffes les corps des victimes! Jugez-en par quelques épigrammes.

MORELLET.

Quand l'abbé Morellet écrit,
Ne lui demandez pas d'esprit ;
C'est un impôt dont il s'exempte,
Et ce doyen des vieux enfants
Ne tient pas à quatre-vingts ans
Ce qu'il promettait à soixante.

REWBELL.

Rewbell directeur! le pauvre homme?
Devait-on s'attendre à cela?
Pourquoi non? Sous Caligula
Il eût été consul à Rome.

TALLEYRAND.

Roquette dans son temps, Périgord dans le nôtre
Furent tous deux prélats d'Autun.
Tartufe est le portrait de l'un ;
Ah! si Molière eût connu l'autre!

ROEDERER.

Jean Rœderer, ennuyeux journaliste,
De son squelette a fait peindre les traits.
Vingt connaisseurs, rassemblés tout exprès,
Sont à loisir consultés par l'artiste.
— Çà, mes amis, est-il bien ressemblant?
A ce visage avec soin je travaille.
Nul ne répond ; chacun regarde et bâille.
— Bon, dit le peintre : on bâille, il est parlant.

Sur un député gascon, M. Crassous, membre du Sénat :

> Que des humains la faiblesse est étrange !
> Dit l'autre jour un député gascon ;
> Depuis neuf ans, émule de Solon,
> Avec pitié je vois comme tout change :
> Chaque parti devient minorité ;
> Mais, narguant seul la publique inconstance,
> Depuis neuf ans, grâce à ma conscience,
> Je suis toujours dans la majorité.

Lorsque l'abbé Delille revint en France, rapportant de son exil des poèmes artistement champêtres, le souvenir amer de la persécution terroriste, son adhésion aux idées nouvelles, Chénier, jacobin et morose, lui décocha ce cruel persiflage :

> Marchand de vers, jadis poète,
> Abbé, valet, vieille coquette,
> Vous arrivez : Paris accourt.
> Eh ! vite une triple toilette :
> Il faut unir à la cornette
> La livrée et le manteau court.

> Vous mîtes du rouge à Virgile,
> Mettez des mouches à Milton ;
> Vantez-nous bien du même style
> Et les émigrés et Caton ;
> Surpassez les nouveaux apôtres
> En théologales vertus ;
> Bravez les tyrans abattus
> Et soyez aux gages des autres.

Vous ne nous direz plus adieu ;
Nous rendons les clefs de saint Pierre ;
Mais, puisque vous protégez Dieu,
N'outragez plus feu Robespierre.
Ce grand pontife aux indévots
Rendit quelques mauvais offices ;
Il eût été votre héros
S'il eût donné des bénéfices.

. . . .

Et pour finir, l'épitaphe de l'auteur composée par lui-même :

Je vécus un moment, triste et gai, sage et fou,
Je ne sais d'où je viens, et vais je ne sais où.

Un jour, dans le salon de madame de Staël, Guillaume Schlegel se mit à parler avec passion du théâtre allemand, fort inconnu alors en France, et traduisit à livre ouvert quelques fragments d'*Egmont*. Madame de Staël approuvait avec enthousiasme. Enfin vient, dans le monologue du duc d'Albe, ce fameux passage : « Egmont, ton cheval t'emporte dans ma cour bien rapidement ! il ne craint pas l'odeur du sang ? Il n'a donc pas vu sur le seuil le spectre qui l'a reçu l'épée à la main ? Descends... Bon, un pied dans la fosse ! deux ! » Que c'est beau ! mon Dieu ; que c'est beau ! s'écriait madame de Staël. Mais, pendant toute cette lecture, Chénier ne cessait de hausser les épaules et de lever les yeux au ciel. A la dernière exclamation de madame de Staël, il n'y tint plus, saisit le bras de M. Fauriel, en lui disant avec agitation : « Décidément ! je crois que la bonne femme devient folle ! » Et il quitta brusquement le salon. Il ne possédait point l'art d'avoir tort avec adresse, qui est avoir presque raison, ni celui d'avoir raison avec grâce, qui est avoir deux fois raison.

I. — LEBRUN PINDARE [1]

Celui-là fut, à tout prendre, un assez vilain homme : secrétaire des commandements du prince de Conti, protégé des grands, pensionné par le roi, il n'hésitait point alors à comparer Calonne à Sully ; plus tard, il poursuivit Marie-Antoinette dans des vers odieux, devint le poète officiel de la Convention comme David en était le peintre, reprit sa lyre pour chanter Napoléon, prodigua sa muse vénale au succès [2]. Il eut, par sa faute, des malheurs conjugaux (on prétendit

---

1. Né à Paris en 1729, mort en 1807. — *Œuvres choisies de Lebrun*, 2 vol. — Sainte-Beuve, *Causeries du Lundi*, t. V, et *Portraits littéraires*, t. Ier. — Joseph Chénier, *Tableau de la littérature française*. — Gerusez, *ouv. cité*.

2. Chamfort interprétait ainsi la fameuse devise « la Fraternité ou la Mort » : — Sois mon frère ou je te tue ! — Lebrun la traduisit dans ce distique :

L'aimable siècle où l'homme dit à l'homme:
Sois mon frère ou je t'assomme !

qu'il avait vendu sa femme au prince de Conti), et, dans son élégie infamante à Némésis, trouva le moyen de la flétrir en même temps que sa sœur et sa mère. Comme lyrique, son style, son procédé, se rapprochent beaucoup d'Alfieri [1] : il a du souffle, l'amour des expressions rares et du sublime, la noblesse et la force ; mais il est raide et sec, mythologique et guindé, sans grâce ni mollesse, avec un abus fatigant des hardiesses et la manie de marier des mots qui hurlent de s'allier ensemble ; ses odes, selon l'expression de Bernardin de Saint-Pierre, nous révèlent plutôt les rochers que les vallons du Parnasse. Fontanes l'appelle un poète de mots. Il excelle dans l'épigramme où se déploie librement son talent amer et irascible, et, pour se justifier, il affirme qu'il n'y a que les bonnes gens qui font les bonnes épigrammes ; mais n'attendez pas de lui la malicieuse raillerie, l'imagination riante, l'enjouement de Piron ; il ne s'amuse point, il se venge ; il se venge de ses ennemis, de ses amis, de ses bienfaiteurs, il attaque, il mord, il lance un trait presque toujours empoisonné. Lorsque Ginguené, son ami de la première heure, se chargea de recueillir ses œuvres, il trouva, paraît-il, dans les papiers du poète, dix épi-

---

[1]. On demandait, après la Terreur, au poète Alfieri, pourquoi il avait abjuré ses opinions démocratiques d'autrefois. Il répondit : « Je connaissais les grands, je n'avais pas vu les petits ». Voy. *Vie d'Alfieri.* — Voir aussi Villemain.

grammes contre lui-même. Voici quelques-unes de ces méchancetés rimées :

A Chloé :

Chloé, belle et poète, a deux petits travers,
Elle fait son visage et ne fait pas ses vers [1].

---

1. Chloé, pseudonyme de la comtesse Fanny de Beauharnais ; il était son ami, son hôte, et peut-être un de ses teinturiers poétiques. Elle se reconnut dans le distique et résolut de se venger. Un jour donc, après un grand dîner, les convives rentrent au salon, chuchotent, s'exclament, s'empressent vers la cheminée, tandis que Lebrun prend son chapeau et s'esquive. Il avait aperçu un élégant petit cadre, au milieu duquel s'étalaient les deux vers, avec cette légende explicative : *Vers faits contre moi par M. Lebrun, qui dîne aujourd'hui chez moi.* Mais cette spirituelle vengeance était une arme à deux tranchants : l'anecdote se répandit, et tout ce que que madame de Beauharnais y gagna, c'est que le public biffa le pseudonyme pour écrire à la place le nom véritable. — Arnault raconte à ce propos qu'un jour Rivarol aborda Lebrun et lui dit : « Connaissez-vous le distique sur la vicomtesse de Beauharnais ? » Lebrun hésite et répond : « Non. » — « Alors, écoutez-le, » reprend Rivarol, et il le récite. « Eh bien, maintenant, comment trouvez-vous l'épigramme ? — Pas mauvaise. — Je le crois bien. — Et de qui est-elle ? — Ne devinez-vous pas ? — De vous, peut-être ? — Est-ce que cela ne vous paraît pas possible ? — Au reste, dit Lebrun, pourquoi ne l'auriez-vous pas faite ? Je l'ai bien faite aussi, moi ! » On trouvera sur les littérateurs et les salons du xviiie siècle beaucoup de curieux détails dans les livres de M. Gustave Desnoiresterres : *Études sur Voltaire*, 8 vol.; — *Grimod de la Reynière et son groupe*, in-12. — *le Chevalier Dorat*, in-12 ; — *la Comédie satirique au XVIIIe siècle*, in-8 ; — *Épicuriens et lettrés*, in-12, Perrin, éd.

A Suard qui exaltait ses épigrammes pour déprécier ses *Odes* :

> Dans l'épigramme au moins j'ai su te plaire ;
> Là je suis bon ; tu le dis, je le croi ;
> Je n'ai pourtant jamais parlé de toi :
> O mon ami ! la meilleure est à faire.

Au même, après sa nomination d'académicien :

> Suard, admis au docte aréopage,
> Sollicitait six mois pour son discours.
> Lors un quarante : Accordons-les toujours,
> Ce n'est pas trop pour son premier ouvrage.

Dialogue entre un pauvre poète et l'auteur :

> On vient de me voler. — Que je plains ton malheur !
> Tous mes vers manuscrits. — Que je plains le voleur !

Sur Dorat :

> Dorat, qui veut tout essayer, tout feindre,
> Trompe à la fois et la gloire et l'amour
> Il est si bien le poète du jour,
> Qu'au lendemain il ne saurait atteindre.

Défense de La Harpe :

> Non, La Harpe au serpent n'a jamais ressemblé
> Le serpent siffle et La Harpe est sifflé [1].

---

1. Parmi les épigrammes du xixe siècle, une des meilleures assurément et des moins connues est celle de Lamartine au chan-

Sur Lalande, l'astronome :

> Fuyez monsieur de la Comète,
> C'est de tous les pédants le plus fastidieux :
> Aussi bavard que laid, aussi laid qu'ennuyeux,
> Des astres il fait la gazette ;
> Son esprit est dans sa lunette ;
> Il n'en est que plus sot quand il descend des cieux.

Sur Lemierre qui se vantait d'une traduction italienne qu'on venait de faire de sa tragédie de *Guillaume Tell* :

> Un Pradon Suisse, enflé d'un faux succès,
> Dit qu'on l'avait traduit en langue étrusque.
> Certain railleur repartit d'un ton brusque :
> On devrait bien vous traduire en français.

Sur les poètes de l'Académie :

> Malgré deux succès dramatiques,
> La Harpe n'est qu'un rimailleur,
> Chamfort polit des vers étiques,

sonnier N*** qui, après le 2 Décembre, avait refusé une invitation du poète pour aller chez la princesse Mathilde :

> Hier, un vaincu de Pharsale
> M'offrait un dîner d'un écu :
> Le vin est bleu, la nappe est sale,
> Je n'irai point chez ce vaincu.
> Mais que la cousine d'Auguste
> M'invite en sa noble maison,
> J'accours, j'arrive à l'heure juste.
> Chansonnier, vous avez raison !

Lemierre en forge d'helvétiques ;
Saint-Lambert les fait narcotiques :
Marmontel ne plaît qu'au railleur.
L'adroit et gentil émailleur,
Qui brillanta les Géorgiques,
Des poètes académiques,
Delille est encore le meilleur.

Sur ce qu'on disait que Saint-Lambert composait un poème sur le génie :

Oh ! quelle étrange calomnie !
Je n'en crois rien, en vérité ;
Saint-Lambert peindre le génie !
C'est l'hiver qui peindrait l'été.

A Florian, auteur d'une fade pastorale [1] :

Dans ton beau roman pastora
Avec tes moutons pêle mêle,
Sur un ton bien doux, bien moral,
Berger, bergère, auteur, tout bêle.
Puis bergers, auteur, lecteur, chien,
S'endorment de moutonnerie.
Pour réveiller la bergerie,
Oh ! qu'un petit loup viendrait bien !

1. Florianet Pulcinella, comme on l'appelait, aurait volontiers mis dans sa conversation ce petit loup qui manquait dans ses livres, si l'excellent duc de Penthièvre, son protecteur et son hôte, n'eût imposé une sourdine à son esprit railleur. Son naturel courtisan et rusé contribuait à le contenir et il ne sortait de cette réserve qu'avec ses amis intimes, passant sa vie dans un enchantement perpétuel, au milieu des fêtes dont il était l'âme, acteur et metteur en

Sur le Dictionnaire de l'Académie :

> On fait, défait, refait ce fameux dictionnaire
> Qui, toujours très bien fait, reste toujours à faire.

A Rivarol, qui avait pris avant la Révolution le titre de comte :

scène de ses comédies, lisant et relisant les romans, les fabliaux, premières richesses de notre langue, sources auxquelles son talent s'abreuva largement. Le succès de ses premiers essais ne fit pas illusion à tout le monde. « Quand je lis *Numa*, disait Marie-Antoinette, il me semble que je mange de la soupe au lait. » Rivarol, de son côté, avait déjà pénétré le factice de ce genre, la monotonie de la manière : rencontrant Florian avec un manuscrit anodin qui sortait à demi de sa poche : « Ah ! monsieur, s'écria-t-il, si l'on ne vous connaissait pas, comme on vous volerait ! » C'est Florian lui-même qui, dans la préface de son *Théâtre*, prend soin de définir son Arlequin, tel qu'il l'a compris, avec les différences qui le séparent de ceux de Delisle et Marivaux, un Arlequin toujours ingénu et tendre, simple sans être bête, croyant ce qu'on lui dit, faisant ce qu'on veut, se mettant de moitié dans les pièges qu'on lui tend ; cet Arlequin n'a point de raison, il n'a que de la sensibilité ; il se fâche, s'apaise, s'afflige, se console dans le même instant. Lisez *les deux Billets, le Bon Ménage, le Bon Père, les Jumeaux, la Bonne Mère, le Bon fils*, vous y rencontrerez maint trait de bonne comédie, comme ce cri d'Arlequin : « *Et pourquoi me le dire ? Je n'en étais pas sûr !* » lorsque sa femme lui avoue qu'elle a vu Lélio contre lequel il a conçu de la jalousie ; comme ce mot du même Arlequin à sa fille : « Je te donne tout ce que je possède ; la plus sûre manière pour que je ne manque de rien, c'est que tu aies tout. » Il avait composé la comédie du *Bon Père* pour la fête du duc de Penthièvre, mais le secret ayant été découvert, le prince s'opposait par dévotion à ce qu'on la jouât ; Florian s'avança sous le masque d'Arlequin, et parodiant le mot de Molière : « Nous es-

D'autres ont perdu leur comté ;
Mais toi, Damis, plus je calcule,
Plus je vois que, tout bien compté,
Tu n'as perdu qu'un ridicule.

Sur La Harpe, qui venait de parler du grand Corneille avec irrévérence :

Ce petit homme, à son petit compas,
Veut sans pudeur asservir le génie ;
Au bas du Pinde il trotte à petits pas

périons, dit-il, vous donner aujourd'hui la comédie du *Bon père*, mais M. le duc de Penthièvre ne veut pas qu'on le joue. » Le prince sourit et céda.

Quant aux *Fables* de Florian [1], elles furent à peine publiées qu'elles lui valurent la réputation de second fabuliste français : *Longo sed proximus intervallo*. Lancé en 1793, en pleine Terreur, ce gracieux volume, avec ses vers riants et frais, sa morale aimable et parfois malicieuse, fit l'effet, selon le mot de Morellet, d'un agneau égaré loin de sa bergerie et tombé au milieu des loups. Et lui aussi, avec son âme frêle et peu énergique, était comme un agneau livré aux fauves ; et lorsqu'il sortit de prison après Thermidor, il passa des cachots dans son lit de mort, où l'emporta rapidement, à l'âge de trente-neuf ans, une fièvre chaude, suite des angoisses qu'il avait subies. Faut-il s'étonner si la *Quotidienne* lui reprocha d'avoir désavoué, après le malheureux voyage de Varennes, l'honneur d'avoir défendu la famille royale ? La Révolution enfanta des miracles d'égoïsme, des miracles de pusillanimité.

1. *Œuvres de Florian.* — *Fables*, 1 vol. — *Théâtre*, 3 vol. — *Estelle, Galatée, Numa Pompilius, Gonzalve de Cordoue*. — *Précis historique sur les Maures*. — Lacretelle, *Dix années d'épreuves*. Éloge académique prononcé le 10 septembre 1812. — Sainte-Beuve, *Causeries du Lundi*, t. III. — Il est assez piquant de rappeler que, le 31 mai 1788, Florian écrivait à son ami Boissy d'Anglas qu'il venait d'obtenir en trois semaines le brevet de lieutenant-colonel, la croix de Saint-Louis, le fauteuil académique, enfin une abbaye à six lieues de Paris pour une de ses tantes.

Et croit franchir les sommets d'Aonie.
Au grand Corneille il a fait avanie,
Mais, à vrai dire, on riait aux éclats
De voir ce nain mesurer un Atlas ;
Et redoublant ses efforts de pygmée,
Burlesquement roidir ses petits bras
Pour étouffer si haute renommée !

Sur Andrieux [1] :

Sœur Andrieux, contez, contez, entendez-vous ?
Si vous ne dormez pas, ma sœur, endormez-nous.

Sur Baour-Lormian [2] :

Sottise entretient la santé,
Baour s'est toujours bien porté.

Mais, cette fois, Baour-Lormian le fit quinaud, en ripostant avec esprit :

Lebrun de gloire se nourrit
Aussi voyez comme il maigrit !

1. Je demande grâce pour ce quatrain de Lebrun, où respire la verve gauloise et rabelaisienne de nos aïeux :

Si l'empereur faisait un ...
Geoffroy dirait qu'il sent la rose,
Et le Sénat aspirerait
A l'honneur de prouver la chose.

2. Baour-Lormian ne fut pas moins bien inspiré lorsqu'il lui décocha ce sixain :

Connaissez-vous ce vieux barbon,
Devant lui sans cesse en extase ?
Son goût est pur, son cœur est bon,
Il a Marat pour Apollon,
La Montagne pour Hélicon,
Et sa servante pour Pégase.

« Lebrun a toutes les qualités du lyrique, écrit Chateaubriand ; ses yeux sont âpres, ses tempes chauves, sa taille élevée, et quand il récite son *Exegi monumentum*, on dirait qu'il se croit aux jeux Olympiques. Lebrun ne s'endort jamais qu'il n'ait composé quelques vers, et c'est toujours dans son lit, entre trois et quatre heures du matin, que l'esprit divin vient le visiter. Quand j'allais le voir, le matin, je le trouvais entre trois ou quatre pots sales, avec une vieille servante qui faisait son ménage. — Mon ami, me disait-il, j'ai fait cette nuit quelque chose, oh ! si vous l'entendiez ! — Et il commençait à tonner sa strophe, tandis que son perruquier qui enrageait lui disait : « Monsieur, tournez donc la tête ! » et avec les deux mains, il inclinait la tête de Lebrun, qui oubliait bientôt le perruquier et recommençait à gesticuler et à déclamer. »

S'il commit de fort méchantes actions, Lebrun eut parfois du courage et de la dignité : la recommandation de mademoiselle Corneille à Voltaire, l'amitié pour Buffon et pour André Chénier, ce sont là des traits qui rachètent un peu ses fautes. On connaît cette belle strophe à Buffon.

> Flatté de plaire aux goûts volages
> L'esprit est le dieu des instants.
> Le génie est le dieu des âges :
> Lui seul embrasse tous les temps.

Buffon était en effet sa grande admiration, et, après Buffon, Montesquieu, qu'il range avec Bossuet au premier rang des *génies lyriques s'ils l'eussent voulu*. Mais n'est-il pas curieux de penser que Lebrun vivra plutôt dans la mémoire des hommes par l'esprit, que par le génie dont il se croyait plein?

IV. — LA HARPE [1].

La Harpe fit de mauvaises tragédies, de mauvaise politique, de bonne critique, et dans sa soif de juger, ménagea si peu les amours-propres qu'il souleva contre lui de véritables coalitions et devint, à certains moments, le bouc émissaire de l'opinion. Il avait si fort la passion de régenter que, tout jeune encore, installé chez Voltaire qu'il appelait *papa*, qui l'appelait *mon fils*, il ne pouvait s'empêcher de le censurer, de relever ses vers faibles et de les corriger sans crier gare : et le plus curieux, c'est, paraît-il, que Voltaire cédait souvent, en disant avec bonhomie : « Le petit a raison, c'est mieux comme cela. » Et, vers la fin de sa vie, tout en rendant justice au *Génie du Christianisme*, il

---

[1]. Né à Paris en 1739, mort en 1803. — *Cours de littérature.* — *Correspondance littéraire.* — *Théâtre* de La Harpe. — Sainte-Beuve, *Causeries du Lundi*, t. V. — Colnet, *Correspondance turque.* — *Mémoires* de Morellet, de Tilly, de d'Allonville, de la baronne d'Oberkirch.

invitait Chateaubriand à s'enfermer avec lui quelques matinées. « Nous ôterons tous ces défauts qui les font crier, pour n'y laisser que les beautés qui les offensent. »

Nul n'échappe à sa destinée. Le *Quintilien français* était né professeur, *empereur de rhétorique*, armé du sceptre et de la férule; s'il avait fait son métier, tout son métier, rien que son métier, peut-être eût-on subi avec patience ses coups de boutoir, mais il commit l'insigne maladresse d'aspirer au rôle de Despréaux *et de le compliquer de celui de Pradon*, de déchiqueter les œuvres de ses confrères et de prêter le flanc aux représailles [1] par ses chutes dramatiques, ses mariages

---

1. J'ai déjà cité deux épigrammes de Lebrun, celle de Gilbert est dans toutes les mémoires.

C'est ce petit rimeur, de tant de prix enflé,
Qui sifflé pour ses vers, pour sa prose sifflé,
Tout meurtri des faux pas de sa muse tragique,
Tomba de chute en chute au trône académique.

En voici d'autres qui ont aussi leur saveur :

Si vous voulez faire bientôt
Une fortune immense et pourtant légitime,
Il vous faut acheter La Harpe ce qu'il vaut
Et le vendre ce qu'il s'estime.

(Le président Rosset.

Énigme :

J'ai, sous un même nom, trois attributs divers.
Je suis un instrument, un poète, une rue ;
Rue étroite, je suis des passants parcourue,
Instrument, par mes sons je charme l'univers,
Rimeur, je l'endors par mes vers. —

... La Harpe a le feu céleste
Et Naigeon le feu d'enfer.

malheureux, ses prétentions de tout genre et son peu d'attention à ne point rendre pénible l'opinion qu'il avait conçue de lui. « Je puis faire des nobles comme vous, disait Charles-Quint à ses courtisans, je ne puis faire un peintre comme Titien. » Voltaire pouvait bien ouvrir les portes de l'Académie à son premier lieutenant, mais non lui donner son génie, et, bien qu'il saluât en lui « le Restaurateur des belles-lettres », il lâchait un mot terrible qui caractérise bien la chaleur stérile de son favori, ses élans impuissants : « C'est un four qui toujours chauffe et où rien ne cuit. » Violente et passionnée, cette âme va d'un pôle à l'autre, brusquement, d'un seul bond, sans souci du qu'en-

> Partout ces deux Prométhées
> Vont créant mortels nouveaux ;
> La Harpe fait des athées,
> Et Naigeon fait des dévots.
> (M.-J. Chénier.)

Il mène son Pégase au petit pas, disait encore Lebrun ; il rampe avec art dans ses timides vers. — Un étranger prétendait ne l'avoir jamais entendu que *soliloquer* ses talents. — On ne lui ménageait pas davantage les sobriquets : « *Bébé* (c'était le nom du bouffon du roi Stanislas), Harpula, Psaltérion, Cithara, Laharpie. » — « La Harpe est une rosse qui a de beaux crins, » remarquait Diderot, et Chénier le surnomme le Grand Perrin Dandin de la littérature. En 1778, il était dans un tel discrédit que l'abbé de Boismont disait malignement : « Nous aimons tous infiniment M. de La Harpe, notre confrère, mais on souffre, en vérité, de le voir arriver toujours l'oreille déchirée. » — Plût au ciel qu'il eût observé lui-même la recommandation qu'il faisait à Tilly de ne se brouiller qu'avec les sots!

dira-t-on, ni du danger; après la conversion, il semble avoir oublié le passé, tant il s'acharne contre ses anciens amis, contre ses doctrines de la veille, comme s'il espérait aussi que tout le monde avait perdu la mémoire de ce qu'il disait ou écrivait. Naguère, en plein Lycée, coiffé d'un bonnet rouge, il déclamait l'hymne révolutionnaire.

> Du fer ! Il boit le sang; le sang nourrit la rage
> Et la rage donne la mort!

Mais voilà que, dans les cachots de la Terreur, il rencontre deux évêques, une femme aimable, lit l'*Imitation de Jésus-Christ*, et tombant sur ces paroles : « Me voici, mon fils, je viens à vous parce que vous m'avez invoqué ! » il reçoit le coup de foudre, ce qu'il appelle le coup de la grâce, qui le renverse et le retourne. Seulement, son repentir ne saurait se manifester dans la retraite et l'humilité, c'est un repentir bruyant et magnifique, quelque chose comme le repentir de ces croisés qui ne se croyaient rachetés devant le Seigneur s'ils n'avaient occis plusieurs centaines de Sarrasins et rempli le monde de leurs exploits apostoliques. Se donner la discipline sur le dos du voisin, ce n'est pas très chrétien, mais quoi de plus humain ? Dans le bien comme dans le mal, l'âpre personnalité de La Harpe revenait au galop, gâtant les meilleures causes par son emportement, se passionnant pour la raison hors de toute raison. Personne n'oublia autant le divin précepte : « Ne faites pas aux autres ce que vous ne voudriez point qu'on vous fît »; personne n'en fut plus durement puni; mais il avait l'orgueil du cèdre, et, tantôt à coups de prose, tantôt à coups de rimes, satirisait ses ennemis. Je citerai ses deux meilleures épigrammes.

> Connaissez-vous Chamfort, ce maigre bel esprit,
> Et ce pesant Rulhière, à face rebondie?
>   Tous deux sont pleins de jalousie,
>   Mais l'un en meurt, et l'autre en vit.

MADAME DE GENLIS.

> Je sais assez passablement
> L'orthographe et l'arithmétique ;
> Je déchiffre un peu la musique,
> Et la harpe est mon instrument.
> Le matin ma tête est sensée
> Et devient faible sur le soir ;
> Je suis Monsieur dans mon lycée
> Et Madame dans mon boudoir.

Il y a de bonnes pages dans le *Cours de Littérature*, mais rien qui approche de la *Prophétie* de Cazotte, son chef-d'œuvre, un des morceaux les plus piquants que l'on ait écrits sur la Révolution, sur ses précurseurs. Rappelons-en les principaux passages.

... Il me semble que c'était hier, et c'était cependant au commencement de 1788. Nous étions à table chez un de nos confrères à l'Académie, grand seigneur et homme d'esprit. La compagnie était nombreuse et de tout état : gens de cour, gens de robe, gens de lettres, académiciens, etc. On avait fait grande chère comme de coutume. Au dessert les vins de Malvoisie et de Constance ajoutaient à la gaieté de bonne compagnie cette sorte de liberté qui n'en gardait pas toujours le ton... Chamfort nous avait lu de ses contes impies et libertins, et les grandes dames avaient écouté sans avoir même recours à l'éventail. De là un déluge de plaisanteries sur la religion : l'un citait une tirade de *la Pucelle*; l'autre rappelait des vers *philosophiques* de Diderot... Un des convives nous raconta en pouffant de rire que son coiffeur lui avait dit, tout en le poudrant : « Voyez-vous, monsieur, quoique je ne sois qu'un misérable carabin, je n'ai pas plus de religion qu'un autre. » On conclut que la Révolution ne tardera pas à se couronner, qu'il faut absolument que la superstition et le fanatisme fassent place à la philosophie, et l'on en est à calculer la probabilité de l'époque et quels seront ceux de la société qui verront le règne de la raison...

Un seul des convives n'avait point pris de part à toute la joie de cette conversation et avait même laissé tomber tout doucement quelques plaisanteries sur notre bel enthousiasme. C'était Cazotte, homme aimable et original, mais malheureusement infatué des rêveries des illuminés. Il prend la parole et du ton le plus sérieux :

— Messieurs, soyez satisfaits, vous verrez tous cette grande et sublime Révolution que vous désirez tant. Vous savez que je suis un peu prophète ; je vous le répète, vous la verrez.

On se récrie, on le raille, on le harcèle, Condorcet reçoit le premier sa réponse.

— Ah! voyons, dit-il, avec son air et son rire sournois et niais, un *philosophe* n'est pas fâché de rencontrer un *prophète*.

— Vous, monsieur de Condorcet, vous expirerez étendu sur le pavé d'un cachot; vous mourrez du poison que vous aurez pris pour vous dérober au bourreau, du poison que le *bonheur* de ce temps-là vous forcera de porter toujours sur vous.

On rit, Chamfort rentre en lice avec le sourire du sarcasme. Cazotte vaticine qu'il se coupera les veines de vingt-deux coups de rasoir; ensuite, c'est le tour de Vicq d'Azyr, de MM. de Nicolaï, Bailly, Malesherbes, Roucher, tous présents. Et comme le mot d'*échafaud* est le perpétuel refrain.

— Oh! c'est une gageure, s'écrie-t-on de toutes parts. Il a juré de tout exterminer.
— Non, ce n'est pas moi qui l'ai juré.
— Mais nous serons donc subjugués par les Turcs et les Tartares?
— Point du tout, je vous l'ai dit, vous serez alors gouvernés par la seule *philosophie*, par la seule *raison*.
— Voilà bien des miracles, dit alors La Harpe, et vous ne m'y mettez pour rien?
— Vous y serez pour un miracle tout aussi extraordinaire; vous serez alors *chrétien*.

Ici les figures rembrunies se dérident.

— Ah! ricane Chamfort, je suis rassuré; si nous ne devons périr que quand La Harpe sera chrétien, nous sommes immortels.

La duchesse de Grammont prend la parole :

— Pour ça, nous sommes bien heureuses, nous autres femmes, de n'être pour rien dans les *révolutions*. Quand je dis pour rien, ce n'est pas que nous ne nous en mêlions toujours un peu, mais il est reçu qu'on ne s'en prend pas à nous, et notre sexe...

— Votre sexe, mesdames, ne vous en défendra pas cette fois, et vous aurez beau ne vous mêler de rien, vous serez traitées tout comme les hommes, sans aucune différence quelconque...

Le drame se noue, la scène devient de plus en plus poignante, Cazotte développe sa pensée qui tombe comme un arrêt de mort; chaque parole est une prophétie lugubre.

— Vous verrez, essaye de dire avec ironie la duchesse de Grammont, qu'il ne me laissera seulement pas un confesseur ?

— Non, madame, vous n'en aurez pas, ni vous, ni personne. Le dernier supplicié qui en aura un par grâce sera ...

Il s'arrêta un moment :

— Eh bien, quel est donc l'heureux mortel qui aura cette prérogative ?

— C'est la seule qui lui restera, et ce sera le roi de France !

Le maître de la maison se leva brusquement, et tout le monde avec lui...

Puis le post-scriptum qui imprime au récit sa vraie moralité. La Harpe suppose qu'on l'interroge si cette prédiction est véritable : — Qu'appelez-vous vrai ? Ne l'avez-vous pas vu de nos jours ? « Oui les faits, mais la prédiction, une prophétie si extraordinaire !... » C'est-à-dire que tout ce qui vous paraît ici de plus merveilleux, c'est la prophétie. Vous vous trompez... Le prodige réel, ce n'est pas la prophétie, c'est l'entassement de faits monstrueux. « Si, conclut La Harpe, vous en êtes encore à ne voir dans tout ce que nous avons vu que ce qu'on appelle une *révolution;* si vous croyez que celle-là est comme une autre, c'est que vous n'avez ni lu, ni réfléchi, ni senti. En ce cas, la prophétie même, *si elle avait eu lieu,* ne serait qu'un miracle de plus perdu pour vous comme pour les autres, et c'est là le plus grand mal. »

Il me semble que cette page n'est nullement inférieure aux scènes de nos plus grands tragiques; c'est là une inspiration de génie où le talent d'exécution est égal au talent de conception, où La Harpe remplit tout entier le vœu de Montaigne recommandant aux auteurs de « naturaliser l'art et d'artialiser la nature ». « Les diamants ne pèsent jamais lourd », répondait un

13.

fin lettré à quelqu'un qui s'étonnait qu'on nommât de l'Académie un candidat dont le bagage lui semblait léger. Heureux les écrivains qui laissent, comme La Harpe, un diamant que la postérité recueille dans son écrin !

IV

MERCIER

Les talents dévoyés. — Rétif de la Bretonne. — Une définition du goût. — Mercier, le premier livrier de France. — Son orgueil, ses théories novatrices. Le radicalisme littéraire. — « La prose est à moi! » — Épigrammes. — Deux pestiférés de la littérature. — Réponse de Voltaire. — Crébillon père et Crébillon fils. — « J'ai dîné hier. » — Le triumvirat du mauvais goût. — Admiration des Allemands pour Mercier. — Le singe de Jean-Jacques. — *Tableau de Paris.* — *Le Nouveau Paris.* — Une distinction ingénieuse. — Deux vers solitaires. — Origine du mot « sans-culotte ». — Sur la conversation à Paris. — La douane. — « Qui n'a pas fait cuire ses pois? » — Une femme à Paris n'a jamais quarante ans. — Couronne parfilée. — Les deux communions. — Ce que signifie l'épithète de « scélérat ». — Paris : un diamant entouré de fumier. — Le Parisien. — Voulez-vous délibérer par bras? — Les gens médiocres. — Le travail du Champ de Mars. — « Ils parlent de liberté et ne savent pas lire! » — Révolte et révolution. — Un député conciliant. — Enseigne de coiffeur. — Ma cuiller à soupe. — Visite au duc de Rovigo.

Comme Linguet[1], comme Rétif de la Bretonne[2], Mer-

---

1. Voir, sur Linguet : *les Causeurs de la Révolution*, 1 vol. in-12, Calmann Lévy, 2ᵉ édition.
2. Voir, sur Rétif de la Bretonne : Gérard de Nerval, *les Illu-*

cier[1] appartient à la classe de ces talents incomplets et dévoyés, capables de larges conceptions, ivres de pensées et de projets qui s'entrecroisent, se détruisent et s'engendrent dans un tourbillon perpétuel, âmes impétueuses, sans cesse hantées par la fièvre de l'ac-

minés. — Victor Fournel, *De Jean-Baptiste-Rousseau à André Chénier*, 1 vol. in-18, Firmin-Didot. — Paul Lacroix, *Bibliographie et Iconographie de tous les ouvrages de Rétif de la Bretonne.* — Assezat, *les Contemporaines*, 3 vol., Picard, éditeur. — Charles Monselet, *Rétif de la Bretonne*, 1 vol. in-18, 1854. — Victor Fournel définit Rétif : un animal de génie, dépourvu d'ailleurs de toute espèce de talent; il est, dans la littérature, ajoute le savant et spirituel écrivain, une curiosité excentrique et malsaine, comme les nids d'hirondelle, les côtes de chien au piment et les cloportes à l'huile de ricin dans l'art culinaire. — On peut le considérer comme un « Jean-Jacques » du ruisseau, comme le « Père Duchesne » du roman. Il n'y a, d'après Monselet, que la France ignorante, la France des boutiques et des mansardes, qui ait lu ses gros livres terreux, imprimés avec des têtes de clou puis aussi la province et l'étranger, qui repoussent si souvent ce que nous admirons et qui se passionnent plus encore pour ce qui nous répugne. Mais, hélas ! la dépravation du goût était telle que de grandes dames, la marquise de Montalembert, les duchesses de Luynes, de Mailly, madame de Chalais, etc., le recherchaient en le comblant de prévenances. Combien Fréron, cet homme de sens et de principes, si savamment calomnié par Voltaire, n'avait-il pas raison de se plaindre de cette décadence : « Le goût, écrivait-il, est un prince détrôné qui de temps en temps doit faire des protestations… » et ailleurs : « Le goût est à la fois un discernement vif et une sensation délicate. Si j'osais, je dirais que c'est le cœur éclairé. »

1. Né à Paris, en 1740, mort en 1814. — Œuvres de Mercier : *Nouvel Essai sur l'art dramatique; — le Tableau de Paris; — le Nouveau Paris; — l'An 2440; — Songes et Visions philosophiques*

tion, prenant pour des éclairs de génie les libertinages de leur imagination, poussant jusqu'au bout leurs défauts et leurs qualités ; gens rebelles à tout frein moral, à toute discipline littéraire, trop impatients d'agir sur l'esprit de leurs contemporains pour se mettre en peine de découvrir les chemins escarpés qui conduisent jusqu'à la postérité, excentriques toujours, spirituels parfois, avec un coin d'aventurier et de bohème dans leur style et leur vie ; au demeurant, grands remueurs d'idées[1], ces maîtresses idéales qu'ils se contentent de caresser, sans les épouser ni les posséder à fond ; vaniteux jusqu'au délire, natures riches jusqu'à l'exubérance, pleines de sève, originales, mais mal équilibrées, auxquelles manquent le jugement, la patience et cette faculté, plus rare qu'on ne croit, le bon sens dans sa plus noble acception : tels par exemple, dans notre siècle, et toutes proportions gardées, un Fourier qui

---

— *Bonnet du Matin*, 4 vol. ; — *la Néologie*; — *Portraits des rois de France*, 6 vol.; — *Bonnet de Nuit*, 4 vol.; — Théatre, 4 vol. : *Jenneval*; *le Déserteur*; *la Brouette du Vinaigrier*; *Jean Hennuyer*; *l'Indigent*; *l'Habitant de la Guadeloupe*; *la Maison de Molière*; *Charles II*, etc. — Charles Monselet, *les Oubliés et les Dédaignés*, 2 vol. — Hatin, *Histoire de la Presse*, t. IV. — *Esprit de Mercier*. — L. de Rochefort, *Souvenirs et Mélanges littéraires, politiques et biographiques*, Paris, 1826, 2 vol. — *Biographie Michaud*. — C. Lénient, *la Comédie en France au XVIIIe siècle*. — *Mémoires de Fleury*, t. 1er.

1. Il définit lui-même sa manière : « Secouer l'arbre aux idées. »

prétendit renouveler les langues, la terre, l'humanité et le ciel, un Saint-Simon qui ordonnait à son domestique de l'avertir chaque matin qu'il avait de grandes choses à faire, un Proudhon qui, avant la publication du pamphlet contre la propriété, écrivait à son ami : « Prie Dieu que je trouve un éditeur ; c'est peut-être le salut de la France. »

Oui, les Mercier, les Linguet, les Rétif de la Bretonne ont fait école, et ceux-là sont nombreux dans le journalisme, dans les lettres, dans la politique, qui leur ont emprunté quelque trait de caractère : le public qui n'aime pas à charger sa mémoire de beaucoup de noms, les oublie, mais si l'on s'arme de patience, si l'on ne se rebute pas devant les extravagances de leurs ouvrages, on remarque, de-ci, de-là, quelques heureuses échappées, des phrases, parfois même des pages dignes d'attirer l'attention des curieux, et beaucoup d'observations qui servent à enrichir le dossier historique de leur époque.

Et quelle existence mouvementée que celle de Mercier par exemple ! Mercier le premier livrier de France, comme il se qualifiait lui-même ! Quels vertiges de pensée, quels contrastes et quelles métamorphoses !

Vous vous imaginez que les romantiques de 1830 ont les premiers levé l'étendard contre les classiques, vous citez le mot célèbre : « Shakespeare est un chêne, Racine est un pieu ! » Bagatelle ! En plein XVIIIe siècle,

Mercier appelle Racine et Boileau des pestiférés de la littérature, traite Buffon de poète, Malebranche de visionnaire, démolit Bossuet, Bourdaloue, soutient que Plaute n'est qu'un misérable farceur, l'*Histoire Universelle* « un pauvre squelette chronologique sans vie et sans couleur » que l'*Iliade* ne vaut pas les *Contes de Perrault*. Quant à lui, il se regardait de bonne foi comme le premier écrivain et le penseur le plus profond qui eût existé [1]. Parangon du *grand art démocra-*

---

[1]. On fit contre lui à ce propos l'épigramme suivante

> ... En brûlant un temple fameux
> Érostrate pensait acquérir de la gloire
> Reicrem, en son délire inégal et fougueux,
> Ira plus sûrement au temple de Mé noire.
> Aux arts, dons précieux faits à l'humanité,
> Vandale destructeur, il déclare la guerre;
> Il voudrait même, en sa folle colère,
> Oter à Raphaël son immortalité...
> Prononcez, lequel des deux hommes,
> Érostrate ou Reicrem, est le plus insensé?

Reicrem forme l'anagramme de Mercier.

Voici un autre couplet que lui valut sa diatribe sur Newton

Air : *Du pas redoublé.*

> Mercier qui quelquefois est fou,
> Et se donne pour sage,
> Croit, allant par terre à Saint-Cloud,
> Voir marcher le rivage;
> Rêvant, quoiqu'après le réveil,
> Quelque part qu'il séjourne,
> Il croit voir tourner le soleil,
> Quand la tête lui tourne.

tique, il estime que nos grands maîtres ont composé avec leur bibliothèque et non dans le livre ouvert du monde, dont le seul Molière a déchiffré quelques pages; le poète tel qu'il le rêve, sera le *Chantre de la Vertu,* le *Flagellateur du Vice,* l'*Homme de l'Univers.* Foin de la légèreté, de l'ironie, de la gaieté française, choses compromettantes qui ne siéent point à la gravité des temps! S'il ne réalise pas tout à fait cet idéal, du moins a-t-il inventé la *prose poétique,* et la prose a rencontré en lui son Messie. « La prose est à moi! » s'écrie-t-il fièrement. Le public ne parut pas très convaincu et applaudit à cette épigramme.

> Monsieur Mercier, vous êtes un grand homme,
> Que votre prose est belle en ses accents nouveaux!...
> Votre essai dramatique est de toute beauté;
> Comme vous y montrez avec sagacité
>   Que ce Corneille tant vanté,
>   Et ce Racine par l'envie
>   Jusqu'à ce moment respecté,
>   N'ont pas connu la tragédie!
> Comme c'est beau! comme c'est écrit! Comme...
> Ma foi, monsieur Mercier, vous êtes un grand homme.
>
> Ah! quand on vous a lu, comme on dort d'un bon sommeil
> Comme on a le cœur gros, comme on est contristé!
> Que cela vaut bien mieux que la folle gaieté,
> Dont depuis si longtemps, Molière nous assomme!
>   Je le répète en vérité,
>   Monsieur Mercier, vous êtes un grand homme!

A l'entendre, peintres, sculpteurs sont gens bons

à être jetés à la rivière; les statues, des « poupées de marbre », les critiques sont les assassins du génie, il faudrait supprimer jusqu'au nom des Raphaël, des Corrège, des Titien, dont les œuvres, dit-il, ont été si pernicieuses pour les mœurs. Plein de mépris pour Copernic et l'*absurde Newton*, il avance que la terre est ronde et plate, et qu'autour d'elle le soleil tourne comme un cheval de manège[1]; il préfère cette figure à celle de « voir tourner la terre comme un chapon à la broche ».

Dans sa jeunesse, il va chez Voltaire. « Vous avez si fort surpassé vos confrères, lui dit-il, que vous surpasserez encore Fontenelle dans l'art de vivre longtemps. — Ah! monsieur, répondit Voltaire, Fontenelle était un Normand, il a trompé la nature. » Malgré son compliment, Mercier ne se retient pas de fustiger Voltaire, qui avait déprécié un de ses auteurs favoris : « Quiconque a lu Rabelais et n'y a vu qu'un bouffon, à coup sûr est un sot, s'appelât-il Voltaire. » Il contemple dans sa gloire le vieux Crébillon qui, le recevant au milieu d'une quinzaine de chiens, la tête et les jambes nues comme un athlète au repos, la poitrine découverte, ôte sa pipe en manière de salut, et lui récite quelques vers très obscurs d'une tragédie

---

[1]. Ce qui lui attira ce distique de Lebrun :

Érostrate en lui seul a trouvé son pareil,
Il a sifflé Newton et glacé le soleil.

qu'il avait composée de mémoire; il fréquente Crébillon fils qui lui avoue n'avoir pas achevé la lecture des pièces de son père, « mais que cela viendrait »; il hante le café Procope (où il y avait la Chambre des communes et la Chambre haute comme en Angleterre) et fait connaissance avec un pauvre diable de poëte, La Louptière, qui, invité par lui à dîner, répond humblement : « Je vous remercie, monsieur, j'ai dîné hier. » Il se promène avec l'abbé Maury, qui avait alors plus d'appétit, lui aussi, que de dîners, et qui, malgré cela, annonce à Mercier qu'il entrera à l'Académie bien avant lui; enfin il forme avec ses amis Rétif de la Bretonne et Dorat-Cubières le « triumvirat du mauvais goût ».

Ses drames avaient eu du succès : son *Tableau de Paris* le rendit célèbre, surtout à l'étranger, en Allemagne, où on le porta aux nues. « C'est, disait La Harpe, un mélange d'absurdités, de vérités utiles, de paradoxes extravagants, de bouffissure, d'éloquence et de mauvais goût; » tandis que M. Cramer lui consacre ce dithyrambe : « S'il arrivait que l'on rencontrât un ouvrage en douze volumes d'un Mercier latin, qui nous peignît l'ancienne Rome, avec ses mœurs locales, ses habitudes, ses folies, ses vices et ses vertus : un ouvrage écrit avec l'esprit d'observation la plus réfléchie, démasquant avec le coup d'œil le plus pénétrant mille préjugés en fait de littérature, de politique et de morale, un livre écrit enfin sous le regard de la sainte humanité; si, je le répète, l'on trouvait un trésor semblable, pensez-vous bien quel sort l'attendrait en Europe, et, de proche en proche, dans les autres parties du monde? » Un autre Allemand voit en lui le premier génie littéraire de la France et lui reproche seulement « de sacrifier trop souvent aux grâces ». Et pourquoi non? Il n'y a pas quarante ans, nos voisins proclamaient Paul de Kock le roi des romanciers français. Autrefois ils traduisaient bien les livres de Rétif de la Bretonne, et Schiller lui-même trouvait *Monsieur Nicolas* fort amusant, en dépit des platitudes et des choses révoltantes que contient ce livre. « Je n'ai jamais rencontré, écrit-il à Gœthe, une nature aussi violemment sensuelle... un pareil livre me paraît inappréciable... »

C'est une sorte de panorama, une encyclopédie réaliste, que ce *Tableau de Paris*, où défile presque tout le XVIIIe siècle, mais surtout le XVIIIe siècle de la rue : aussi Mercier disait-il qu'il l'avait écrit avec ses jambes. La police prit de l'ombrage après les deux premiers volumes, et comme quelques personnes étaient soupçonnées, menacées de poursuites, Mercier alla trouver M. Lenoir, et lui avoua fièrement : « Ne cherchez plus l'auteur, c'est moi! » Il partit pour la Suisse où il se lia d'amitié avec Lavater, qui se vanta d'avoir deviné son nom rien qu'en le regardant.

Arrive la Révolution : journaliste, député à la Convention, modéré relatif, le « singe de Jean-Jacques » vote la

détention perpétuelle dans le procès du roi, s'associe aux Girondins, fait partie des *soixante-seize*, flotte quelque temps avec eux entre la vie et la mort, perd en prison une partie de ses manuscrits ; membre des Cinq-Cents, il appuie le rétablissement des loteries qu'il combattait jadis, accepte une place de contrôleur de la caisse de la loterie. « Depuis quand, répondit-il aux censeurs de ses palinodies, depuis quand n'est-il plus permis de vivre aux dépens de l'ennemi ? » Le voilà professeur d'histoire à l'École centrale, et toujours grand dépêcheur de copie, publiant, en 1799, son *Nouveau Paris*, œuvre du cynisme et du sans-culottisme, selon les uns, œuvre admirable, affirme Monselet, qui compare ce vaste et turbulent tableau de la Révolution aux œuvres de Ribéra, de Rubens. Mercier lui-même, malgré son orgueil colossal, ne s'imagine pas avoir travaillé cette fois pour l'éternité, et, comme les Grecs élevaient un autel au dieu inconnu, il lance dans sa préface une invocation à l'*historien* inconnu de ce drame gigantesque : « Pour peindre tant de contrastes, il faudrait un historien comme Tacite, ou un poète comme Shakespeare. S'il apparaissait de mon vivant, ce Tacite, ce Shakespeare, je lui dirais : « Fais ton idiome, car tu as à peindre
» ce qui ne s'est jamais vu, l'homme touchant dans le
» même moment les extrêmes, les deux termes de la
» férocité et de la grandeur humaines. Si, en traçant
» tant de scènes barbares, ton style est féroce, il n'en
» sera que plus vrai, que plus pittoresque ; secoue le

» joug de la syntaxe, s'il le faut; oblige-nous à te
» traduire; impose-nous, non le plaisir, mais la peine
» de te lire. »

Je voudrais, un peu au hasard, et pêle-mêle, rassembler ici quelques-uns des traits les plus curieux que j'ai notés dans le *Tableau de Paris*, dans le *Nouveau Paris*, dans ces mélanges bizarres, véritable anthologie politique et sociale, qui, si l'on fait la part des exagérations admiratives et critiques, n'en demeure pas moins le vigoureux effort d'une intelligence très vibrante, pleine de curiosité sympathique et aimantée vers le pittoresque. Est-ce un caractère banal que cet homme qui se regarde comme l'instituteur et non comme l'esclave du public? « Je donne, disait-il, c'est au public à recevoir; » qui paraphrase l'apostrophe d'Euridipe aux Athéniens : « Apprenez que je ne compose point mes ouvrages afin d'apprendre de vous, mais afin de vous enseigner. » Au prix de mille remarques ingénieuses, on est tenté de lui pardonner ses extravagances, ses hérésies contre les classiques et la théologie, l'apologie du chant de la grenouille et la satire de celui du rossignol, les diatribes contre les corps académiques. (Il fut aussi membre de l'Institut.)

C'est lui, par exemple, qui définit le monde: « un vaste théâtre dont les hommes sont les comédiens, le hasard compose la pièce, la fortune distribue les rôles; les femmes accordent des rafraîchissements aux acteurs, et les malheureux font rouler les décorations, portent et mouchent les chandelles »; lui qui dit pour la première fois ce mot répété par Hugo : « Je vis par curiosité »; qui, parlant de l'honneur féminin, établit cette spirituelle distinction : « L'honneur d'une fille est à elle, elle y regarde à deux fois; l'honneur d'une femme est à son mari, elle y regarde moins. » Il faut ajouter aussi à son actif deux vers solitaires :

Le cœur qui n'aima point fut le premier athée !...

Cet autre, digne du joyeux convive, de l'ancien commensal de Grimod de la Reynière :

Les morceaux caquetés se digèrent le mieux.

Une agréable fable, imitée de l'allemand, où un père mourant donne à son fils cadet, garçon d'esprit, une grosse cassette, et comme celui-ci s'étonne, demande quel sera le lot de son frère : « Ah! reprend le vieillard, ce n'est pas pour lui que je crains la misère; il réussira : c'est un sot. »

La conversation, à Paris, est perfectionnée à un point dont on ne trouve aucun exemple dans le reste du monde. Chaque trait ressemble à un coup de rame à la fois léger et profond; mais il y a une couleur générale qui fait que toutes les idées rentrent dans la matière dont il est question...

Les prêcheurs de morale, dans les livres et ailleurs, ressemblent assez aux marchands de tisane, qui la vendent bonne, excellente, bienfaisante, mais qui en boivent fort peu pour leur compte. Ils vont au cabaret pour métamorphoser l'eau de la fontaine.

Je crois que la vraie fidélité est une exacte observance des lois de la raison et de la justice, plutôt qu'un servile esclavage. Que Sully paraît fidèle quand il déchire la promesse de mariage qu'avait faite Henri IV !

Aujourd'hui les besoins de presque tous les États sont au-dessus des moyens d'y subvenir. On a perdu le livre de recette et de dépense. Ce ne sont pas les besoins de l'État qui minent l'État, mais les besoins fantastiques de ceux qui le gouvernent.

On ignore communément l'origine du mot sans-culotte, le voici. Le poëte Gilbert, peut-être le plus excellent versificateur depuis Boileau, était très pauvre ; il avait tancé quelques philosophes dans une de ses satires ; un auteur, qui voulait leur faire sa cour pour être de l'Académie, imagina une petite pièce satirique intitulée : *le Sans-culotte* ; il y raillait Gilbert, et les riches adoptèrent volontiers cette dénomination contre tous les auteurs qui n'étaient pas élégamment vêtus. Lors de la révolution, ils se souvinrent du terme, le ressuscitèrent, et l'employèrent comme un dard invincible contre tous ceux dont les écrits et les discours tendaient à une grande et prompte réforme. Ils crurent que c'était une excellente plaisanterie, et qu'on en rirait, ainsi que l'on avait fait il y a vingt ans ; mais les politiques sont plus invulnérables que les poètes ; ils prirent de bonne heure le titre qu'on leur avait donné.

Quand le commerce gêné n'a point son étendue, il entre, il sort moins de marchandises ; la consommation est faible ; le gouvernement gagnerait davantage en percevant moins. Un enfant fait un bouquet de la fleur de l'arbre sans s'embarrasser du fruit : voilà l'image de la douane...

Un confesseur avait ordonné à son pénitent, pour l'expiation de ses fautes, de faire un pèlerinage au Calvaire avec des pois dans ses souliers ; celui-ci trouvant la tâche trop pénible, et voulant toutefois obéir, les fit cuire au premier bouchon, et continua ainsi son chemin. Ainsi le petit comme le grand sait composer avec la loi et sa conscience. Qui n'a pas fait cuire ses pois ?

Une femme à Paris n'a jamais quarante ans ; elle en a toujours trente ou soixante ; et comme personne ne dit le contraire, la femme quadragénaire n'existe pas.

Les prosateurs sont nos vrais poètes ; qu'ils osent et la langue prendra des accents tout nouveaux.

Le journaliste qui veut louer ne connait que l'emphase. Un acteur vient à mourir, le ridicule écrivain s'avance dans le *Mercure de France* et dit : « Ce n'est qu'un individu qui manque, et c'est une nation entière à consoler. » Qui regrette-t-il ? Un prince bienfaisant, un législateur, un héros protecteur de la patrie, un naturaliste de premier ordre ? Non, il s'agit de Le Kain ou de Talma...

Un gentilhomme des états du Dauphiné disait, pour soutenir la primatie de sa noblesse : « Songez à tout le sang que la noblesse a versé dans les batailles ! » Un homme du tiers état lui répondit : « Et le sang du peuple versé en même temps, était-ce de l'eau ? » — Un de nos seigneurs recevait un jour ses fermiers qui lui apportaient de l'argent, et, pour se donner un air de popularité, il les fit mettre à sa table. A la fin du repas, voulant régaler ses convives, il dit à son maître d'hôtel : « Servez-leur du tiers état. » C'était de l'eau-de-vie qu'il appelait ainsi : « Vous avez bien raison, répondit un des paysans, car c'est la liqueur qui a le plus de force et d'esprit. »

Une vieille comtesse disait, en parlant à un cercle de la noblesse : « Vous méritez bien, messieurs, tout ce qui vous arrive. J'ai prédit que la noblesse était perdue, quand j'ai vu que vous abandonniez des femmes comme nous, pour courtiser des filles du tiers état. » La même observait : « J'ai bien vu dans l'histoire qu'on a quelquefois ôté la couronne à un roi ; mais voilà la première fois qu'on parfile le diadème sur sa tête comme on fait en France... »

A Tivoli, un muscadin se plaignait qu'il n'y eût personne. « Tu es fou, interrompit son camarade. J'ai compté plus de huit cents jolies femmes. — Ah ! c'est que je n'ai pas rencontré celle que je cherche. »

Un malade parisien avait été d'abord confessé par un prêtre constitutionnel, il en avait reçu ce qu'alors on appelait le viatique. Ses parents s'emparent de sa conscience et lui persuadent que cette communion ne valait rien ! Le malade reçoit le sacrement d'un prêtre réfractaire, et dit en expirant : « J'aurais bien du malheur s'il n'y avait aucune de ces deux communions qui ne fût bonne. »

Vers 1783, on représentait une mauvaise tragédie de La Harpe, intitulée *Jeanne de Naples*, dans laquelle se trouvaient ces deux vers remarquables :

> Quand un maître aux sujets prescrit des attentats,
> On présente la tête et l'on n'obéit pas.

« Comme Larive a massacré ces deux beaux vers ! » narguait un marquis en pirouettant dans un salon doré ; il faut dire :

> Quand un roi des sujets proscrit les attentats,
> On lui coupe la tête et l'on n'en parle pas.

Un jour Lacépède vit dans un journal son nom en tête d'un article intitulé : *Liste des scélérats qui votent contre le peuple*, et le journaliste était un homme qui venait souvent dîner chez lui : il y vint après la liste comme auparavant : « Vous m'avez traité bien durement, lui dit avec douceur son hôte. — Et comment cela, monsieur ? — Vous m'avez appelé scélérat. — Oh ! ce n'est rien : scélérat est seulement un terme pour dire qu'on ne pense pas comme nous. »

Mercier a beaucoup étudié le Parisien ; il ne l'aime guère et le traite avec amertume : « Perturbateur par mutinerie, rebelle en paroles, se cachant dans sa boutique ou dans son étude au moindre coup de tambour, il cherche une servitude dont il n'a point le nom. Il s'attendrissait sur un roi marmot, et il rejette la constitution républicaine parce qu'il n'est pas né pour la concevoir... » Ailleurs il l'accuse de n'avoir jamais lu l'histoire, de se croire un être privilégié, et il livre à la moquerie sa déraison qui accuse toute la nature, tous les hommes, tous les événements des maux politiques dont sa ville est le théâtre. Il définit Paris : un diamant entouré de fumier. « Paris a fait la Révolution et l'a gâtée... d'ailleurs, dans les révolutions, on apprend à connaître les hommes en six mois, mieux qu'on ne ferait en vingt ans dans le cours ordinaire des choses. » Je doute, car les révolutions fournissent l'occasion de montrer les qualités sublimes ou les vices féroces, non les aptitudes moyennes qui composent le fond de la vie courante. Et puis ne font-elles pas sortir les caractères de leur orbite, en les entraînant dans un cercle de fatalité irrésistible, en laissant à la plupart des hommes la plus faible partie de leur libre arbitre?

Mercier rappelle encore qu'en 1789, on se mit à dépouiller l'histoire ancienne et moderne, et tout ce qui pouvait se rapporter aux événements fut interprété comme prophétie. Tous les livres qui portaient pour titre : *Révolution*, furent achetés, enlevés; des éditions qui pourrissaient dans les magasins de librairie virent le jour, et l'on n'entendait plus que des voix qui demandaient à tous les bouquinistes : « Donnez-moi l'histoire d'une révolution [1]. »

Lors de la disgrâce de Turgot, l'attitude des courtisans parut si indécente à l'ambassadeur de Naples qu'il ne put s'empêcher de dire à son voisin : « Il me semble voir un grand seigneur qui renvoie son intendant honnête homme et ses insolents valets qui viennent s'en réjouir en présence de leur maître, parce que cet homme les tenait en bride. »

Nous autres écrivains, nous voulions délibérer par tête, mais il vint des gens qui dirent : *Voulez-vous délibérer par bras ?* »

On eût dit que cette révolution était l'ouvrage de quelque homme d'un génie extraordinaire... point du tout. Nous avons été tous ce que M***, qui en était, appelait « des grands médiocres », et voilà pourquoi peut-être la chose a mieux été. Il n'y a pas d'erreur plus dangereuse que celle d'un homme de génie.

Plusieurs communautés de moines s'étaient rendues au travail du Champ de Mars. Un jeune ecclésiastique, bien

---

[1] Il avait écrit contre la reliure, trouvait incommodes les livres reliés, et lorsqu'il en achetait, il faisait des brochures en les dépouillant de leurs cartons : il appelait cela leur *casser le dos* On fit contre lui cette épigramme :

> Mercier en déclamant contre la reliure
> Pour sa peau craint-il un jour ?
> Que le bonhomme se rassure,
> Elle n'est propre qu'au tambour.

frisé, bien ambré, bien lustré, semblait prendre cette scène en pitié. « A la brouette ! à la brouette ! » cria-t-on autour de lui ; il en prend une nonchalamment. Un vigoureux patriote qui, pour faire plus d'ouvrage, avait sur le dos une hotte remplie de terre et roulait une brouette, passe près de lui et dit : « Laissez, laissez là cet instrument que vous profanez. » Il quitte sa brouette, s'empare de celle de M. l'abbé, va vider la terre hors du Champ de Mars pour qu'elle ne le souille pas, revient, reprend son fardeau et continue son ouvrage. Une chose vraiment remarquable dans cette foule immense de gens inconnus les uns aux autres, c'est l'extrême confiance qui régnait parmi eux : un jeune homme arrive, ôte son habit, jette dessus ses deux montres, prend une pioche et va travailler au loin ; on lui crie : « Et vos deux montres ? — On ne se défie point de ses frères, » répondit-il en s'éloignant, et le dépôt fut religieusement respecté. — On remarqua encore un honnête citoyen, suivi d'une brouette chargée d'un tonneau de vin ; il tenait des verres et offrait à boire gratuitement aux travailleurs : « Mes frères, disait-il, ne buvez point si vous n'avez pas soif, pour ne point épuiser sitôt le tonneau. » Et en effet, on ne voyait se présenter à cette buvette que des hommes épuisés de fatigue ; le roi vint jouir de ce spectacle nouveau ; soudain, la pelle et la pioche su l'épaule, les citoyens lui formèrent une garde d'honneur.

Au palais du roi nègre Macoco, on tue journellement deux cents hommes, mais c'est pour la bouche du souverain ; chez nous, peuple policé, on les tuait pour une opinion. L'archevêque était tombé du haut de sa cathédrale, le noble du haut de son donjon, le roi du haut de son trône, l'académicien de son fauteuil...

Lors du procès de Louis XVI, Legendre s'avisa de dire : « Voilà bien des formules, des lenteurs ; qu'on le mette à mort, qu'on le coupe en quatre-vingt-trois morceaux, et qu'on l'envoie ainsi aux quatre-vingt-trois départements. » Il crut avoir touché le sublime de l'éloquence montagnarde, et fut accueilli par un grand éclat de rire. J'étais à côté de lui lorsqu'il proféra ces paroles, et je me disais : « Elles vont faire horreur, et l'on attribuera à tous les membres de la Convention la bêtise d'un seul homme auquel on ne peut fermer la bouche. Par quelle fatalité me trouvé-je assis à côté d'un Legendre et d'un Laurent Lecointre ? parlent de liberté et ne savent pas lire ! »

On attribua le changement de d'Esprémenil à un bon mot de madame de Polignac qui, dans un diner de parade, avait dit qu'on mit les *sceaux* devant lui. Elle parlait des *seaux* à rafraîchir, et l'on débita qu'il avait cru voir dans ce calembour le présage de sa nomination au ministère de la justice.

Dans une assemblée primaire, on faisait l'appel nominal. Le président appelait chaque membre un peu riche « monsieur », et les autres par leur nom tout court. Il appela ainsi sans respect un jeune vigneron : « Je vous y attendais, s'exclama celui-ci ; pourquoi distinguez-vous les citoyens ?... Avez-vous oublié la politesse nouvelle de l'égalité ? Souvenez-vous que chacun de nous est *monsieur*, ou que personne ne l'est. »

M. Duhameau, marchand de Paris, se trouvant à Rome, et voulant continuer sa route vers Naples, se rendit chez notre ambassadeur pour avoir un passeport. L'ambassadeur lui demanda s'il avait vu la révolte de Paris. « Quelle révolte? interrogea celui-ci. — Mais la révolte de Paris, celle de juillet? — Je ne vous entends pas. » Le secrétaire d'ambassade prit alors la parole : « Monseigneur vous demande si vous avez vu la Révolution. — Ah! oui, j'ai vu la Révolution française. — Et quelle différence, monsieur, reprit l'ambassadeur, faites-vous donc entre révolte et révolution ? — La voici : des esclaves se révoltent contre leur maître ; un peuple libre qui reprend ses droits fait une révolution. Vous voyez bien que je ne peux pas vous entendre. »

Ceux qui ont assisté aux séances du Sénat français savent combien elles sont quelquefois bruyantes. Le décret qui ordonnait la vente des biens ecclésiastiques excita comme cela se devait, les plus grands cris de la part des tonsurés. Chaque membre du clergé se levait, changeait de place à chaque instant pour augmenter le bruit que faisait son confrère en aristocratie ; une dame impatientée de tout ce brouhaha, s'écria : « Messieurs, on veut vous raser ; mais si vous remuez tant, vous vous ferez couper. »

On a lancé cette épigramme contre les députés d'un département où les mulets abondent :

> Quand Foucaud, Chabron, Rochebrune,
> Sont une fois à la tribune,

> Rien ne peut les en rappeler.
> En vain la sonnette les presse ;
> Le trio s'obstine à beugler.
> Ces messieurs-là sont d'une espèce
> Que la sonnette fait aller.

Quelques personnes étaient ou feignaient d'être embarrassées (en 1789), pour savoir combien font six et six. Elles s'adressèrent à un député du côté gauche, il répondit : « Six et six font douze. — Qui n'entend qu'un parti n'entend rien, s'écrie un penseur, écoutons un député du côté droit. » La question est proposée à cet honorable membre qui, après avoir mûrement réfléchi, répond : « Six et six font quatorze. » Nouvel embarras. On consulte un membre du milieu de l'assemblée. « Combien, demande-t-il, vous a-t-on dit à gauche ? — Douze. — Et combien à droite ? — Quatorze. — En ce cas, six et six font treize, vous voyez que je suis impartial. »

On vit alors une gravure qu'on a distinguée dans la foule de celles qui tapissaient les murs : elle représentait la boutique d'un perruquier où se trouvaient plusieurs personnes de différentes conditions; on lisait au bas : « Je rase le clergé, je peigne la noblesse, j'accommode le tiers état. »

Un ci-devant seigneur disait à un de ses ci-devant vassaux : « Allons, mon pauvre Mathurin, nous sommes égaux, nous pouvons manger à la même écuelle. — Ah ! monsieur, fit le paysan, nous ne fumerons pas à la même pipe. »

Le 28 février 1791 (style esclave), aux Tuileries, le colonel de *** fut bourré par un garde national, autrefois son valet de chambre : « Pourquoi donner des coups à monsieur? lui demanda son capitaine. — Donner! répondit le soldat, je ne donne pas, je ne fais que rendre. » Un autre de ces messieurs, qui avait été mené rudement dans la même journée, se trouvant quelques jours après à l'Opéra, quelques-uns de ses amis lui firent leur compliment de condoléance : « Mordieu ! s'écria-t-il, les coups de pied que j'ai reçus dans le... ne me sortiront jamais de la tête, et la garde nationale ne mourra jamais que de ma main... »

Lorsque Robespierre fut conduit au supplice, le peuple fit arrêter la charrette devant la maison où il logeait, et un groupe de femmes dansa, aux battements de main de la multitude. Une d'elles saisit ce moment pour l'apostropher du geste et de la voix, en lui criant : « Ton supplice m'enivre de joie ; descends aux enfers avec les malédictions de toutes les épouses, de toutes les mères de famille ! »

Il ne reste rien du gouvernement que la Révolution a détruit, mais le char de la Révolution n'a fait tant de maux que parce qu'on s'est précipité au-devant des coursiers et jusque sous les roues. En rétrogradant, il a été encore plus terrible qu'en avançant. Tel un cocher qui avait passé sur la jambe d'un malheureux, lorsqu'on lui criait de tous côtés : arrête, arrête! recula et repassa sur son corps.

On avait volé à une femme une cuiller d'argent. Concentrée dans le chagrin de cette perte, elle disait naïvement, en parlant de la Convention nationale : « Mais que font ces députés? Voyez s'ils me feront rendre ma cuiller à soupe! » Combien d'autres, sans employer la franchise stupide de ce langage, ne sont pourtant occupés qu'à se faire rendre leur *cui'ler à soupe,* en font le point central de toutes leurs idées, de toutes leurs réflexions, de tous leurs discours!...

Parmi les plus amusants épisodes de la vie de Mercier, signalons sa visite au duc de Rovigo, chargé de le réprimander pour ses coups de langue contre l'empire et l'empereur [1]. « Ah! vous voilà, fait Savary, de son ton le plus rogue — Sébastien Mercier; le premier *livrier* de France. — Et grand causeur aussi! vous dites de belles choses, monsieur! » Et, lui montrant un rapport circonstancié : « Eh bien, qu'en dites-vous ? — Que vous êtes parfaitement instruit; on ne vous vole pas votre argent. — Vous vous donnez bien d'autres libertés à l'égard de l'empereur. — Oh! seulement comme confrère de l'Institut; entre académiciens, on se passe l'épigramme. — Est-ce pour attaquer l'académicien que vous appelez Sa Majesté Impériale l'*Homme-Sabre*? — On vous a trompé : j'ai

---

1. *Mémoires de Fleury.* — On a raconté que Mercier avait un secrétaire fort original, qui lui buvait son vin et imitait sa voix à s'y méprendre, et que, nommé lui-même à la Convention, ce secrétaire prenait plaisir à se signaler par des interruptions saugrenues que le rédacteur du *Moniteur,* trompé par l'accent, attribuait à l'auteur du *Tableau de Paris.* — « Avez-vous fait un traité avec la victoire? demandait Mercier à Basire. — Non, répliqua celui-ci, mais nous avons fait un pacte avec la mort! »

nommé Sa Majesté Impériale *Sabre organisé*; c'est bien différent! — Monsieur, monsieur! vous cassez les vitres! s'écrie le duc de Rovigo furieux. — Monsieur! monsieur! répond Mercier en se levant et prenant le diapason donné, pourquoi diantre avez-vous des vitres? — ... Je vous ferai f... à Bicêtre!... — Mercier à Bicêtre!... Vous? Apprenez que je porte un nom européen, et qu'on ne m'escamote pas incognito. A Bicêtre!... Je vous en défie! » Il s'éloigne jusqu'à la porte, place fièrement et un peu sur l'oreille gauche son superbe chapeau à trois cornes, revient avec dignité, mesure héroïquement ses pas, et, cambrant sa taille: « Je vous en défie!!! » Le ministre resta pétrifié, laissa sortir l'audacieux auteur, et il n'en fut que cela.

L'orgueil a fait quelquefois le personnage de l'habileté et le premier *livrier de France* se tirait à bon marché d'un mauvais pas. Aussi bien avait-il dans sa vanité même une pointe de ridicule qui empêcha sans doute qu'on le prît trop au sérieux. N'était-il pas plaisant de l'entendre se payer d'avance en éloges de ses propres mains, « afin de n'avoir pas ensuite à crier à l'ingratitude de ses contemporains, » se comparer à Greuze, sur lequel il croit garder l'avantage, car les « peintres ne font rien sans le soleil, et les écrivains font tout sans le soleil », et lui, Mercier, avait composé le plus large tableau qui fût dans le monde entier? Mais après tout, cette foi robuste dans son génie, dans le verdict de la postérité n'a-t-elle pas quelque chose de touchant, bien que le génie soit resté en route, bien que la postérité rebelle ne l'ait pas adopté et ait manqué au rendez-vous donné par l'infatigable barbouilleur de papier[1]?

---

[1]. « La génération actuelle, disait-il, n'est qu'un parterre qui doit se renouveler demain. »

V

CHAMFORT — L'ABBÉ SIEYÈS

Un Adonis doublé d'un Hercule. — Misanthropie amère de Chamfort ; sa conversation. — L'art de plaire à Versailles. — Pensées sur l'amitié. — Stoïcisme. — Réponse à M. de Créqui. — Éloge de Rœderer. — Définition du despotisme. — L'enfant sourit à sa mère sous Domitien comme sous Titus. — Appétits et dîners. — Guerre aux châteaux, paix aux chaumières ! — Vous voudriez qu'on nettoyât les écuries d'Augias avec un plumeau ! — Détruire les préjugés pour les prendre. — Fraternité d'Étéocle et de Polynice. — Le gratis de la Convention. — Un ami véritable. — Vous avez cinq doigts, vous aussi, comme moi ! — Excellent distique. — Ce qui rend le monde désagréable. — Compliment de Fontenelle à madame Helvétius. — Prétention à la jalousie. — Quel règne se prépare ! — Ne se brouille pas avec moi qui veut. — Le pardon des bienfaits. — Ministres et tournebroche. — Suicide de Chamfort. — Il faut que le cœur se brise ou se bronze. — Maximes diverses sur la politique, les femmes, l'amour et la morale. — L'édifice métaphysique de la société.

L'abbé Sieyès. — Jugements de madame de Staël, de Montlosier, Bertrand de Moleville, Sainte-Beuve, Mignet, Michelet sur Sieyès.

— Le Newton de la politique. — Un grand harmoniste sociale — Dédain de Sieyès pour les *cerveaux décousus*. Son œuvre révolutionnaire. Mots décisifs. — Il me faut une épée. — J'ai vécu. — Silence systématique. — Il est mort ! — Un syllogisme vivant. — Le Chalcas de la Révolution. — Pourquoi il fut populaire. — Ambassade de Sieyès à Berlin. — Sa constitution idéale. — Premiers rapports avec Bonaparte. — Sieyès sauvé par son cordonnier.

I. — CHAMFORT [1]

Nicolas Chamfort eut de bonne heure une fortune supérieure à son talent littéraire, sinon à son esprit : à peine entre-t-il dans la vie, les marquises se disputent les bonnes grâces de ce beau jeune homme que la princesse de Craon proclamait un Adonis et un Hercule; ses éloges académiques, ses vers si incolores [2],

---

1. Né près de Clermont (en Auvergne), en 1741, mort le 13 avril 1794. — Chamfort, *Pensées, maximes, anecdotes, précédées de son Histoire*, par P.-J. Stahl (Collection Hetzel). — Sainte-Beuve, *Causeries du Lundi*, t. IV. — *Mémoires de Marmontel, de Morellet, de madame Roland*. — *Lettres de Lauraguais*, Paris, 1802. — Arsène Houssaye, *Galerie du XVIIIe siècle : la Révolution*. — Tissot, *Dictionnaire de la Conversation*. — De Jouy, *Galerie historique des Contemporains*. — *Mémoires de d'Allonville*, t. Ier, p. 347. — *La Décade philosophique*, t. VII, p. 537.

2. Voici quelques vers de Chamfort, les seuls qui vaillent la peine qu'on les cite.

L'histoire en a la preuve en mains,
C'est l'exemple qui fait les hommes,
Si Dieu renvoyait les Romains
Dans le pauvre siècle où nous sommes,

ses comédies plus médiocres encore lui attirent les distinctions les plus flatteuses : la reine adopte sa tragédie de *Mustapha*, les salons répètent ses mots, le roi, les princes lui accordent des pensions; le comte de Narbonne, le comte de Vaudreuil, lui témoignent l'amitié la plus délicate. Cependant sa misanthropie amère n'a jamais pardonné à la société le malheur de sa naissance : lui-même reconnaît qu'une certaine énergie ardente condamne ceux qui la possèdent au malheur non pas d'être sans morale, mais de se livrer fréquemment à des écarts qui supposeraient l'absence de toute morale, et de paraître très odieux. La société fait beaucoup pour lui et il trouve qu'elle ne fait pas assez; il ne perce pas parce qu'il ne croit pas le monde *aussi bête qu'il l'est*, mais il garde rancune au monde, et, lorsqu'il se justifie du reproche de fierté et de dureté de cœur à l'égard des bienfaits, on a grand'-peine à le renvoyer absous, car sans cesse ses maximes, sa vie le montrent érigeant ses fautes en principes, son aigreur en système, mêlant à son ironie un peu de *cet arsenic sucré* dont il se plaignait d'avoir été empoisonné, tournant sa verve contre cette Académie qui l'avait quatre fois couronné, admis parmi ses membres, et la frappant d'un coup mortel, enflammé

> Caton tournerait à tout vent,
> Lucrèce serait une fille,
> Messaline irait au couvent,
> Monsieur Brutus à la Bastille.

d'envie égalitaire, pardonnant tout au peuple et oubliant qu'un jour il avait lancé cette apostrophe : « Le public, combien faut-il de sots pour faire un public ? » Avec cela, excellent fils, ami fidèle, capable de sentiments généreux et d'abnégation, tournant fréquemment le dos à la fortune par excès de dignité (mademoiselle Quinault lui donnait le plaisant surnom de *dom Brusquin l'Algarade*), sceptique dans sa conversation au point que madame Helvétius, après l'avoir entendu, se trouvait attristée pour toute la journée, plein d'illusions dans sa conduite, millionnaire d'idées qu'il répandait sans compter, admiré, aimé de Mirabeau, qui ne pouvait se refuser au plaisir de « frotter la tête la plus électrique qu'il eût jamais connue », qui lui écrivait : *Tacite et vous*, et le traitait comme un maître; révolutionnaire jusqu'au bout, mais mécontent des autres révolutionnaires contre lesquels il aiguise ses sarcasmes les plus sanglants : car rien n'est plus fréquent que la critique du parti auquel on appartient, celui qu'on connaît le mieux après tout.

« Ma vie, disait-il lui-même, est un tissu de contrastes apparents avec mes principes. Je n'aime point les princes, et je suis attaché à un prince; on me connaît des maximes républicaines, et je vis avec des gens de cour ; j'aime la pauvreté et je n'ai que des riches pour amis; je fuis les honneurs (?), et les honneurs sont venus à moi; les lettres sont ma consolation et je ne vois pas de beaux esprits : j'ai voulu être de l'Académie et je n'y vais jamais: je crois que les illusions sont le luxe nécessaire de la vie et je vis sans illusions; je crois que les passions sont plus utiles que la raison, et j'ai détruit mes passions... » Mais n'admirez-vous pas combien ces hommes de la fin du xvIII° siècle ressemblent peu à eux-mêmes, combien, à l'approche du cyclone de 89, leurs volontés se dispersent, comme des fétus emportés par la tempête, combien leurs âmes chancellent et manquent de cet équilibre qui fait la beauté, l'unité du caractère?

J'ai résumé ailleurs[1] deux conversations de Chamfort avec Marmontel et Lauraguais; je voudrais maintenant noter quelques traits qui adoucissent une physionomie si âpre au premier aspect.

Après la représentation de *Mustapha*, la reine le fit appeler dans sa loge, et lui apprit que le roi lui accordait une pension de douze cents livres sur les « Menus ». — « Racontez-nous donc, interrogeait un courtisan, toutes les choses flatteuses que le roi et la reine vous ont dites. — Je ne saurais, répondit l'auteur, *ni les oublier, ni les répéter.* » Diderot va trop loin, lorsque, parlant de sa fatuité, il le compare « à un petit ballon dont une piqûre d'épingle fait sortir un vent violent ». Chamfort regardait le mariage et la royauté comme deux sujets de railleries inépuisables,

---

1. Voir les notices sur Marmontel et Lauraguais dans *les Causeurs de la Révolution*, p. 163 et 300, 2° édition.

mais, en 1778, il dédie sa tragédie à Marie-Antoinette, se proclamant son *très fidèle sujet*. Un jour que celle-ci lui demanda comment il avait su plaire à tout le monde à Versailles, non à cause de son esprit, mais malgré son esprit : « La raison est toute simple, répondit-il hardiment : à Versailles, je me résigne à apprendre beaucoup de choses que je sais par des gens qui les ignorent. » Avis aux ambitieux de tous les temps !

Il se croyait libéré envers l'amour, lorsqu'il s'éprit d'une dame de la cour de la duchesse du Maine, âgée de quarante-huit ans, misanthrope comme lui, presque aussi spirituelle, qui mourut après deux ans de vie commune passée dans la retraite : « un être dont le pareil n'existe pas dans sa perfection relative à moi, » disait-il. Car c'est le lot habituel : on est parfait pour une personne, passable aux yeux d'autres, détestable pour le reste. « L'amour ne cherche pas les perfections réelles, il n'aime que celles qu'il crée; il ressemble à ces rois qui ne reconnaissent de grandeurs que celles qu'ils ont faites. » Chamfort fut atteint jusqu'au fond de l'âme : « Les larmes coulent, écrivait-il, et c'est, depuis qu'elle n'est plus, le moment le moins malheureux... C'est une source éternelle de souvenirs tendres et douloureux. Ce n'est qu'après six mois que ce qu'ils ont d'aimable a pris le dessus sur ce qu'ils ont d'amer et de pénible. Il n'y a pas deux mois que mon âme est parvenue à se soulever un peu et à soulever mon cœur. » Après ces éclairs de sensibilité, on comprend mieux ces mots qu'il répétait souvent : « Tout homme qui, à quarante ans, n'est pas misanthrope, n'a jamais aimé les hommes... J'ai du Tacite dans la tête et du Tibulle dans le cœur. »

Malgré son humeur ombrageuse, le comte de Vaudreuil avait su lui faire accepter un logement dans son hôtel et le lui rendre aimable : mais Chamfort n'abdique rien de son indépendance, il s'en montre très jaloux, au contraire, et ne perd pas une occasion de l'affirmer. Ayant entendu dire que le comte d'Artois aurait demandé à un notable : « Est-ce que vous voulez nous enrôturer ? » il écrit à Vaudreuil qu'il a nié le mot et ajoute la réponse qu'il fallait faire : « Non, monseigneur, mais je veux anoblir les Français en leur donnant une patrie. On ne peut anoblir les Bourbons, mais on peut encore les illustrer en leur donnant pour sujets des citoyens, et c'est ce qui leur a toujours manqué. » En même temps, il jouissait avec délices de cette amitié et c'est à elle sans doute qu'il songeait dans ces pensées : « L'amitié extrême et délicate est souvent blessée du repli d'une rose... Dans certaines amitiés passionnées, on a le bonheur des passions et l'aveu de la raison par-dessus le marché... Une âme fière et honnête, qui a connu les passions fortes, les fuit, les craint, dédaigne les galanteries, comme l'âme qui a senti l'amitié dédaigne les liaisons communes et les petits intérêts. » On sait qu'il rangeait ses amis en trois classes : « Mes amis qui m'aiment, mes amis qui ne se soucient pas du tout de moi, et mes amis qui me détestent. » Si je voulais lui chercher une mauvaise querelle, je demanderais pourquoi il n'a pas ajouté : mes amis *que j'aime*.

Le lendemain du jour où la Constituante supprima les pensions, Chamfort et Rœderer vont voir à la campagne les Marmontel qu'ils trouvent gémissant et s'apitoyant sur le sort réservé à leurs enfants. Chamfort qui perdait lui-même sa fortune, par ce décret, en prend un sur ses genoux : « Mon petit ami, tu vaudras mieux que nous ; quelque jour, tu pleureras en apprenant que ton père eut la faiblesse de pleurer sur toi dans l'idée que tu serais moins riche que lui. » Il imprimait sans cesse, mais c'était dans l'esprit de ses amis [1], montrait peu d'ambition personnelle et voulait

---

1. « Il n'a rien laissé d'écrit ; mais il n'aura rien dit qui ne le soit un jour. On le citera longtemps, on répétera dans plus d'un bon livre des paroles de lui, qui sont l'abrégé ou le germe d'un bon livre... Ne craignons pas de le dire, on n'estime pas à sa valeur le service qu'une phrase énergique peut rendre aux plus grands intérêts. Il est des vérités importantes qui ne servent à rien, parce qu'elles sont noyées dans de volumineux écrits ou errantes et confuses dans l'entendement ; elles sont comme un métal précieux en dissolution... Pour les rendre utiles, il faut que l'artiste les mette en lingots, les affine, les essaye et leur imprime, sous le balancier, des caractères auxquels tous les yeux puissent les recon-

qu'un honnête homme eût l'estime publique sans y avoir pensé, et, pour ainsi dire, malgré lui. Cependant il attacha beaucoup d'importance au nom, puisqu'il prit celui de Chamfort, en y ajoutant la particule, et comme le marquis de Créqui observait qu'un homme d'esprit était devenu l'égal de tout le monde. « Vous en parlez bien à votre aise, monsieur le marquis, repartit Chamfort, mais supposez qu'au lieu de vous appeler M. de Créqui, vous vous appeliez M. Criquet; entrez dans un salon, et vous verrez si l'effet sera le même. »

On serait tenté d'admirer sa force d'âme, son renoncement, si l'orgueil, l'envie n'apparaissaient derrière, avec leur pied fourchu, si les abus n'avaient trouvé en lui un homme qui en profitait, s'il ne livrait son secret dans des phrases comme celle-ci : « Mépriser l'argent, c'est détrôner un roi ; il y a du ragoût... J'ai vu peu de fiertés dont j'aie été content. Ce que je con-

---

naître. Il en est de même de la pensée. Il faut, pour entrer dans la circulation, qu'elle passe sous le balancier de l'homme éloquent, qu'elle y soit marquée d'une empreinte frappante pour tous les yeux et garantie de bon aloi. Chamfort n'a cessé de frapper ce genre de monnaie, et il a frappé de la monnaie d'or : il ne la distribuait pas lui-même au public, mais ses amis se chargeaient volontiers de ce soin ; et certes, il est resté plus de choses de lui, qui n'a rien écrit, que de tant d'écrits publiés depuis cinq ans et chargés de tant de mots. » (ROEDERER.) « Ces gens-là, dit Balzac, mettaient des livres dans un bon mot, tandis qu'aujourd'hui, c'est à peine si on trouve un bon mot dans un livre. »

nais de mieux en ce genre, c'est celle de Satan dans *le Paradis perdu*... Il est ridicule de vieillir en qualité d'acteur dans une troupe où l'on ne peut pas même prétendre à la demi-part... Je ne croirai pas à la Révolution tant que je verrai ces carrosses et ces cabriolets écraser les passants. » Qu'aurait-il fait s'il avait trouvé part entière et même double part dans son berceau ?

Mais laissons là les *si* et les *peut-être*[1]... Chamfort s'enfonça éperdument dans la Révolution, et ne s'arrêta point, même après le 10 Août. Dans les clubs, il demande la parole pour dire un mot. Un soir il monte à la tribune des Jacobins et prononce ce discours : « Moi tout; le reste rien, voilà le despotisme. Moi, c'est un autre; un autre c'est moi; voilà la démocratie. » On lui crie de continuer, de dire la vérité : « La vérité, c'est qu'il y a en France sept millions d'êtres qui demandent l'aumône, et douze millions hors d'état de la leur faire. La vérité, c'est que Paris est une ville de

---

1. « Chamfort, écrit Chateaubriand, était d'une taille au-dessus de la médiocre, un peu courbé, d'une figure pâle, d'un teint maladif. Son œil bleu, souvent roid et couvert dans le repos, lançait l'éclair quand il venait à s'animer. Des narines un peu ouvertes donnaient à sa physionomie l'expression de la sensibilité et de l'énergie. Sa voix était faible, ses modulations suivaient les mouvements de son âme; mais, dans les derniers temps de mon séjour à Paris, elle avait pris de l'aspérité, et on y démêlait l'accent agité et impérieux des factions. Je me suis toujours étonné qu'un homme qui avait tant de connaissance des hommes, eût pu épouser si chaudement une cause quelconque. »

fêtes et de plaisirs, où les quatre cinquièmes des habitants meurent de chagrin sous l'esclavage. Pauvre peuple sacrifié, pourquoi n'as-tu pas la fierté de l'éléphant, qui ne se reproduit pas dans la servitude ? »— « Le citoyen Chamfort ne sait pas ce qu'il dit, interrompit une femme. Est-ce que l'enfant ne sourit pas à sa mère sous Domitien comme sous Titus ? »

De 1789 à 1794, sa verve satirique éclate, illumine et parfois brûle les choses et les hommes. « En France, disait-il, on laisse en repos ceux qui mettent le feu, on persécute ceux qui sonnent le tocsin... La société n'est composée que de deux grandes classes : ceux qui ont plus de dîners que d'appétit, ceux qui ont plus d'appétit que de dîners. »

C'est lui qui donne cette belle devise à nos soldats entrant en pays étranger : « Guerre aux châteaux, paix aux chaumières ! » devise qu'on retourna ensuite au profit de la guerre civile, et à laquelle Berchoux ajoutait ce piquant post-scriptum :

> Attendu que dans ces dernières
> Le pillage serait sans prix.

C'est lui qui répond, lorsqu'on l'accuse de prêcher le désordre : « Quand Dieu créa le monde, le mouvement du chaos dut faire trouver le chaos plus désordonné que lorsqu'il reposait dans un désordre paisible, » et lorsqu'on l'invitait à réformer sans détruire : « Vous voudriez qu'on nettoyât les écuries d'Augias avec un plumeau ! »

Et tant d'autres maximes, toutes vibrantes d'ironie acerbe ou de rancune inassouvie : « La noblesse est un intermédiaire entre le roi et le peuple, comme le chien de chasse entre le chasseur et les lièvres... Il faut recommencer la société humaine, comme Bacon disait qu'il faut recommencer l'entendement humain... Le grand monde est un mauvais lieu que l'on avoue... Ce peuple neuf... n'a su organiser encore que l'insurrection ; c'est peu de chose il est vrai, mais cela vaut mieux que rien. » D'ailleurs il a prévu la Révolution : « Vous me paraissez bien apitoyée, écrit-il, sur le décès de notre ami feu le despotisme ; vous savez que sa mort m'a très peu surpris. C'est avec bien du plaisir que je reçois de votre main mon brevet de prophète... Je voulais, ces derniers jours, aller causer avec vous et récapituler les trente ans que nous venons de vivre en trois semaines. »

Mais, s'il agit avec ses passions, il juge avec sa raison ; aux députés, il reproche de n'avoir détruit les préjugés que pour les prendre, comme les gens qui n'abattent un édifice que pour s'approprier les décombres ; à l'Assemblée nationale de 89, d'avoir donné au peuple français une constitution plus forte que lui, de ne pas avoir procédé comme ces médecins habiles qui, traitant un malade épuisé, font passer les restaurants à l'aide des stomachiques. Il finit par s'apercevoir aussi qu'on gouverne les hommes avec la tête, qu'on ne joue pas aux échecs avec un bon cœur, que le Français respecte l'autorité et méprise la loi. « Prenons garde à nous, s'écriait-il douloureusement, nous ne sommes que des Français et nous voulons être des Romains. Le caractère français est composé des qualités du singe et du chien couchant. Drôle et gambabant comme le singe, il est malfaisant comme lui; caressant et léchant son maître qui le frappe et l'enchaîne, comme le chien couchant, il bondit de joie quand on le délie pour aller à la chasse. »

Il dit de Barère : « C'est un brave homme que ce Barère; il vient toujours au secours du plus fort; » de Pache : « C'est un ange que votre Pache; mais, à sa place, je rendrais mes comptes. » Et comme, pour célébrer l'anniversaire du 21 janvier, la Convention se rendit solennellement à la place de la Révolution, où fonctionnait la guillotine, c'est remarquait-il « le gratis de la Convention... La fraternité de ces gens-là est celle d'Étéocle et de Polynice. »

Comme Rivarol, comme beaucoup d'hommes célèbres par leur esprit, Chamfort préparait, ciselait et recueillait ces mots qui constituent son véritable, son seul titre au souvenir de la postérité, et qu'on a publiés seulement après sa mort. Stahl-Hetzel affirme qu'il s'est perdu de lui plus de choses qu'il n'en est venu jusqu'à nous. En tout cas, il prenait soin non seulement de lui-même, mais des autres, car on a retrouvé dans ses papiers beaucoup d'anecdotes qui ne laissent pas de projeter une vive lueur sur les caractères et la conversation dans la seconde partie du XVIIIe siècle. Je vais en rapporter quelques-unes.

M. de La Popelinière se déchaussait un soir devant ses complaisants et se chauffait les pieds : un petit chien les lui léchait. Pendant ce temps-là, la société parlait d'amitié, d'amis. « Un ami, dit la Popelinière montrant son chien, le voilà ! »

Une femme parlait emphatiquement de sa vertu, et ne voulait plus, disait-elle, entendre parler d'amour. Un homme d'esprit dit là-dessus : « A quoi bon cette forfanterie ? Ne peut-on pas trouver un amant sans dire tout cela ? »

« Les athées sont meilleure compagnie pour moi, disait M. D***, que ceux qui croient en Dieu. — A la vue d'un athée, toutes les demi-preuves de l'existence de Dieu me viennent à l'esprit ; et, à la vue d'un croyant, toutes les demi-preuves contre son existence se présentent à moi en foule. »

M. de L*** avouait à son ami, M. de B***, homme très respectable, les bruits et les faux jugements qui couraient sur son compte. Celui-ci répondit froidement : « C'est bien à une bête et à un coquin comme le public à juger un caractère de ma trempe ! »

M. de Malesherbes disait à M. de Maurepas qu'il fallait engager le roi à aller voir la Bastille : « Gardez-vous-en bien, répondit Maurepas, il ne voudrait plus y faire mettre personne. » Un homme très pauvre, qui avait fait un livre contre le gouvernement, disait : « Morbleu ! la Bastille n'arrive point ; et voilà qu'il faut tout à l'heure payer mon terme. »

Après le crime et le mal fait à dessein, il faut mettre les mauvais effets des bonnes intentions, les bonnes actions nuisibles à la société, comme le bien fait aux méchants, les sottises de la bonhomie, les abus de la philosophie appliquée mal à propos, la maladresse en servant ses amis, les fausses applications des maximes utiles ou honnêtes...

C'est un fait avéré (?) que Madame, fille du roi, jouant avec une de ses bonnes regarda à sa main, et après avoir compté ses doigts : « Comment ! dit l'enfant avec surprise, vous avez cinq doigts vous aussi, comme moi ? » Et elle recompta pour s'en assurer.

« Aujourd'hui, 15 mars 1782, j'ai fait, disait M. D***, une bonne œuvre d'une espèce assez rare : j'ai consolé un homme honnête, plein de vertus, riche de cent mille livres de rente, d'un très grand nom, de beaucoup d'esprit, d'une très bonne santé, etc., et moi, je suis pauvre, obscur et malade. »

Je demandais à M. R***, homme plein d'esprit et de talents, pourquoi il ne s'était nullement montré dans la Révolution de 1789, il me répondit : « C'est que, depuis trente ans, j'ai trouvé les hommes si méchants en particulier et pris un à un, que je n'ai osé espérer rien de bon d'eux en public et pris collectivement. »

Un jeune homme avait offensé le complaisant d'un ministre. Un ami, témoin de cette scène, lui dit, après le départ de l'offensé : « Apprenez qu'il vaudrait mieux avoir offensé le ministre même que l'homme qui le sert dans sa garde-robe. »

M. de Lassay, homme très doux, mais qui avait une grande connaissance de la société, disait qu'il faudrait avaler un crapaud tous les matins, pour ne plus rien trouver de dégoûtant le reste de la journée, quand on devait la passer dans le monde.

Un poëte consultait C*** sur un distique : « Excellent, répondit-il, sauf les longueurs. »

Le comte de*** et le marquis de*** me demandant quelle différence je faisais entre eux en fait de principes, je répondis : « La différence qu'il y a entre vous est que l'un lécherait l'écumoire et l'autre l'avalerait. »

M. de Castries, dans le temps de la querelle de Diderot et de Rousseau, dit avec impatience à M. de R*** : « Cela est incroyable ; on ne parle que de ces gens-là, gens sans état, qui n'ont point de maison, logés dans un grenier ; on ne s'accoutume point à cela. »

M***, connu par son usage du monde, me disait que ce qui l'avait le plus formé, c'était d'avoir su coucher, dans l'occasion, avec des femmes de quarante ans et écouter des vieillards de quatre-vingts.

Ce qui rend le monde désagréable, me disait M. de L***, ce sont les fripons et puis les honnêtes gens ; de sorte que, pour que tout fût passable, il faudrait anéantir les uns et corriger les autres, détruire l'enfer et recomposer le paradis.

M. de Fontenelle, âgé de quatre-vingt-dix-sept ans, venant de dire à madame Helvétius, jeune, belle et nouvellement mariée, mille choses aimables et galantes, passa devant elle pour se mettre à table, ne l'ayant pas aperçue : « Voyez, lui dit-elle, le cas que je dois faire de vos galanteries ; vous passez devant moi sans me regarder. — Madame, dit le vieillard, si je vous eusse regardée, je n'aurais pas passé ! »

Le chevalier de Narbonne, accosté par un importun dont la familiarité lui déplaisait, et qui lui dit en l'abordant : « Bonjour, mon ami ! comment te portes-tu ? » répondit : « Bonjour, mon ami ! comment t'appelles-tu ? »

M*** me disait : « J'ai vu des femmes de tous les pays ; l'Italienne ne croit être aimée de son amant que quand il est capable de commettre un crime pour elle, l'Anglaise une folie et la Française une sottise. »

M. de *** s'étant aperçu que M. Barthe était jaloux de sa femme, lui dit : « Vous, jaloux ! mais savez vous bien que c'est une prétention ? C'est bien de l'honneur que vous vous faites. Je m'explique. N'est pas cocu qui veut :

savez-vous que pour l'être, il faut savoir tenir une maison, être poli, sociable, honnête? Commencez par acquérir toutes ces qualités, et puis les honnêtes gens verront ce qu'ils auront à faire pour vous. Tel que vous êtes, qui pourrait vous faire cocu? Une espèce! Quand il sera temps de vous effrayer, je vous en ferai mon compliment. »

Le comte de Mirabeau, très laid de figure, mais plein d'esprit, ayant été mis en cause pour un prétendu rapt de séduction, fut lui-même son avocat. « Messieurs, dit-il, je suis accusé de séduction : pour toute défense, je demande que mon portrait soit mis au greffe... »

Le roi, quelque temps après la mort de Louis XV, fit terminer avant le temps ordinaire un concert qui l'ennuyait, et dit : « Voilà assez de musique. » Les concertants le surent et l'un d'eux dit à l'autre : « Mon ami, quel règne se prépare! »

Un courtisan disait : « Ne se brouille pas avec moi qui veut! »

Je pressais M. de L*** d'oublier les torts de M. de B*** qui l'avait autrefois obligé; il me répondit : « Dieu a recommandé le pardon des injures ; il n'a point recommandé celui des bienfaits. »

M. Thomas me disait un jour : « Je n'ai pas besoin de mes contemporains, mais j'ai besoin de la postérité. » Il aimait beaucoup la gloire : « Beau résultat de la philosophie, lui dis-je, de pouvoir se passer des vivants pour avoir besoin de ceux qui ne sont pas nés! »

Un homme parlait du respect que mérite le public. « Oui, dit M***, le respect qu'il obtient de la prudence. Tout le monde méprise les harengères ; cependant qui oserait risquer de les offenser en traversant la halle ?

Je causais un jour avec M. de V***, qui paraît vivre sans illusions dans un âge où l'on en est encore susceptible. Je lui témoignais la surprise qu'on avait de son indifférence. Il me répondit gravement : « On ne peut pas être et avoir été. J'ai été dans mon temps, tout comme un autre, l'amant d'une femme galante, le jouet d'une coquette, le passe-temps d'une femme frivole, l'instrument d'une intrigante. Que peut-on être de plus ? — L'ami d'une femme sensible. — Ah ! nous voilà dans les romans. »

M***, Provençal qui a des idées plaisantes, me disait, à propos de rois et même de ministres, que la machine étant bien montée, le choix des uns et des autres était indifférent : « Ce sont des chiens dans un tournebroche, il suffit qu'ils remuent les pattes pour que tout aille bien. Que le chien soit beau, qu'il ait de l'intelligence ou du nez, ou rien de tout cela, la broche tourne, et le souper sera toujours à peu près bon. »

M*** disait à propos de sottises ministérielles : « Sans le gouvernement, on ne rirait plus en France. »

« *A.* Je lui ferais du mal volontiers. — *B.* Mais il ne vous en a jamais fait. — *A.* Il faut bien que quelqu'un commence. »

Le ministre Roland avait mis à la tête de la Bibliothèque nationale Carra et Chamfort; mais celui-ci avait irrité les Conventionnels, victimes de ses sarcasmes. Sur la dénonciation d'un subalterne, par l'ordre du comité de Salut public, il fut conduit aux Madelonnettes. Le mois qu'il y passa lui parut un siècle, il jura de ne plus y retomber et tint parole. On se présente une seconde fois pour l'arrêter; il entre dans son cabinet, se tire un coup de pistolet qui lui fracasse le nez et crève un œil, s'arme d'un rasoir, essaye de se couper la gorge, se porte plusieurs coups au cœur, s'ouvre les veines, pousse un cri et tombe. On accourt, on panse ses blessures; lui, d'une voix ferme, dicte aux officiers civils la déclaration suivante: « Moi, Sébastien-Roch-Nicolas Chamfort, déclare avoir voulu mourir en homme libre plutôt que d'être reconduit en esclave dans une maison d'arrêt; déclare que si par violence on s'obstinait à m'y traîner dans l'état où je suis, il me reste assez de force pour achever ce que j'ai commencé. »

On ne l'emmena pas en prison, mais on le laissa sous le coup d'un mandat d'amener, condamné à payer un écu par jour au gendarme chargé de le garder à vue. « Voilà comme on échappe à ces gens-là, dit-il à un ami. Ils prétendent que je me suis manqué; mais je sens que la balle est restée dans ma tête; ils n'iront pas l'y chercher... Que voulez-vous? Voilà ce que c'est que d'être maladroit de la main. On ne réussit à rien, pas même à se tuer... Enfin, je me suis souvenu de

Sénèque, j'ai voulu m'ouvrir les veines; mais il était riche, lui, il avait tout à souhait, un bain bien chaud, toutes ses aises; moi je suis un pauvre diable, je n'ai rien de tout cela. Je me suis fait un mal horrible et me voilà encore; mais j'ai la balle dans la tête, c'est le principal. Un peu plus tôt, un peu plus tard, voilà tout. »

Ses amis lui reprochant d'avoir voulu mourir : « Du moins, répliqua-t-il, je ne risquais pas d'être jeté à la voirie du Panthéon ; » il appelait ainsi cette sépulture depuis l'apothéose de Marat... « Les horreurs que je vois me donnent à tout moment l'idée de recommencer. »

— « Ah! dit-il à Sieyès en expirant, je m'en vais enfin de ce monde où il faut que le cœur se brise ou se bronze. »

Telle fut cette mort stoïque, païennement belle; Chamfort ne devait pas reculer devant la logique du désespoir; car son âme ne respirait point vers le ciel, et son intelligence, si haute qu'elle fût, n'entrevoyait qu'un des côtés du grand drame où tous, apôtres et convertis, bourreaux et victimes, vainqueurs et vaincus accomplissaient une besogne inconnue à eux-mêmes. La postérité a retenu son nom comme celui d'un des hommes qui ont manié le trait avec le plus d'originalité : les historiens littéraires le comparent à Rivarol, les uns le proclamant supérieur, les autres inférieur. Il me semble qu'il a autant d'esprit, plus de nerf, de simplicité classique, de précision dans le mot, moins de coloris, d'ampleur dans le style, d'abondance dans le développement des idées, de richesse dans l'imagination. Rivarol est un écrivain, Chamfort n'est qu'un talent assez stérile et de courte haleine, un de ces moralistes incomplets prenant la partie pour le tout, jugeant le monde d'après le grand monde, et celui-ci d'après une fraction de lui-même, qui ont vu surtout la nature humaine du côté odieux ou ridicule et la résument dans une saillie piquante : « L'homme est un sot animal, si j'en juge par moi-même. » Il disait que s'il allait au paradis il écrirait sur la porte le vers placé par Dante sur la porte de son enfer :

Lasciate ogni speranza, voi ch'intrate.

Mais l'humanité n'a-t-elle pas cet éternel besoin d'espérer, principe de vie, de force, de grandeur, d'espérer vers le ciel, sur la terre et jusque par-delà l'enfer ?

Je voudrais donner le plus possible de parcelles de ce rare esprit, et vais reproduire celles de ses pensées qui me frappent particulièrement.

Il en est du bonheur comme des montres; les moins compliquées sont celles qui se dérangent le moins. — Quand on veut éviter d'être charlatan, il faut fuir les tréteaux; car si l'on y monte, on est bien forcé d'être charlatan; sans quoi l'assemblée vous jette des pierres; — L'entêtement représente le caractère, à peu près comme le tempérament représente l'amour... — Il est plus facile de légaliser certaines choses que de les légitimer. — Il y a à parier que toute idée publique, toute convention reçue est une sottise, car elle a convenu au plus grand nombre. — La pauvreté met le crime au rabais. — La vie contemplative est souvent misérable : il faut agir davantage, penser moins, et ne pas se regarder vivre. — Il n'y a pas d'homme qui puisse être, à lui tout seul, aussi méprisable qu'un corps : il n'y a point de corps qui puisse être aussi méprisable que le public. — Dans les grandes choses, les hommes se montrent comme il leur convient de se montrer; dans les petites, ils se montrent comme ils sont. — En France, il n'y a plus de public ni de nation, par la raison que la charpie n'est pas du linge. — La postérité, disait M. de B***, n'est pas autre chose qu'un public qui succède à un autre : or, vous voyez ce que c'est que le public d'à présent. — Célébrité : l'avantage d'être connu de ceux que vous ne connaissez pas. — Les courtisans et ceux qui vivaient des abus... sont sans cesse à dire qu'on pouvait réformer sans détruire comme on a détruit. Ils auraient bien voulu qu'on nettoyât l'étable d'Augias avec un plumeau. — Les grands veulent qu'on se dégrade, non pour un bienfait, mais pour une espérance; ils prétendent vous acheter, non par un lot, mais par un billet de loterie. — La société n'est pas, comme on le croit d'ordinaire, le développement de la nature, mais bien sa décomposition et sa refonte entière : c'est un second édifice, bâti avec les décombres du premier. — Un seul homme peut quelquefois avoir raison contre tous les peuples et tous les siècles. — Il n'y a d'histoire digne d'attention que celle des peuples libres : l'histoire des peuples soumis au despotisme n'est qu'un recueil d'anecdotes. — Les ministres ne sont que des gens d'affaires, et ne sont si importants que parce que la terre du gentilhomme leur maître est très considérable. — C'est un sot, c'est un sot ! c'est bientôt dit : voilà comme vous êtes extrême en tout. A quoi cela se réduit-il ? Il prend sa place pour sa personne, son importance pour du mérite, et son crédit pour une vertu. Tout le monde n'est-il pas comme cela ? Y a-t-il là de quoi tant crier ? La plupart des hommes qui vivent dans le monde, y vivent si étourdiment, pensent si peu, qu'ils ne connaissent pas ce monde qu'ils ont toujours sous les yeux. « Ils ne le connaissent pas, disait plaisamment M. de B***, par la raison qui fait que les hannetons ne savent pas l'histoire naturelle. » — Grands et petits, on a beau faire, il faut toujours se dire comme le fiacre aux courtisanes dans le *Moulin de Javelle* : « Vous autres et nous autres, nous ne pouvons nous passer les uns des autres. » — Il y a entre la vanité et la gloire, la différence qu'il y a entre un fat et un amant. — Pour être un grand homme dans les lettres, ou du moins opérer une révolution sensible, il faut, comme dans l'ordre politique, trouver tout préparé et naître à propos. — Les femmes ont des fantaisies, des engouements, quelquefois des goûts ; elles peuvent même s'élever jusqu'aux passions ; ce dont elles sont le moins susceptibles, c'est d'attachement : elles sont faites pour commercer avec nos faiblesses, avec notre folie, mais non avec notre raison. — Il paraît qu'il y a dans le cerveau des femmes une case de moins, et dans leur cœur une fibre de plus que chez les hommes. Il fallait une organisation particulière pour les rendre capables de supporter, soigner, caresser des enfants. — Les femmes ne donnent à l'amitié que ce qu'elles empruntent à l'amour.

— La plupart des amitiés sont hérissées de *si* et de *mais*, et aboutissent à de simples liaisons qui subsistent à force de sous-entendus. — On fait quelquefois dans le monde un raisonnement bien étrange : on dit à un homme, en voulant récuser son témoignage en faveur d'un autre homme : « C'est votre ami. » Eh! morbleu! c'est mon ami, parce que le bien que j'en dis est vrai, parce qu'il est tel que je le peins. — L'amour plaît plus que le mariage, par la raison que les romans sont plus amusants que l'histoire. — On marie les femmes avant qu'elles soient rien et qu'elles puissent rien être. Un mari n'est qu'une espèce de manœuvre qui tracasse le corps de sa femme, ébauche son esprit et dégrossit son âme. — Il y a telle fille qui trouve à se vendre et ne trouverait pas à se donner. — L'amour, tel qu'il existe dans la société, n'est que l'échange de deux fantaisies et le contact de deux épidermes. — En amour, tout est vrai, tout est faux; et c'est la seule chose sur laquelle on ne puisse pas dire une absurdité. — Toute femme, en prenant un amant, tient plus de compte de la manière dont les autres femmes voient cet homme que de la manière dont elle le voit elle-même. — On demandait à M*** pourquoi la nature avait rendu l'amour indépendant de la raison. « C'est, dit-il, parce que la nature ne songe qu'au maintien de l'espèce, et, pour la perpétuer, elle n'a que faire de notre sottise... A ne consulter que la raison, quel est l'homme qui voudrait être père et se préparer tant de soucis pour un long avenir? Quelle femme, pour une épilepsie de quelques minutes, se donnerait une maladie d'une année entière? La nature, en nous dérobant à notre raison, assure mieux son empire, et voilà pourquoi elle a mis de niveau sur ce point Zénobie et sa fille de basse-cour, Marc-Aurèle et son palefrenier. » — L'homme arrive novice à chaque âge de la vie. — Des qualités trop supérieures rendent souvent un homme moins propre à la société. On ne va pas au marché avec des lingots; on y va avec de l'argent ou de la petite monnaie. — On peut considérer l'édifice métaphysique de la société comme un édifice matériel qui serait composé de différentes niches ou compartiments, d'une grandeur plus ou moins considérable. Les places avec leurs prérogatives, leurs droits, etc., forment ces divers compartiments, ces différentes niches. Elles sont durables et les hommes passent. Ceux qui les occupent sont tantôt grands, tantôt petits, et aucun ou presque aucun n'est fait pour sa place. Là c'est un géant, courbé ou accroupi dans sa niche; là c'est un nain sous une arcade; rarement la niche est faite pour la stature. Autour de l'édifice circule une foule d'hommes de différentes tailles. Ils attendent tous qu'il y ait une niche vide, afin de s'y placer, quelle qu'elle soit. Chacun fait valoir ses droits, c'est-à-dire sa naissance ou ses protections, pour y être admis. On sifflerait celui qui, pour y être admis, ferait valoir la proportion qui existe entre la niche et l'homme, entre l'instrument et l'étui...

II. — L'ABBÉ SIEYÈS [1]

Prêcher avec ardeur le dogme de l'égalité devenu le christianisme politique du monde, prétendre renouveler l'organisme social en faisant table rase du passé et

---

[1]. Né à Fréjus en 1748, mort en 1836. — Sainte-Beuve, *Causeries du lundi*, t. V. — Edmond de Beauverger, *Étude sur Sieyès*, 1851. — *Notice sur la vie et les travaux de Sieyès*, écrite par lui-même, messidor an II. — Mignet, *Notices historiques*, t. I*er*. — Michaud, *Biographie universelle*, article de Capefigue. — *Des opinions politiques du citoyen Sieyès*, Paris, Goujon, édit., an VIII. — *Discours du comte Siméon aux funérailles de Sieyès*, 1836. — *Bonaparte et Sieyès*, G. du Fresne de Beaucourt (extrait de la *Revue indépendante*. — Notice de Fortoul. — Œuvres de Sieyès: *Essai sur les privilèges ; Qu'est-ce que le Tiers-État ? Moyens d'exécution dont les représentants de la France pourront disposer en 1789*. — *Correspondance de Sieyès pendant son ambassade de Berlin*, 3 vol. aux archives des affaires étrangères. — Albert Sorel. — Aulard. — *Mémoires de Condorcet*, t. II. — Thiers, *Histoire de la Révolution française*, t. X. — D'une manière générale, voir pour la biographie des hommes du xviii*e* siècle et du xix*e*, le *Catalogue de l'Histoire de France* à la Bibliothèque nationale, rue de Richelieu, t. IX, X et Supplément.

tirant tout de la raison, manufacturer des systèmes de constitutions, chefs-d'œuvre d'horlogerie politique, auxquels il ne manquait, comme au cheval du paladin légendaire, que de pouvoir vivre, mépriser les réalités de l'histoire et adorer les abstractions de la métaphysique, revêtir des chimères d'un style géométrique, traiter les hommes comme des chiffres, et en même temps, par un singulier mélange des qualités et des défauts les plus opposés, prononcer certains mots décisifs, déterminer des actes capitaux, appliquer au gouvernement des assemblées de la Révolution l'habileté, la finesse acquises dans le gouvernement des biens du clergé, se renfermer dans la tour d'ivoire du dédain aussitôt que ses conseils ne sont pas reçus comme des oracles, faire du silence un système et un brevet de longue vie, ménager savamment ses intérêts personnels, leur sacrifier ses principes, mais demeurer fidèle à sa pensée, à son orgueil, mourir à l'âge de quatre-vingt-huit ans, après avoir vu toutes les formes de gouvernement, l'ancienne royauté, la République, l'empire, la Restauration, la monarchie de Juillet, après avoir traversé tant de vicissitudes, rempli tant de positions, prêtre, publiciste, constituant, conventionnel, régicide, président du directoire, ambassadeur, sénateur, émigré, de tels contrastes d'idées et d'actions donnent à l'abbé Sieyès une physionomie distincte parmi les hommes de son temps. Madame de Staël voyait en lui le Newton de la politique; Mirabeau dénonça (un peu ironiquement) son silence comme une calamité publique[1]; Bertrand de Moleville affirme qu'on pouvait l'enchaîner avec des chaînes de bon or, le gagner par une abbaye de douze mille livres de rente; Mallet du Pan lui reconnaît un esprit fertile en découvertes d'exécution, alliant la dextérité à la constance, sachant conserver de l'empire sur lui-même et en obtenir sur les autres. Napoléon a dit qu'il aimait l'argent, mais qu'il était d'une probité sévère ; Sainte-Beuve le proclame un esprit né maître. Altier, absolu, ingénieux, se piquant d'avoir découvert ou du moins professé le premier l'art social, pontife et dévot de sa religion, cerveau puissant, âme faible, il fait parfois l'effet d'un pape en exil, d'un abbé cloîtré et mitré des monastères métaphysiques. Il n'a que dédain pour les *cerveaux décousus*[2] et se regarde

---

1. Mirabeau remarquait que les hommes d'un grand talent, auxquels on suppose des principes fixes, sont aussi vacillants dans leur marche que les bonnes gens qu'ils abusent.

2. « Il les compare à des pièces de musique qui manquent de l'unité de mélodie. Pour lui, dans toute cette première partie de sa vie, et quand on le surprend comme je l'ai pu faire, grâce à cette masse de témoignages de sa main, dans l'intimité de sa méditation et de son intelligence, on le reconnaît et on le salue tout d'abord (indépendamment de ses erreurs) un grand *harmoniste social*, un esprit qui a sincèrement le désir d'améliorer l'humanité, et d'en perfectionner le régime; qui a en lui, sinon l'amour qui tient à l'âme et aux entrailles, du moins le haut et sévère enthousiasme qui brille au front de l'artiste philosophe, pour la grande architecture politique et morale... » (Sainte-Beuve.) La saine politique, selon lui, n'est pas la science de ce qui est, mais de ce qui doit

comme le seul cerveau complet : Rousseau à ses yeux est un philosophe aussi parfait de sentiment que faible de vues, qui confond les principes de l'art social avec les commencements de la société humaine, Buffon un brillant déclamateur, Chateaubriand un charlatan. Dans la constitution anglaise, il ne voit nullement la *simplicité du bon ordre*, mais seulement un échafaudage de précautions contre le désordre.

Il revendique les droits du tiers état, détruit les bar-

être. Il refaisait la plume à la main chacun des ouvrages de métaphysique ou d'économie politique qu'il lisait... « Aucun livre, dit-il, ne m'a procuré une satisfaction plus vive que ceux de Locke et de Condillac. » Le 6 juillet 1791, il écrit dans le *Moniteur* qu'il préfère la monarchie à la république, parce qu'il y a plus de liberté pour le citoyen dans la première que dans la seconde. Il voulait donc la monarchie, mais il la voulait restreinte, couronnant et ne supportant pas l'édifice social. « Il ne se livrait aux événements comme aux hommes que lorsqu'ils le recherchaient, et pour ainsi dire le gâtaient... A chaque époque, il fallait qu'on acceptât sa pensée ou sa démission... Il croyait que tout ce qui se pensait se pouvait... tenant plus compte des droits que des intérêts, des idées que des habitudes ; il avait quelque chose de trop géométrique dans ses déductions, et il ne se souvenait pas assez en alignant les hommes sous son équerre politique, qu'ils sont les pierres animées d'un édifice mouvant... Beaucoup de ses pensées sont devenues des institutions. » (MIGNET.) « La liberté de Sieyès, dit Michelet, celle qu'il voulait pour lui, pour les autres, c'était cette liberté passive, inerte, égoïste, qui laisse l'homme à son épicurisme solitaire, la liberté de jouir seul, la liberté de ne rien faire, de rêver ou de dormir, comme un moine dans sa cellule, ou comme un chat sur un coussin. Pour cette liberté-là, il fallait une monarchie. »

rières des provinces, fait diviser la France en départements, prononce pour chaque événement le mot qui présage, qui détermine ou consacre. Chamfort lui a fourni la fameuse formule du tiers état, mais il l'a développée, lancée, comme un brûlot, dans la conscience populaire, s'attachant à prouver que, si la noblesse vient de la conquête, le tiers état serait noble en devenant conquérant à son tour, qu'en un mot la gloire, comme tout le reste, deviendrait bientôt roturière. Au moment de la scission du clergé et de la noblesse avec les députés du tiers, il propose de couper le câble qui retient encore le vaisseau au rivage, trouve pour ceux-ci le terme d'*Assemblée nationale*[1] qui tranche le conflit, et les encourage à revendiquer leurs droits : « Vous êtes, aujourd'hui, leur dit-il le 23 Juin, ce que vous étiez hier, délibérons. » Quand la Constituante abolit la dîme sans compensation pour le clergé et le trésor public, il s'écrie: « Ils veulent être libres et ne savent pas être justes[2] ! » Il résume sa conduite

---

[1] « Dans presque tous les ordres de préjugés, disait-il, si des écrivains n'avaient consenti à passer pour *fous*, le monde en serait aujourd'hui moins *sage* ? Veut-on attendre pour semer le temps de la récolte? Il n'y en aurait jamais. »

[2] « Dans cet ordre d'alignements, dit Montlosier, je n'ai compris ni dû comprendre l'abbé Sieyès ; de même, parmi les journaux, je ne comprendrai pas le *Moniteur*. Par suite d'une loi générale, le mouvement de la terre emporte, soit qu'ils le veuillent ou qu'ils ne le veuillent pas, tous les êtres qui sont à sa surface dans

pendant la Terreur d'un mot, qui, en dépit de ses tardives protestations, exprime à merveille et son propre égoïsme et celui de ses innombrables imitateurs : « J'ai vécu. — Que faire dans une pareille nuit ? se demande-t-il alors. — Attendre le jour. » Et

une direction donnée. Jeté dans le mouvement de la Révolution, le *Moniteur* a eu pour principe de se laisser emporter de même dans toutes les directions; il a eu ainsi, selon qu'elles se sont succédé, les teintes monarchique, constitutionnelle, girondine, jacobine, impériale; il s'est placé en façon d'homme d'aile qui n'a rien à faire que de répéter les signaux, ou comme un écho qui rend indifféremment tous les sons. Sieyès a eu pour principe de suivre le même mouvement. Se jetant, par sa volonté, dans la première caverne qui s'est trouvée devant lui, il a continué de glisser dans toutes les cavernes qui ont remplacé successivement la première; à la différence du *Moniteur*, qui a rendu tous les sons, il n'en a rendu aucun. Il s'est fait remarquer à l'Assemblée par son silence, comme les autres par leurs discours; ce silence fut dénoncé par Mirabeau comme une calamité publique. Heureux s'il l'avait gardé toujours ! » — Dans un portrait écrit en 1789, je rencontre ces lignes assez significatives : « La nature, qui partage ses dons, a refusé celui de la parole à l'abbé Sieyès ; l'organe est faible, le geste nul, l'expression tardive, la conception difficile, l'exposé confus ; les grands mouvements ne sont pas à son usage et il préfère la méthode à la chaleur... Sieyès prétend que toutes les brochures qui ont suivi ne sont que ses pensées délayées et conséquemment affaiblies. Mais j'ai un penchant à croire, ou du moins à soupçonner que Sieyès est un homme que le public a fait, c'est-à-dire que, d'après la lecture de ses diatribes, l'un lui a prêté du génie, l'autre du talent, celui-là le courage de l'âme; chacun a raisonné sur cet être, moitié réel, moitié fantastique, et, comme dans toutes les révolutions, il faut des points où l'on s'accroche, la multitude, à laquelle quelques hommes commandent, a été portée vers Sieyès. »

il se renfermait en lui, et se cachait dans le Marais. A la fin du Directoire, lui, le représentant de l'idée, cherche, acclame le représentant de la force : « Il me faut une épée! » D'ailleurs, il se défendait d'avoir dit après le 18 Brumaire : « Messieurs, nous avons un maître, ce jeune homme sait tout, peut tout et veut tout. » Il aurait dit seulement à Bonaparte qu'il ne voulait pas être consul avec lui : « Il ne s'agit pas de consuls, et je ne veux pas être votre aide de camp. » Il prétendit aussi (tout mauvais cas est niable) qu'il n'avait pas formulé son vote dans le jugement de Louis XVI par le fameux : « La mort sans phrases! » qu'on lui reprocha, mais qu'il avait voté simplement la mort. En tout cas, il avait pris son parti d'avance, si j'en crois l'anecdote de l'abbé Lajare, son ancien collègue à l'administration provinciale d'Orléans, que M. de Malesherbes avait chargé d'aller le voir. Quand Sieyès le vit entrer, il lui dit, avant même qu'il eût ouvert la bouche : « Je vous entends, *il est mort, mort*; ne parlons plus de cela. » Le même homme protestait vivement après le 10 Août contre ceux qui s'imaginent qu'affirmer est toujours une lâcheté, que détruire est toujours une gloire... qui veulent gouverner par des cris et non par des lois ; au fond, très au fond de son cœur, il regrettait les crimes inutiles, et épanchait sa colère dans ses papiers secrets : « ... Ce sont là les hommes chargés de conduire les affaires de la République !... Brillant de ses succès, H. de S. (Hérault de

Séchelles sans doute); dans sa distraction, il avait l'air d'un drôle bien heureux qui sourit au coquinisme de ses pensées. » « Ils ne songent plus qu'on a oublié de prouver la mineure, » écrit-il ailleurs. Prouver la mineure ! Sieyès est tout entier dans ce cri à moitié comique qui, chez lui, est le cri du cœur. « Cet homme n'était pas un orateur, observe M. Aulard, mais un syllogisme vivant[1]. »

Lycurgue incompris, désespéré, Solon méconnu, saturé des hommes, il reproche à ces enfants gâtés de vouloir qu'on leur plaise, de ne pas souffrir qu'on les instruise ; et supposant cette question qu'on lui adresse si souvent : « Vous vous taisez ? » — « Qu'importe, se répond-il à lui-même, qu'importe le tribut de mon verre de vin dans un torrent de rogomme ? » Et, reconnaissant avec Salluste et Lucain que le crime a force de loi, constatant la poussée irrésistible de la démocratie triomphante, il répète après eux le : *Jusque datum sceleri; ruit irrevocabile vulgus...*

Plus loin, il imagine qu'on lui adresse ce reproche :

---

1. On l'appelait le Chalcas de la Révolution. M. Aulard discerne finement la cause de sa popularité. « Il fut populaire, malgré tout, parce qu'il eut le culte de la faculté dominante de notre race, la raison ou plutôt la logique. » — « La raison, disait-il, est la morale de la tête, comme la justice est la morale du cœur... Les personnes qui aiment à revêtir d'une image les notions abstraites pourront se figurer le gouvernement monarchique finissant en pointe, et le gouvernement républicain en plate-forme. »

« On abuse de tout. Vous auriez dû voir que les vérités les plus certaines, que les meilleures idées ouvrent aux fripons et aux coquins de nouveaux moyens d'exercer leurs funestes passions. »

Voici sa réplique :

« Avec le jugement le plus réfléchi, on n'est pas dupe deux fois, mais on peut l'être une. Cet effet de nouvelles vérités a été frappant et cependant il (Sieyès) l'a aperçu longtemps avant vous et il a fermé sa main. Vous qui l'accusez, vous avez deux fois plus de torts que lui. Après avoir partagé sa première méprise, l'avoir partagée avec tout votre pays, vous avez concouru vivement à abuser, à gâter, à renverser jusqu'aux antipodes les principes offerts ; enfin, vous qui exigez une expérience que vous étiez loin d'avoir vous-mêmes, vous trouvez mauvais aujourd'hui qu'on profite de l'expérience acquise, et qu'on ne veuille pas s'exposer de nouveau à vos reproches.

» Taisons-nous! »

Nommé ambassadeur à Berlin, et bien qu'il se fût heurté à une société hostile, à un roi nouveau, à un ministre indécis qu'il appelait *le ministre des ajournements*, il y conquit la réputation d'un observateur habile, d'un diplomate savant, spirituel, pénétré du sentiment de sa dignité. Lui-même revint très engoué de la Prusse et ne cessait de dire à ses collègues du

Directoire : « Ce n'est point ainsi qu'on fait en Prusse. — Enseignez-nous donc, demandait-on, comment on fait en Prusse. — Vous ne m'entendriez pas, reprenait Sieyès; il est inutile que je vous parle; faites comme vous avez coutume de faire. » Aussi, pour se venger de tant de superbe, insinuait-on qu'il était vendu à la Prusse.

Un jour qu'il y avait fête à la cour de Berlin, la plupart des ambassadeurs, arrivés avant celui de France, s'étaient empressés d'occuper les premières places, et le chambellan de service s'apprêtait, non sans quelque embarras, à les déplacer : « Non, monsieur, ne dérangez personne, dit Sieyès à haute voix : la première place sera toujours celle qu'occupera l'ambassadeur de la République française. » Une autre fois, le comte Repnin vantait la supériorité du gouvernement russe sur tous les autres. « Son gouvernement lui paraît excellent, interrompit Sieyès. Cependant demain, s'il plaît à son maître, on lui coupera le nez et les oreilles, et on le confinera en Sibérie ; au lieu que, dans notre république, nous sommes tous dauphins. » Pendant toute la durée de sa mission, il n'adopta pour costume qu'un habit bleu, collet brodé en soie verte, où étaient représentées des branches d'olivier; il disait à ce sujet qu'il voulait être un *ministre de paix*.

Rentré en France, il ne tarda pas à s'apercevoir que la situation était plus forte que lui, qu'il ne s'agissait plus de conseils, mais d'actes, de paroles, mais de force, et qu'il fallait écrire l'histoire à coups d'épée. « La loi c'est le sabre, » avait dit Augereau le 18 Fructidor. « Sieyès, écrivait La Fayette le 26 vendémiaire an VIII, arriva comme la divinité du dénouement et ne dénoua rien. Il est peureux, prend de l'humeur, ne sait pas plaire; il ne peut ni parler d'abondance, ni monter à cheval; c'est un abbé dans toute la force du terme; de manière qu'avec beaucoup d'esprit, de grandes facultés pour l'intrigue et d'excellentes intentions à présent, il est resté au-dessous de l'attente publique. »

Il cherchait une épée, il espérait être la tête qui la ferait sortir du fourreau, et grâce à elle, appliquer cette constitution idéale, où il n'avait mis que des ombres, avec son jury constitutionnaire, des pouvoirs qui s'annulaient en s'absorbant, et le grand électeur, ce roi fainéant, *ce cochon à l'engrais*[1]. Bonaparte et lui commencèrent par l'aversion; à leur première entrevue chez Gohier, ils ne s'adressèrent pas la parole. « Avez-vous vu ce petit insolent? dit Sieyès, il n'a même pas salué le membre d'un gouvernement qui aurait dû le faire fusiller. » Et Bonaparte, non moins mécon-

---

[1] L'auteur des *Mémoires de Condorcet* le compare à l'architecte Dinocrate, qui proposait à Alexandre de bâtir une ville sur le mont Athos, et quand celui-ci demanda comment les habitants se procureraient des vivres et de l'eau, il répondit qu'il n'y avait point songé. Un homme d'esprit disait de lui : « Il vit de haine et meurt de peur. »

tent, de s'écrier : « Quelle idée a-t-on eue de mettre ce prêtre au Directoire ? Il est vendu à la Prusse et, si l'on n'y prend garde, il vous livrera à elle ! » Mais comme il ne faut montrer que les rancunes utiles[1], les deux hommes se rapprochèrent. Sieyès, après le coup d'État, devint un *métaphysicien nanti*, comblé de dotations, d'honneurs[2], et sa constitution fut jetée au rancart ou plutôt adaptée au goût du vainqueur.

Gallais, dans son *Histoire du 18 Brumaire*, rapporte que parlant un soir de son projet d'aller habiter les Tuileries, Bonaparte demanda à Sieyès ce qu'il en pensait :

« Je craindrais, répondit celui-ci, que le souvenir du 10 Août ne vous y poursuivît.

— Si j'avais été roi au 10 Août, reprit l'autre, je le serais encore aujourd'hui, et je voudrais encore dire la messe si j'avais été prêtre en 1789. »

Et le lendemain tous les portraits de Sieyès comme député, comme directeur, disparaissaient des boutiques de marchands d'estampes, et l'on ne vit plus à la place que des Sieyès en costume d'abbé.

Sieyès retombait dans le silence philosophique et

---

1. L'épigramme suivante, due à Lebrun, courut alors.

  Sieyès à Bonaparte a fait présent d'un trône,
  Sous ses débris pompeux croyant l'ensevelir.
  Bonaparte à son tour lui fait présent de Crosne
  Et l'enrichit pour l'avilir.

2. « Vous verrez où il nous mènera, mais il le faut, » dit-il.

épicurien, avec lui se terminait le règne des idéologues, des abstracteurs d'algèbre sociale : il y avait en eux deux hommes, un don Quichotte, un Sancho Pança. Sancho Pança devenu gouverneur de Barataria, empêchait don Quichotte de gronder pour l'idéal, pour la liberté. En somme, Sieyès préférait Napoléon à tout autre.

Dans les dernières années de sa vie, Robespierre était devenu son cauchemar et on l'entendit souvent répéter :

« Éloignez de moi cet infâme ! »

En 1832, il tomba malade et ses idées s'embrouillèrent au point de commander à son valet de chambre :

« Si M. de Robespierre vient, vous lui direz que je n'y suis pas. »

Et celui-ci, dans son innocence, transmit la consigne à un autre domestique.

Il aimait à raconter que peu avant le 9 Thermidor, dénoncé à la société des Jacobins, il avait été sauvé par son cordonnier qui prit la parole et dit :

« Ce Sieyès, je le connais ; il ne s'occupe pas du tout de politique, il est toujours dans ses livres ; c'est moi qui le chausse et j'en réponds. »

N'est-ce pas là, en miniature, l'histoire de la Terreur? Le plus profond penseur de la Révolution, un de ses rédacteurs, un de ceux auxquels elle devait le plus, dénoncé par un misérable énergumène, échappant à la guillotine grâce au témoignage d'un pauvre cordonnier qui se trouve là par hasard, et qui, dans un élan de générosité naïve, sauve son client ! Trop souvent, hélas ! le cordonnier ne se levait pas, et la victime restait seule, livrée à son délateur, en présence de Fouquier-Tinville.

VI

CAMILLE DESMOULINS [1]

Un argument commode et peu concluant. — Encore un louveteau ! — Une anarchie dépensière ! — Le tombeau de la nation. — Opinions de Michelet, Sainte-Beuve, Mignet, Lamartine, Claretie, Cuvillier-Fleury sur Camille Desmoulins. — Le journalisme pillard, assassin et terroriste. — Un flaireur de vent. — Le style de Camille. — La tête de Saint-Just. — Camille défenseur des tripots. — Une république de cocagne. — Définition de la politique : l'art de rendre les hommes heureux. — Nature caudataire et subalterne. — Ses contradictions sur Mirabeau. — *Le Savetier de Messine.* — *Les Révolutions de France et de Brabant.* — Patriotisme et Patrouillotisme. — Parodie des titres. — Le vertige de la Révolution. — Mariage de Camille. — *Le Vieux Cordelier.* — Les patriotes d'industrie, les profiteurs de révolution. — *The Jacobinical Rage.* — Invocation à la liberté. — Le représentant du pouvoir exécutif : Sanson. — Mort de Lucile. — Vers de des Essarts. — Apologue du vice-roi indien.

C'est le plus commode et le moins concluant de tous les arguments que celui qui consiste à opposer aux

---

1. Né à Guise en 1760, exécuté le 5 avril 1794. — Jules Claretie (de l'Académie française), *Camille Desmoulins*, 1 vol. in-8°, Plon,

fautes du présent les fautes du passé, aux erreurs d'un homme celles de ses adversaires. Si vous reprochez à Camille Desmoulins tant de crimes écrits et conseillés, sa légèreté féroce, son cynisme et ses invectives forcenées, si vous l'accusez d'avoir réclamé le titre de procureur général de la *Lanterne*, revendiqué l'épithète de brigand, le rôle d'accusateur public, de délateur, à une époque où les mots brûlaient, tuaient, assassinaient, si vous mettez sous les yeux du lecteur les pièces du procès, ses apologistes se récrient, vantent *son style merveilleux*, son amour pour Lucile, l'éloquence enflammée de certaines pages, et « le cri divin qui remuera les âmes éternellement », l'appel à la clémence

---

1875. — Hatin, *Histoire de la Presse*, t. V. — Sainte-Beuve, *Causeries du Lundi*, t. III. — Œuvres de Desmoulins : *Discours de la Lanterne* ; *la France libre* ; *les Révolutions de France et de Brabant*, 8 vol. ; *Histoire des Brissotins* ; *le Vieux Cordelier*. — *Œuvres choisies de Camille Desmoulins*, 2 vol. 1874, Charpentier. — Édouard Fleury, *Camille Desmoulins et Roch Marcandier*, 2 vol. — Cuvillier-Fleury, *Portraits politiques et révolutionnaires*, 2 vol. in-18, Calmann Lévy, nouv. édit., 1889. — Geruzez, *Histoire de la Littérature*, p. 343. — Eugène Maron, *Histoire littéraire de la Convention nationale*. — Georges Duval, *Souvenirs de la Terreur*. — Hamel, *Histoire de Robespierre*, 3 vol. — *Souvenirs d'Étienne Dumont*. — Chénier, *Œuvres en prose*. — Voir aussi Lamartine, Mignet, Thiers, Taine, Michelet, Louis Blanc, Lanfrey, Albert Sorel, Aulard. — Rétif de la Bretonne, *l'Année des Dames nationales*, t. XII. — On trouvera dans *l'Indépendant littéraire* (juillet 1888) un parallèle ingénieux, bien qu'un peu forcé, de M. Rabbe entre La Fontaine et Camille Desmoulins.

dans le *Vieux Cordelier*, à cette clémence dont lui-même a tant besoin devant l'histoire. — Est-il, après tout, le premier qui ait insulté la royauté, qui l'ait poursuivie de ses sarcasmes ? Est-ce que le marquis de Voyer, chaque fois qu'on illuminait pour la naissance d'un prince de sang, ne s'écriait point : « Encore un louveteau ? » — Est-ce que dans ses plaisanteries sur la *Lanterne*, il fait autre chose que renouveler les vieilles facéties du moyen âge sur la potence et la corde ? Et madame de Sévigné ne prend-elle point, plus que légèrement, son parti des mutins pendus, des bons pâtissant pour les méchants [1], des enfants mis à la broche, « pourvu que les quatre mille hommes de guerre qui sont à Rennes ne l'empêchent pas de se promener dans ses bois qui sont d'une hauteur et d'une beauté merveilleuses » ? Les nobles et les princes eux-mêmes n'ont-ils pas donné l'exemple des calomnies les plus odieuses contre le roi et la reine, et les journaux royalistes, les *Actes des Apôtres* n'égalent-ils point, s'ils ne les surpassent, les violences de la *Lanterne*, les obscénités de langage qui s'étalent dans les *Révolutions de France et de Brabant* ? A-t-on oublié qu'en 1750 d'Argenson appelait le gouvernement : une anarchie dépensière ; la cour : le tombeau de la nation ? — On

1. Dans le cahier des doléances de la paroisse de Chaillevoix, qui faisait partie du bailliage de Guise, je lis ce mot douloureux, aussi bon à rappeler aux princes du droit populaire qu'aux princes du droit divin : « Si les rois savaient ce que valent trois sols ! »

connaît le procédé : battre la campagne, ne pas parer, mais attaquer à tort et à travers, au besoin remonter au déluge, exalter le bien en réduisant à rien le mal qu'on met sur le compte des circonstances, de l'ivresse du combat, de la fatalité des représailles.

Michelet appelle Camille un polisson de génie, Sainte-Beuve, un polisson de verve et de talent ; dans cette verve folle, indiscrète, dans ce dévergondage sans frein traversé de bonnes saillies, dans cette plaisanterie qui frise toujours la guillotine, le grand critique reconnaît le clerc de la basoche, le fifre improvisé de la Révolution ; il le compare à ces prédicateurs satiriques de la Ligue qui prêchaient l'émeute aux Halles. Camille avait des cahiers de citations et son style semble comme épicé et farci d'emprunts à Tacite, à Cicéron, à tous les auteurs latins. « Ce qu'il fut vite et longtemps, c'est la plume la plus leste, la plus gaie, la plus folle du parti démocratique et anarchique ; il avait été le premier boute-en-train de la Révolution, il ne cesse de l'être et de pousser à la roue, jusqu'au jour où il s'avise tout à coup de se retourner et de dire : Enrayez !

---

1. « Jamais, écrit-il dans son discours de la *Lanterne*, jamais plus riche proie n'aura été offerte aux vainqueurs. Quarante mille palais, hôtels, châteaux ; les deux cinquièmes des biens de la France à distribuer, seront le prix de la valeur. Ceux qui se prétendent nos vainqueurs seront conquis à leur tour... » — Cela vaut l'interruption d'un émeutier à Barbès, le 15 mai 1848 : « Tu te trompes, Barbès, deux heures de pillage ! »

Ce char qu'il avertissait pour la première fois n'en tint pas compte et le broya. »

Quelques historiens se montrent très indulgents pour ce gamin de Paris du journalisme, Thiers, Mignet. Claretie, Édouard Fleury ; d'autres le traitent avec plus de sévérité ; la plupart lui gardent un coin d'admiration ou de sympathie. — Aux yeux de M. Cuvillier-Fleury, il est un des pires parmi les mauvais, il a créé avant Marat le journalisme pillard, assassin et terroriste, et l'on ne saurait « le juger sur les larmes qu'un lâche regret lui arrache avec la vie, quand le couteau qu'il a aiguisé va le frapper à son tour ». « C'était une âme particulièrement faible, un de ces artistes qui brûlent Rome pour jouir du spectacle... un caractère d'une mollesse singulière avec un cerveau ardent, une imagination emportée avec une tournure d'esprit ingénieuse et raffinée, un goût d'érudition et de citation puéril, le souci de la phrase et du trait ; plus pédant que méchant, plus académique que démocrate, révolutionnaire par entraînement de rhétorique plus que d'opinion, plus tapageur que passionné, avec une veine de bon sens français pourtant, une industrie de style et un fini qui eût assuré dans tous les temps, aux productions de sa plume, l'attention des érudits, l'engouement des amateurs et le suffrage des meilleurs salons. Camille Desmoulins est le seul écrivain démagogue (avec Proudhon peut-être) qui procède d'une certaine tradition de l'esprit français, et se rattache par quelque côté à cette famille de satiriques qui, de la *Ménippée*, aboutit à Paul-Louis Courier, en touchant peut-être par instants à Bussy-Rabutin et à Saint-Évremond... Il a toute la verve et toute l'autorité des meilleurs pamphlétaires; il a tout le trait des plus classiques railleries ; il lui manque la décence, l'honnêteté et l'autorité ! »

Lamartine a tracé par deux fois le portrait de ce Camille qu'il appelle un flaireur de vent. Aucun homme, ajoute-t-il, ne représentait mieux la foule. Il en avait les turbulences, les murmures, les élans, les retours soudains, les légèretés, les cynismes, les lâchetés, les héroïsmes, les gaietés, les colères, le rire et les larmes ; écrivain consommé avant l'âge, il avait consacré son âme mobile à être le vent de la tempête civile. « Je suis, disait-il lui-même, le soufflet du feu de la liberté... — Artiste de parade avant tout, il cherchait l'art d'Aristophane ou de Rabelais jusque dans l'outrage. Son style, grec d'origine, latin de forme, français de verve, élevait l'insulte jusqu'à l'éloquence et faisait descendre l'ironie jusqu'au sang. »

Le fond de son âme était une impiété naturelle envers toute chose... Il y avait en lui de l'enfant dans le tribun; on ne pouvait ni l'estimer, ni le haïr. Ses opinions n'étaient que ses caprices... »

Et puis, il possède une qualité qui, aux yeux du Français, excuse bien des choses. Camille a de l'esprit, beaucoup d'esprit ; non l'esprit de conversation, car je ne sais guère de lui que son mot sur Saint-Just [1] : « Il porte la tête comme un saint-sacrement », et sa réponse à Robespierre qui propose de faire brûler le *Vieux Cordelier* : « Brûler n'est pas répondre » ; mais de l'esprit écrit, un badinage fin, élégant, l'art de manier l'érudition avec grâce, d'envelopper une cruauté dans une phrase parfumée d'atticisme, de lancer un coup de poignard qui fait presque l'effet d'une caresse. Aussi la plupart de ses biographes l'absolvent-ils du reproche de méchanceté foncière, bien que ses étourderies aient causé un mal infini, déchaîné les pires instincts, précipité la chute de la Gironde. La république fut son idole, observe Geruzez ; il l'aima dès le collège ; à la basoche, il l'adorait ; les travaux du palais ne purent le distraire de ce culte intérieur ; ce mot magique appelait dans son imagination toutes les félicités que peut rêver la jeunesse. Voyant toujours entre lui et ses idées, et comme seuls obstacles, l'autorité des rois et le pouvoir des prêtres, il conçut pour les prêtres et pour les rois une aversion profonde, et, quand la guerre s'engagea contre ces deux grandes puissances, tout lui parut légitime pour les abattre ; tant qu'elle dura, sa conscience fut aveugle et sourde.

Il est de la lignée d'Aristophane et d'Archiloque, de Villon et des bouffons des rois ; il incarne le gavroche

---

[1]. « Je lui ferai porter la sienne comme un Saint-Denis ! » dit Saint-Just en apprenant l'épigramme.

parisien, « le pâle voyou au teint jaune comme un vieux sou » immortalisé par Hugo, Barbier et Alfred Delvau [1]. Son style manque de probité, les perles fausses y abondent à côté des perles fines, le mauvais goût, l'obscénité y coudoient l'éloquence, les périodes pleines de nombre et d'harmonie. Quand Fouquier-Tinville lui demande son âge : « Trente-trois ans, répond-il, l'âge du bon sans-culotte Jésus. » Lorsqu'il célèbre la nuit du 4 Août [2], la Saint-Barthélemy des privilèges, il parodie les hymnes d'église sur un ton de litanie, et finit, selon le mot de Sainte-Beuve, par

---

1. Voir dans les *Odeurs de Paris*, de Louis Veuillot (p. 355), une étude pénétrante et amère d'Alfred Delvau sur le gamin de Paris.

2. « C'est de cette nuit, Français, devez-vous dire, bien mieux que de celle du samedi saint que nous sommes sortis de la misérable servitude d'Égypte. C'est cette nuit qui a exterminé les sangliers, les lapins et tout le gibier qui dévorait nos récoltes. C'est cette nuit qui a aboli la dîme et le casuel. Le pape ne lèvera plus maintenant d'impôt sur les caresses innocentes du cousin et de la cousine. L'oncle friand... O nuit désastreuse pour la grand'chambre, les greffiers, les huissiers, les procureurs, les secrétaires, sous-secrétaires, les beautés sollicitcuses, portiers, valets de chambre, avocats, gens du roi, pour tous les gens de rapine ! Nuit désastreuse pour toutes les sangsues de l'État, les courtisans, les cardinaux, archevêques, abbés, chanoines, abbesses, prieurs et sous-prieurs ! Mais ô nuit charmante, *o vere beata nox*, pour mille jeunes recluses, bernardines, bénédictines, visitandines, quand elles vont être visitées ! » — Il gâtera une belle objurgation à ses collègues par une parenthèse sur Salomon, ses sept cents femmes, *tout ce mobilier de bonheur*.

se souvenir de la veillée de Vénus. Il est gourmand et avoue son faible pour les dîners corrupteurs de Mirabeau ; fanfaron, vaniteux, il se considère comme un des principaux auteurs de la Révolution ; ambitieux de réputation, de bien-être, il prend sous sa protection un escroc convaincu d'avoir volé au jeu [1]. Mirabeau déclare qu'il est très accessible à l'argent ; ses goûts lui dictent son épicurisme social, sa conception d'une république de cocagne, avec un chapeau de fleurs, d'une république athénienne toute d'amour et de plaisir qui, d'abord, proscrit le brouet noir, fait fleurir les arts et le luxe ; il définit la politique : l'art de rendre les hommes heureux. Loin de lui la

---

1. « Cet homme, s'écriait Brissot à ce propos, ne se dit patriote que pour calomnier le patriotisme. ». Camille répondit par son cruel pamphlet : *Brissot démasqué*, traita celui-ci de fripon, cita les Prophètes : « *Factus sum proverbium*, je suis devenu proverbe. » Il inventa contre lui le verbe *brissoter* qui devint synonyme de voler. Camille s'institua chevalier des tripots, chevalier des jeux de hasard : « Gardons-nous, écrivait-il, d'attacher le salut de la chose publique à une régénération des mœurs, en ce moment impossible... C'en serait fait de la liberté, si elle reposait sur les mœurs. Elle a une base plus solide : c'est l'intérêt général... Lorsque nos ancêtres n'étaient pas corrompus, lorsque Tacite les proposait aux Romains comme des modèles de vertu, c'est une vérité historique et incontestable que, dans les forêts de la Gaule et de la Germanie, nos pères jouaient au *trente et un* et au *biribi* leur liberté individuelle ; ces hommes qui avaient la servitude en horreur, mettaient pourtant dans un cornet le bonnet de la liberté, *tant ils étaient*, disent les historiens, *observateurs religieux de leur parole* et gens d'honneur. »

pensée d'en faire un cloître comme Saint-Just : d'ailleurs sa volonté bégaie, hésite comme sa parole[1], car il n'est pas orateur, bien qu'une fois, une seule fois, le 12 juillet 1789, il ait enflammé par sa parole le peuple du Palais-Royal, et donné pour couleur à la Révolution naissante le vert, couleur de l'espérance ; il n'a point de personnalité, et sa faiblesse d'âme, sa nature subalterne et caudataire ont besoin de s'accrocher à la force d'un autre : Mirabeau, Robespierre, Danton. C'est un révolutionnaire consultant, que Marat traitera un jour de paillasse. Par exemple, ne lui demandez pas de rester fidèle à ses idoles; les choses changent et il se contente de suivre les choses : « Ce n'est point la girouette, c'est le vent qui tourne... J'ai toujours été le premier à dénoncer mes propres amis, » dira-t-il en forme d'excuse. » Les hommes décorent du nom de principes les sottises qu'ils répètent assidûment ; et Camille n'entend point passer pour un sot[2].

Rien de plus curieux que le chapitre de ses contradictions sur Mirabeau. C'est d'abord saint Mirabeau, Hercule-Mirabeau, Démosthène-Mirabeau, le divin Mirabeau, Mirabeau-Tonnerre qui, de son côté, le flattait en lui disant : « Vous connaissez mieux que moi les

---

[1]. « Camille avait reçu le surnom de « Bouli-Boula » ou de « M. Hon », à cause de son léger bégaiement. »

[2]. « Le pauvre Camille, qu'était-ce? Une admirable fleur qui fleurissait sur Danton. On n'arrachait l'un qu'en touchant l'autre. » (Michelet.)

principes, mais je connais mieux les hommes. » Bientôt il reproche à son cher Mirabeau de tenir encore à un misérable titre et de signer toujours : le comte de Mirabeau. Puis il traite une de ses motions de « contradictoire, hétérodoxe, caco-politico ministérielle ». Il faut qu'il aime grandement l'auteur pour ne pas lui donner d'autres épithètes. Puis vient la séance de Mirabeau aux Jacobins; ce n'est plus que Machiavel-Mirabeau[1]. Tout à coup la mort du grand orateur marque un temps d'arrêt dans l'explosion de la colère *du pauvre Camille* : « Mirabeau se meurt, Mirabeau est mort! De quelle immense proie la mort vient de se saisir ! J'éprouve en ce moment le même choc d'idées, de sentiments qui me fit demeurer sans mouvement et sans voix devant cette tête pleine de systèmes, quand j'obtins qu'on me levât le voile qui la couvrait, et que j'y cherchais encore son secret que le silence de la mort ne gardait pas mieux que la vie... » Mais dès le numéro suivant, l'admiration fait place aux soupçons : « Lorsqu'on m'eut levé le drap mortuaire, à la vue de cet homme que j'avais idolâtré, j'avoue que je n'ai pas senti venir une larme et que je l'ai regardé d'un œil aussi sec que Cicéron regardant le corps de César percé de vingt-trois coups. *Je contemplais* cette tête sans pareille, *ce superbe magasin d'idées démeublé par la mort;* je souffrais de ne

---

[1]. « Mirabeau, dit Marat, fut patriote un jour, et il est mort. »

pouvoir donner des larmes à un homme, et qui avait un si beau génie, et qui avait rendu de si importants services à la patrie, et qui voulait que je fusse son ami. » Et il termine en le traitant de Judas-Mirabeau. — Et les traits malins de pleuvoir. Cérutti ayant dit que Mirabeau avait sauvé la France : « Non, écrit Camille, comme le Fils de Dieu, le peuple français s'est ressuscité lui-même. » Il raconte encore qu'après le décret sur la paix et la guerre, il rencontra le tribun sortant de l'Assemblée et lui reprocha de s'être vendu cent mille écus. Mirabeau sourit, lui prend le bras, et très amicalement : « Venez donc dîner après-demain, je vous expliquerai tout. » Ce fut toute sa justification. — Il raconte l'agonie de Mirabeau, ses mots à Cabanis, lorsqu'il lui peint ses souffrances : « Elles sont insupportables, j'ai encore pour un siècle de force, je n'ai plus pour un instant de courage. » Et enfin pour finir, oubliant les repas et le marasquin : « Va donc, nation corrompue, ô peuple stupide, te promener devant le tombeau de cet homme, devenu le Mercure de son siècle, et le dieu des orateurs, des menteurs et des voleurs ! »

Voulez-vous vous faire une idée de son acharnement contre les nobles, les prêtres, lisez l'histoire de ce savetier de Messine dont il s'étonne qu'il y ait eu si peu d'imitateurs.

« Ce savetier était un patriote qui mérita mieux qu'Aristide le surnom de Juste; dévoré du zèle du bien public, il ne put souffrir de voir les Maupeou, les Terray, les Saint-Florentin de son temps, et cette multitude de fripons et de *scélérats des deux premiers ordres,* demeurer impunis et mourir dans leur lit de la mort des justes. Il pérora tant sur sa sellette, qu'il enflamma *ses ouvriers* du même zèle de la justice. Les voilà se distribuant les rôles. L'un fut le rapporteur, l'autre fit les fonctions de procureur général, et le savetier était le président. La boutique fut bientôt la Tournelle de l'univers la plus formidable aux scélérats. Ils décrétaient, informaient, récolaient, confrontaient, jugeaient, et bien plus exécutaient. M. le président sortait sur la brune, avec une arquebuse à vent ; il attendait son homme et ne le manqua jamais. On n'entendait parler dans la Sicile que des fripons fusillés par une main invisible, et on *commençait à croire à la Providence.* Cet homme, d'un grand caractère, fut pris un soir sur le fait, purgeant la terre des brigands, à l'exemple de Thésée et d'Hercule. L'inventaire de son greffe[1] et la production de toutes ses instructions crimi-

---

[1]. Lui qui lisait les classiques, avait-il donc oublié ce chapitre de Montaigne, intitulé : *Couardise, mère de cruauté,* qui révèle le secret de la populace parisienne, de toutes les populaces : « La vaillance de qui c'est l'effet de s'exercer seulement contre la résistance, s'arreste à veoir l'ennemi à sa mercy ; mais la pusillanimité, pour dire qu'elle est aussi de la feste, n'ayant pu se mesler au premier rôle, prend pour sa part le second, du massacre et du sang. Les meurtres des victimes s'exercent ordinairement par le peuple et par

nelles, qui justifiaient que le procès avait été fait et parfait à chacun des accusés et qu'il ne manquait au bien jugé que *les formes,* ne purent le sauver du dernier supplice. Il périt sur l'échafaud, honoré des regrets et de l'admiration de tout le peuple, et digne d'un meilleur sort. » Et, en pleine idylle, en plein bonheur, quelque temps après son mariage avec sa charmante Lucile, il rédige un projet de décret où il propose « de pendre comme brigand, de fusiller comme bête féroce, tout soldat étranger pris les armes à la main, de faire une estimation de tous les membres, depuis une oreille jusqu'à un quartier d'aristocrate, afin que, si un guerrier se montrait aussi valeureux que David, qui rapporta à Saül trois cents... Philistins, il ne trouvât point le peuple français plus avare de récompenses que la nation juive[1]. »

les officiers du bagage, et ce qui faict veoir tant de cruautés inouïes aux guerres populaires, c'est que cette canaille de vulgaire s'aguerrit et se gendarme à s'ensanglanter jusques aux coudes, et deschiqueter un corps à ses pieds, n'ayant d'autre ressentiment, d'autre vaillance, comme les chiens couards, qui deschirent en la maison et mordent les peaux de bestes sauvages, qu'ils n'ont osé attaquer aux champs... »

[1]. Parfois, même dans la *Lanterne,* il a, comme par mégarde, des accès de bon sens et plaisante avec humour sur la tyrannie des districts : « Que voulez-vous ! chacun cherche à paraître. — Il n'est pas jusqu'au fusilier qui ne soit bien aise de me faire sentir qu'il a du pouvoir. Quand je rentre à onze heures du soir, on me crie : « Qui vive ? » Monsieur, dis-je à la sentinelle : laissez passer un patriote

M. Jules Claretie, dans son beau livre sur Camille Desmoulins, proclame les *Révolutions de France et de Brabant*, un chef-d'œuvre de langue, de curiosité, de polémique, un répertoire de science et une merveille d'esprit. C'est beaucoup, c'est trop dire : j'y vois un pamphlet contre les pouvoirs et les hommes, où l'auteur pousse aux dernières limites le sarcasme, la diffamation, l'invective, savamment revêtus des oripeaux classiques. C'est la chronique vivante de Paris pendant les jours caniculaires de la Révolution. De l'esprit [1], de plaisantes parodies des scènes de l'antiquité, un tohu-bohu de nouvelles erronées et véridiques, un persiflage cruel des adversaires, de Washington-Pot-au-feu, de Bailly au long nez, de Bergasse, le fervent adepte de Mesmer, de cent autres personnages, l'apothéose de Caton-Robespierre, du *divin Marat*, des mensonges atroces, des

picard. Mais il me demande si je suis Français, en appuyant la pointe de la baïonnette. Malheur aux muets ! — Prenez le pavé à gauche ! me crie une sentinelle ; plus loin une autre crie : Prenez le pavé à droite ! et, dans la rue Sainte-Marguerite, deux sentinelles criant : « Le pavé à droite ! Le pavé à gauche ! » j'ai été obligé par le district de prendre le ruisseau. »

1. J'ai voulu, dans ce volume, présenter au lecteur divers types de l'esprit français, l'esprit de cour et de grâce, l'esprit poétique et satirique, l'esprit comique, l'esprit du misanthrope et du moraliste, l'esprit de paradoxe social, l'esprit politique, l'esprit du pamphlétaire et du journaliste, afin de faire ressortir la puissance de métamorphose de cette faculté, et comment elle s'adapte au talent d'hommes si différents par la naissance, l'éducation et les opinions.

faits exacts dénaturés, envenimés, la populace fêtée, encensée, portée aux nues (il n'y a jamais eu, dit-il, de peuple Néron, de peuple Caligula), l'apologie continuelle de la dénonciation, une politique de vaudevilliste en rupture de ban, les plus étranges accouplements de noms et d'images disparates, voilà ce qu'on trouve à chaque page. L'accuse-t-on de se parer des plumes du paon, il répond fièrement que la mémoire le sert souvent mieux que son imagination ; que d'ailleurs les anciens ont fait les Muses filles de la Mémoire. Camille ne dédaigne pas l'anecdote et il a bien raison. Par exemple il rapporte que, dans un village du Quercy, le ressentiment contre le seigneur était tel qu'il allait amener une explosion. Le curé monte en chaire et dit : « Mes amis, le jour de la vengeance est arrivé. Le seigneur de notre village a été un tyran : qu'il soit puni ! Permettez-moi d'être votre chef et jurez tous de suivre mon exemple. » Tous en font le serment. Le curé s'écrie alors : « Je jure de pardonner ! » Entraîné par l'impulsion d'un si généreux exemple, le village pardonne. — Ailleurs, c'est un plaisant qui, pour ridiculiser les titres, imagine de les distribuer à ses domestiques, selon la nature de leurs services. Il institue son palefrenier chevalier, parce que l'origine des chevaliers vient de cheval ; son cocher devient duc, parce que ce mot signifiait conducteur ; ses laquais passent comtes, parce que les premiers comtes accompagnaient le roi. Enfin, comme le nom de marquis fut inventé pour ceux qui gardaient les frontières, les marches du royaume, il a donné ce nom au portier qui défend l'entrée de sa maison. Il note précieusement l'histoire du curé réfractaire dont les paroissiens déménagent le presbytère pendant le sermon ; la menace qu'on prétendit avoir été placée sous le couvert de la reine : « Au premier coup de canon que votre frère fera tirer contre les patriotes français, votre tête lui sera envoyée ; » cette définition des enragés et des enrageants : « Les enragés sont ceux qui furent trop mordus, et les enrageants ceux qui voudraient encore mordre ; » le mot de Durosoi sur les nobles : « Ils sont comme le chien d'Eumée qui reconnaît Ulysse sous ses haillons, sous les restes de son manteau royal, et qui lui lèche les pieds ; » celui de Molé entendant prêcher Maury : « Voilà un meilleur comédien que moi ! » Quant à la Révolution, il la juge si belle en masse qu'il dira toujours d'elle comme Bolingbroke dit un jour de Marlborough : « C'est un si grand homme que j'ai oublié ses vices. »

Pendant des mois, pendant des années, le vertige de la Révolution emporte Camille ; comme dans *la Damnation de Faust*, le démon l'entraîne à travers les abîmes : secrétaire général de Danton au ministère de la justice *par la grâce du canon du 10 Août*, il voit les massacres de Septembre et ne frémit pas d'horreur, il vote la mort du roi, les grandes lois terroristes, il pousse sous le couteau les Girondins. Tous les parfums de l'Arabie laveront-ils cette main tachée de sang ? Peut-être : le parfum d'une belle action, plus puissant que la myrrhe et la rose, efface les péchés, absout le coupable devant la postérité, fait de lui presque un favori de l'histoire. — Ils sont loin, les jours de sécurité triomphante, de folie gracieuse et d'intimité tendre, entre Fréron-*Lapin*, Palagon-Brune, *Saturne*-Duplain, le *Lapereau* (le petit Horace), la belle maman *Melpomène*, et Lucile-Rouleau, l'être indéfinissable qui jetait si gaiement des *potées d'eau* à Fréron[1]. Le mal déborde, l'enfant terrible se sent vaguement atteint par la tristesse des choses, atteint comme père, comme époux, comme ami : l'aristocratie des poumons l'accable dans les clubs ; lui qui naguère attaquait, il défend maintenant, il se porte champion du général Dillon, détenu aux Madelonnettes. Et, mélancolique pour la première fois, il laisse échapper cette remarque: « On a dit qu'en tout pays absolu, c'était un grand moyen pour réussir que d'être médiocre. Je vois que cela peut être des faux républicains. »

Un soir de l'été de 1793, Danton, Camille et Souberbielle sortaient du Palais de Justice, où la journée avait été sanglante. « Sais-tu bien, tonna Danton, que

---

1. Les avis ne manquaient pas pour le pousser à se taire. En voici un, sous forme de dialogue :

>   Mais Robespierre est forcé de se voir
>   Dans vos portraits. — C'est l'unique remède
>   Pour le guérir. — A femme ou fille laide
>   Il ne faut pas présenter un miroir.

du train dont on y va, il n'y aura bientôt plus de sûreté pour personne? — C'est vrai, répondit Souberbielle, mais que puis-je, moi? Je ne suis qu'un patriote obscur. Ah! si j'étais Danton! — Danton dort, tais-toi, il se réveillera quand il en sera temps. Tout cela commence à me faire horreur. Je suis un homme de révolution ; je ne suis pas un homme de carnage. Mais toi, Camille, pourquoi gardes-tu le silence? — J'en suis las, du silence! La main me pèse, j'ai quelquefois envie d'aiguiser ma plume en stylet et d'en poignarder ces misérables. Qu'ils y prennent garde! mon encre est plus indélébile que leur sang; elle tache pour l'immortalité ! — Commence donc dès demain, s'écria Danton. C'est toi qui as lancé la révolution, c'est à toi de l'enrayer. » Quelque temps après paraissait le premier numéro du *Vieux Cordelier* [1].

Il y a de tout dans ce pamphlet célèbre [2] qui semble au premier abord écrit sous l'inspiration de Robespierre : l'éloge de l'Incorruptible, de Marat, de Billaud-Varennes, de la guillotine, du 21 Janvier, l'attaque contre la faction d'Hébert, la modération déguisée en bonnet rouge, la pitié portant la livrée de la violence, un mélange de témérité et de calcul, de cou-

---

1. C'est la version de Lamartine, celle de M. Claretie est un peu différente.

2. M. Mignet prétend que l'auteur y parle « de la liberté avec le sens profond de Machiavel, et des hommes avec l'esprit de Voltaire ».

rage désespéré et de timidité, du repentir, des désaveux ; et, sauf des tirades d'une élévation soutenue, un style dévergondé, débraillé, incohérent, un style sans cœur, dit Cuvillier-Fleury. Lisez, et vous serez confondu de tant de platitude mêlée à tant d'audace : dans le second numéro, par exemple, il déclare que Marat est allé au point maximum du patriotisme, que plus loin, il n'y a plus que des déserts et des sauvages, des glaces ou des volcans. Marat cité comme un modèle ! Mais voici le troisième numéro, et cet appel à la clémence, qui indigne les patriotes d'*industrie*, les *profiteurs de révolution*, ceux qui sont enfiellés de la rage jacobine, *the jacobinical rage,* mais qui remue la nation jusque dans ses entrailles. C'est là que, sous prétexte de traduire Tacite, il énumère avec éloquence les innombrables suspects de la Terreur, qu'il marque d'un fer rouge les bourreaux, les Nérons de 1793.

... Il n'y eut qu'un pas pour changer en crimes les simples regards, la tristesse, la compassion, les soupirs, le silence même... Crime de contre-révolution à Drusus d'avoir demandé aux diseurs de bonne aventure s'il ne posséderait pas un jour de grandes richesses. Crime de contre-révolution au journaliste Cremutius Cordius d'avoir appelé Brutus et Cassius les derniers des Romains. Crime de contre-révolution à un des descendants de Cassius d'avoir chez lui un portrait de son bisaïeul. Crime de contre-révolution à Mamercus Scaurus d'avoir fait une tragédie où il y avait tels vers à qui l'on pouvait donner deux sens... Crime de

contre-révolution à Pétréius d'avoir eu un songe sur Claude.
Crime de contre-révolution à Appius Silanus de ce que la
femme de Claude avait eu un songe sur lui... Crime de
contre-révolution de se plaindre des malheurs du temps,
car c'était faire le procès du gouvernement. Crime de
contre-révolution de ne pas invoquer le génie divin de Caligula. Pour y avoir manqué, grand nombre de citoyens
furent déchirés de coups, condamnés aux mines et aux
bêtes, quelques-uns même sciés par le milieu du corps...
On avait peur que la peur même ne rendît coupable...

Tout donnait de l'ombrage au tyran. Un citoyen avait-il
de la popularité... suspect !

Fuyait-on au contraire la popularité, et se tenait-on au
coin de son feu ; cette vie retirée vous avait fait remarquer, vous avait fait donner de la considération... suspect !

Étiez-vous riche : il y avait un péril imminent que le
peuple ne fût corrompu par vos largesses... suspect !

Étiez-vous pauvre ? comment donc ! invincible empereur,
il faut surveiller de plus près cet homme. Il n'y a personne
d'entreprenant comme celui qui n'a rien... suspect !

Le peuple oubliait le passé, levait les yeux vers Camille lorsqu'il lançait cette belle invocation à la liberté :

La liberté n'a ni vieillesse ni enfance ; elle n'a qu'un
âge, celui de la force et de la vigueur. Cette liberté que
j'adore n'est point inconnue. Nous combattons pour défendre

des biens dont elle met sur-le-champ en possession ceux qu'elle invoque ; ces biens sont la Déclaration des droits, la douceur des maximes républicaines, la fraternité, la sainte égalité, l'inviolabilité des principes. Voilà les traces des pas de la déesse ; voilà à quels traits je distingue les peuples au milieu de qui elle habite !... Non, la liberté, cette liberté descendue du ciel, ce n'est point une nymphe de l'Opéra, ce n'est point un bonnet rouge, une chemise sale ou des haillons. La liberté, c'est le bonheur, c'est la raison, c'est l'égalité, c'est la justice !... Voulez-vous que je la reconnaisse, voulez-vous que je tombe à ses pieds, que je verse tout mon sang pour elle? Ouvrez les prisons à ces deux cent mille citoyens que vous appelez suspects ; car dans la Déclaration des droits, il n'y a point de maison de suspicion, il n'y a que des maisons d'arrêt... de vos ennemis, il n'est resté parmi vous que les lâches et les malades, les braves et les forts ont émigré, ils ont péri à Lyon ou dans la Vendée ; tout le reste ne mérite pas votre colère.

La réponse de Robespierre, de son cher ami, de son camarade de collège, ne se fit point attendre : un matin de mars 1794, Camille et ses amis étaient écroués dans la prison du Luxembourg. C'est de là qu'il adresse à sa Lucile ces lettres touchantes qu'on a le droit d'invoquer comme des témoins à décharge. Trop tard, il s'aperçoit que les hommes estiment, comme Denys de Syracuse, que la tyrannie est une belle épitaphe ; il avait rêvé une république que tout le monde eût adorée (quel rêve et quelle réalité !). Et, bien qu'il sente fuir « devant lui le rivage de la vie », il voit encore Lucile ; ses mains liées l'embrassent, sa tête séparée repose encore sur elle ses yeux mourants. Oh oui ! il voit la mort, il connaît la justice de ses ennemis, il va expier ses bonnes et ses mauvaises actions. Robespierre ordonne, Saint-Just écrit, la Convention décrète, Fouquier-Tinville condamne. Devant le tribunal révolutionnaire, en prison, sur la fatale charrette, Camille eut des accès de désespoir et de colère[1] ; il criait au peuple : « Mon crime, mon seul crime est d'avoir versé des larmes. » Il ne recueillit que des injures et sentit s'appesantir sur lui l'éternelle, l'impitoyable loi : *Væ victis!* malheur aux vaincus ! Et le couteau de Sanson, *le représentant du pouvoir exécutif*, tomba froidement sur la tête de l'ancien procureur général de la *Lanterne*.

Sa femme, l'aimable Lucile, huit jours après, montait à l'échafaud, joyeuse de rejoindre son Camille ; contre elle, contre Dillon, Chaumette et bien d'autres, le comité de Salut public avait imaginé la fantastique conspiration des prisons. Elle fut intrépide devant ses juges, intrépide devant le bourreau. « Le sang d'une femme a chassé les Tarquins de Rome. Puisse le mien, dit-elle, emporter la tyrannie ! » En envoyant ses cheveux à sa mère, elle lui écrit ce billet adorable : « Bonsoir,

---

1. « Qu'allait-il donc faire dans les combats, cet homme qui ne sait pas mourir? » (Édouard Fleury.)

ma chère maman. Une larme s'échappe de mes yeux; elle est pour toi. Je vais m'endormir dans le calme de l'innocence. » Sur la charrette fatale, elle cause avec ses compagnons, souriante et fière, belle d'héroïsme et de passion, comme si elle se rendait à une fête. Grammont-Nourry fils traitant son père de scélérat : « On prétend, dit Lucile, que vous avez insulté Marie-Antoinette dans la charrette; cela ne m'étonne pas, mais vous auriez bien dû garder un peu de cette audace pour braver une autre reine, la mort, à laquelle nous allons. » Hélas! elle n'avait pu obtenir la promesse d'être réunie à Camille dans le même tombeau [1] : l'histoire leur garde un souvenir dans la même page; cette gracieuse femme met une auréole au front de son mari, le réhabilite, et l'on se plaît à imaginer que c'est pour elle, sous son inspiration, qu'il a écrit le *Vieux Cordelier*,

---

1. M. Emmanuel des Essarts a écrit ces vers sur Camille :

> Sa verve meurtrière est toujours à l'assaut
>   Gare au méchant et gare au sot,
> A l'honnête homme aussi!... Gare à toi, cher Brissot!...
>   Tel un Dieu d'Orient, funeste
> Et bon, fait alterner l'abondance et la peste,
>   Fécondant ou broyant d'un geste.
> Tour à tour c'est Ménippe aboyant au passant,
>   Aristophane éblouissant,
> Diogène parfois éclaboussé de sang.
>
> . . . .
>
>   Voilà le vrai Camille, une âme
> Enfantine et mobile, et folle; oiseau de flamme,
>   Esprit de femme et cœur de faune.

qu'il aurait, s'il eût vécu, remonté le fleuve de sang, abordé au pays du bon sens.

J'ai lu dans un vieux livre qu'un vice-roi indien, après sa nomination, sortait de la capitale, monté sur un éléphant, le visage tourné vers la queue de l'animal; comme on lui demanda pourquoi il se tenait ainsi, il répondit que c'était pour voir arriver son successeur. Combien peu parmi les hommes de la Révolution ont eu la prudence de l'Indien, combien peu aussi parmi les chefs des gouvernements qui ont suivi!

FIN

TABLE

Préface.. 1

I. — LE PRINCE DE LIGNE

I

La famille du prince de Ligne. — Son éducation, sa première communion. — Ses écrits militaires. — Bel-Œil : ses jardins. — Mariage du prince de Ligne. — Première apparition à la cour de Versailles. — Louis XV et madame de Pompadour. — Visite de Ligne à Ferney. — A quoi pensent les courtisans. — Un nouveau père de l'Eglise. — Pensées de Ligne sur la religion. — La philosophie du bonheur. — Boutade mélancolique. — La cour de Bruxelles et le prince Charles de Lorraine. — Les deux imprimeries du prince de Ligne. — Vers de Boufflers. — Ligne écrivain. 1

II

Lettre à Rousseau. — Les servants de madame du Deffand. — Le chevalier de l'Isle. — Succès du prince à Versailles. — Bons mots : le présent vaut mieux que le futur ; je parie pour l'esprit. — A déjeuner pour quatre et à souper pour trois. — Son culte pour la reine. — Vertubleu, Vertuchoux et Vertugadin 33

III

Pensées du prince sur les mmes et l'amour. — Reproches aux Françaises. — Madame du Deffand, madame Geoffrin et madame de Boufflers. - Lettres à la marquis de Coigny : ne point prendre d'amants parce que ce serait abdiquer. — Don d'ubiquité : la politique du mouvement perpétuel. — Relations avec Frédéric II : l'hypocondrie du marquis d'Argens. — Un roi de France est toujours le patriarche des gens d'esprit. — Le mépris de la phrase libérale. — Silhouette du prince de Conti. — Définition du mensonge politique. — Le prince Henri de Prusse et ses récits de la guerre de Sept ans. — Elle pleure toujours, mais elle prend plus que sa part. — Le soufflet par procuration. — La prière de Maupertuis. — Athéisme individuel et athéisme politique 43

IV

Admiration du prince pour Marie-Thérèse. — Utilité de la mise en scène. — Portrait de Joseph II. — Les acheteurs de noblesse. — Rapports avec Catherine le Grand : *le petit ménage* de la tsarine; son principe : louer tout haut et gronder tout bas. — Sa réponse à Diderot : Je travaille sur la peau humaine. — Le pourquoi du pourquoi serait bien agréable à connaître. — Le laquais du père Griffet. — Goûts littéraires de Catherine; sa simplicité; elle fait elle-même son feu le matin. — Mot de Besenval sur les princes : On ne peut pas jouer avec eux 75

V

Voyage de Catherine II en Tauride. — L'œil du maître engraisse les chevaux. — Comment le prince jetait l'argent par les fenêtres : sa façon de se soigner. — L'impératrice tutoyée et tutoyante. — Le roi de Pologne. — Guerre avec la Turquie. — Siège d'Ocsakow. — Potemkine. — Le baptême de quatre Tartares. — Le comte Roger de Damas. — Prise de Belgrade. — Révolte des Flandres et mort de Joseph II 85

VI

Disgrâce du prince de Ligne. — *Il est mort avec Joseph II, son royaume n'est plus de ce monde.* — Pensées sur la Révolution française. — La France antiquaire. — Décadence du goût. — Le Lapin de La Fontaine. — Ne dégelez pas les peuples froids! — Les souplesses de l'histoire . . 107

VII

Vie du prince à Vienne: son bâton de perroquet; ses amis. — Les souvenirs durs et amers. — Mon Refuge. — Devise de Ligne. — Il fait les honneurs de Vienne à l'Europe civilisée. — Visite de madame de Staël. — Les deux belles juives. — Casanova: une femme n'a jamais que l'âge que lui donne son amant. — Épitaphe du prince par le marquis de Bonnay. — Conversation avec madame de Brionne: Paysanne, tant qu'on voudra; bourgeoise, jamais! — Le congrès de Vienne: le congrès ne marche pas, mais il danse. — Maladie et mort du prince. — Aux yeux de la postérité, il apparaît comme l'arbitre de toutes les élégances, le premier par la grâce et l'art de plaire. 118

II. — BEAUMARCHAIS

Une existence mouvementée et romanesque. — Devise de Beaumarchais; ses Mémoires judiciaires. — *Quès-à-co?* — *Le Barbier de Séville.* — Prose matérialiste et sensuelle. — Coupures faites par l'auteur et la censure. — Les ancêtres de Figaro. — Définition de l'intrigue. — La première représentation du *Mariage*. — Beaumarchais prend son bien où il le trouve. — Le chant du cygne de sa sœur Julie. — L'idée de la scène de Basile empruntée aux *Mémoires de Retz*. — Un courtisan déconcerté. — Sophie Arnould; son esprit et l'esprit qu'on lui prêta: riposte à la duchesse de Chaulnes. — Orphelines de père et de mère. — Ce que vaut la sagesse d'une actrice. — Une pièce qui tombera... quarante fois de suite. — Attaques contre Beaumarchais. — *Eugénie.* — *Les Deux Amis.* — Tarare. — Mirabeau, Bergasse. — La reconnaissance de la Révolution 139

III. — ANDRÉ CHÉNIER — JOSEPH CHÉNIER — LEBRUN-PINDARE — LA HARPE

André Chénier, homme politique et satirique. — La Société Trudaine de Pange. — La volupté du sacrifice. — Les honnêtes gens sont en France un parti de gouvernement, non un parti d'opposition. — Style de Chénier. — Les autels de la Peur. — Conversation de Condorcet avec madame

Lecoulteux. — *La Jeune Captive.* — Vers à Fanny. — Apologues poétiques. — Quatrain de Roucher.

La tragédie révolutionnaire; *Charles IX.* — Un péché qui porte avec lui sa pénitence. — Les satires de Joseph Chénier. — Sa poétique. — *Tibère.* — Mot de Talma : « C'est beau, mais c'est froid. » — Caractère violent et mobile de Joseph Chénier. — Accusation de fratricide. — Le *Discours sur la Calomnie.* — Épigrammes contre Morellet, Rewbell, Talleyrand, Rœderer et Crassous. — Intolérance de Joseph Chénier.

Lebrun-Pindare; son caractère, son talent. — Ses odes nous révèlent plutôt les rochers que les vallons du Parnasse. — Il excelle dans l'épigramme. — Le *Distique sur Chloé.* — « Chansonnier, vous avez raison! » — Le chevalier de Florian et son protecteur le duc de Penthièvre. — Les Arlequins de Florian. — Malice de Rivarol. — Lebrun et son perruquier. — L'esprit et le génie.

La Harpe; sa passion de régenter. Il était né *empereur de rhétorique,* armé du sceptre et de la férule. — Ses tragédies. — Un four qui toujours chauffe et où rien ne cuit. — Conversion de la Harpe. — Naigeon, le bedeau de l'athéisme. — La prophétie de Cazotte. 175

I. — ANDRÉ CHÉNIER 175
II. — JOSEPH CHÉNIER. 192
III. — LEBRUN-PINDARE. 206
IV. — LA HARPE 217

IV. — MERCIER

Les talents dévoyés. — Rétif de la Bretonne. — Une définition du goût. — Mercier, le premier livrier de France. — Son orgueil, ses théories novatrices. — Le radicalisme littéraire. — « La prose est à moi! » — Épigrammes. — Deux pestiférés de la littérature. — Réponse de Voltaire. — Crébillon père et Crébillon fils. — « J'ai dîné hier. » — Le triumvirat du mauvais goût. — Admiration des Allemands pour Mercier. — Le singe de Jean-Jacques. — *Tableau de Paris.* — *Le Nouveau Paris.* — Une distinction ingénieuse — Deux vers solitaires. — Origine du mot « sans-culotte ». — Sur la conversation à Paris. — La douane. — « Qui n'a pas fait cuire ses pois? » — Une femme à Paris n'a jamais quarante ans. — Couronne parfilée. — Les deux communions. — Ce que signifie l'épithète de « scélérat ».

— Paris : un diamant entouré de fumier. — Le Parisien. — Voulez-vous délibérer par bras? — Les gens médiocres. — Le travail du Champ de Mars. — « Ils parlent de liberté et ne savent pas lire! » — Révolte et révolution. — Un député conciliant. — Enseigne de coiffeur. — Ma cuiller à soupe. — Visite au duc de Rovigo 227

V. — CHAMFORT — L'ABBÉ SIEYÈS

Un Adonis doublé d'un Hercule. — Misanthropie amère de Chamfort; sa conversation. — L'art de plaire à Versailles. — Pensées sur l'amitié. — Stoïcisme. — Réponse à M. de Créqui. — Éloge de Rœderer. — Définition du despotisme. — L'enfant sourit à sa mère sous Domitien comme sous Titus. — Appétits et dîners. — Guerre aux châteaux, paix aux chaumières! — Vous voudriez qu'on nettoyât les écuries d'Augias avec un plumeau! — Détruire les préjugés pour les prendre. — Fraternité d'Étéocle et de Polynice. — Le gratis de la Convention. — Un ami véritable. — Vous avez cinq doigts, vous aussi, comme moi! — Excellent distique. — Ce qui rend le monde désagréable. — Compliment de Fontenelle à madame Helvétius. — Prétention à la jalousie. — Quel règne se prépare! — Ne se brouille pas avec moi qui veut. — Le pardon des bienfaits. — Ministres et tournebroche. — Suicide de Chamfort. — Il faut que le cœur se brise ou se bronze. — Maximes diverses sur la politique, les femmes, l'amour et la morale. — L'édifice métaphysique de la société.
L'abbé Sieyès. — Jugements de madame de Staël, Montlosier, Bertrand de Moleville, Sainte-Beuve, Mignet, Michelet sur Sieyès. — Le Newton de la politique. — Un grand harmoniste social. — Dédain de Sieyès pour les *cerveaux décousus*. Son œuvre révolutionnaire. Mots décisifs. — Il me faut une épée. — J'ai vécu. — Silence systématique. — Il est mort! — Un syllogisme vivant. — Le Chalcas de la Révolution. — Pourquoi il fut populaire. — Ambassade de Sieyès à Berlin. — Sa constitution idéale. — Premiers rapports avec Bonaparte. — Sieyès sauvé par son cordonnier . . . 253

I. — CHAMFORT 253
I. — L'ABBÉ SIEYÈS 279

VI. — CAMILLE DESMOULINS

Un argument commode et peu concluant. — Encore un louveteau! — Une anarchie dépensière! — Le tombeau de la nation. — Opinions de Michelet, Sainte-Beuve, Mignet, Lamartine, Claretie, Cuvillier-Fleury sur Camille Desmoulins. — Le journalisme pillard, assassin et terroriste. — Un flaireur de vent. — Le style de Camille. — La tête de Saint-Just. — Camille défenseur des tripots. — Une république de cocagne. — Définition de la politique : l'art de rendre les hommes heureux. — Nature caudataire et subalterne. — Ses contradictions sur Mirabeau. — *Le Savetier de Messine.* — *Les Révolutions de France et de Brabant.* — Patriotisme et patrouillotisme. — Parodie des titres. — Le vertige de la Révolution. — Mariage de Camille. — *Le Vieux Cordelier.* — Les patriotes d'industrie, les profiteurs de révolution. — *The Jacobinical Rage.* — Invocation à la liberté. — Le représentant du pouvoir exécutif : Sanson. Mort de Lucile. — Vers de des Essarts. — Apologue du vice-roi indien 293

www.ingramcontent.com/pod-product-compliance
Lightning Source LLC
Chambersburg PA
CBHW060637170426
43199CB00012B/1584